Roda Verheyen mit Alexandra Endres
Wir alle haben ein Recht auf Zukunft

RODA VERHEYEN
mit ALEXANDRA ENDRES

WIR
ALLE
HABEN
EIN
RECHT
AUF
ZUKUNFT

Eine Ermutigung

dtv

Wir widmen dieses Buch unseren Kindern, Patenkindern, Nichten und Neffen – und allen Kindern und Jugendlichen dieser Welt. Wir widmen es vor allem jenen Menschen, die in Weltregionen leben, in denen die Klimakrise jetzt schon Leben und Existenzen bedroht, und all denjenigen, die es wagen, vor Gericht für das Klima zu streiten. Ihnen allen gehört die Zukunft. Möge es eine fröhliche sein.

Roda Verheyen und Alexandra Endres, November 2022

INHALT

AUFTAKT
WARUM ICH FÜR
DAS KLIMA
VOR GERICHT ZIEHE

Ich wünschte, ich müsste dieses Buch nicht schreiben. Seit Jahrzehnten warnen Wissenschaftlerinnen und Wissenschaftler, Umweltverbände und die UNO vor der Klimakrise – aber tatsächlich geschehen ist einfach viel zu wenig. So wenig, dass wir jetzt in einer Krise stecken, die wir vielleicht nicht mehr bewältigen können. Dabei wurde der Treibhauseffekt schon vor nahezu zweihundert Jahren beschrieben,[1] und es wurde spätestens seit den 1960er-Jahren vor seinen Auswirkungen gewarnt. Viele Menschen haben seither aufgezeigt, was zu tun ist, um den Klimawandel zu stoppen. Die Lösung ist denkbar simpel: Öl, Kohle und Gas müssen in der Erde bleiben, und die natürlichen Treibhausgassenken, nämlich Wälder, Böden und Meere, müssen geschützt werden.

Ich wünschte, die Regierungen der Welt hätten genauer hingehört – und angemessen gehandelt, anstatt sich vom Primat des Bestandsschutzes und den sich auf ihn berufenden Partikularinteressen leiten zu lassen. Das Versprechen, das Regierungen vor dreißig Jahren auf dem Erdgipfel von Rio mit der Verabschiedung der Klimarahmenkonvention gemacht haben,[2] nämlich gefährlichen Klimawandel von der Menschheit fernzuhalten, haben sie gebrochen. Auf Kosten der Natur, des Planeten und der auf ihm lebenden Menschen. Inzwischen haben wir nur noch ein kleines Zeitfenster zum Handeln – und dabei kann und muss auch die dritte staatliche

Gewalt, müssen die Gerichte, helfen. Davon handelt dieses Buch.

Die Menschheit überhitzt den Planeten und gefährdet dadurch ihr eigenes Überleben. Der UN-Klimarat IPCC stellt, aktuell im sechsten Sachstandsbericht, den Wissensstand in all seiner Dramatik dar[3] – nicht anders als in all seinen anderen Berichten seit 1990. Neu ist jetzt aber die Sprache. Schnörkellos bringt sie auf den Punkt, was Sache ist: Die Wissenschaft hat keinen Zweifel mehr, dass es unser eigenes Verhalten ist, das uns selbst bedroht: Tödliche Hitzewellen, Sturzfluten und Waldbrände führen uns vor Augen, dass die Klimakrise längst stattfindet, und das nicht nur im globalen Süden.[4] Durch die Folgen des Klimawandels sterben nachweislich inzwischen auch in Deutschland Menschen. Und immer noch reagiert die Politik viel zu langsam, steigen die klimaschädlichen Emissionen weltweit nur ein wenig abgebremst an. Durch den illegalen Angriff Russlands auf die Ukraine ist es zuletzt für politische Entscheidungsträger offenbar noch schwieriger geworden, das Klima zu schützen. Die Sorge um eine sichere Energieversorgung scheint vielen derzeit wichtiger zu sein. Angesichts der tiefen Energiekrise ist das kurzfristig vielleicht nachvollziehbar – auf lange Sicht aber ist es fatal.

Die größten Schäden erleiden dabei jene Menschen, die selbst kaum etwas zur Erderwärmung beigetragen haben. Nicht nur ich empfinde das als eine große Ungerechtigkeit. Ich bin der Ansicht, dass die Verursacher Verantwortung für die Folgen ihres Handelns tragen müssen. Dazu zähle ich Regierungen genauso wie große Unternehmen, die die Macht haben, wirtschaftliche Abläufe, Produktion und Konsum zu beeinflussen und damit die Emissionen bedeutend zu senken. Um sie dazu zu bringen, vertrete ich in Deutschland vor Gericht Menschen, die heute schon unter dem Klimawandel leiden. Und trage ein bisschen dazu bei, dass das auch in anderen Ländern der Welt geschieht.

Gerichte haben die Aufgabe, Recht durchzusetzen, es aufrechtzuerhalten und denjenigen zu ihrem Recht zu verhelfen, deren Rechtspositionen zwar existieren, aber augenscheinlich schwach sind. Mit anderen Worten: Sie haben Menschenrechte zu schützen – und damit letztlich den Planeten als Ganzes. Diese Aufgabe müssen Gerichte *jetzt* übernehmen, ganz einfach, weil es in zehn Jahren schon zu spät dazu sein wird. Und sie können das auch, davon bin ich überzeugt, schließlich bin ich Anwältin und seit Kurzem auch ehrenamtliche Richterin. Als solche glaube ich fest daran, dass sich die Welt mithilfe des Rechts ein Stück besser machen lässt. Klimafreundlicher. Gerechter. So wie die Dinge derzeit laufen, kann es nicht weitergehen. Die Welt gerät aus den Fugen – und es ist nicht zuletzt auch die Aufgabe der Gerichte, im Rahmen ihrer Möglichkeiten einzugreifen und uns vor unserem kurzsichtigen Tun zu schützen. Ich glaube an die positive, regulierende Kraft des Rechts, und ich will davon erzählen, wie ich – und andere – es im Kampf für mehr Klimaschutz einsetzen, wie mühsam das manchmal sein kann und wie es dennoch gelingt. Denn immerhin: Klimaschutz ist Menschenrecht, das steht inzwischen fest. Ich will zeigen, welche gesellschaftlichen Prozesse Klimaklagen auslösen können, welch zentrale Rolle die Wissenschaft spielt, welche rechtlichen Hürden zu überwinden sind – und warum ich unterm Strich trotz allem noch voller Hoffnung bin.

Ja, es ist ein persönliches Buch. Denn ich schreibe hier gemeinsam mit Alexandra Endres auf, woran ich seit über 20 Jahren glaube und arbeite. Doch im Grunde geht es gar nicht so sehr um mich. Als Rechtsanwältin bin ich Teil der Rechtspflege. Das heißt: Nicht ich stehe im Mittelpunkt, sondern meine Rolle und die damit verbundenen Aufgaben innerhalb des Rechtssystems. Ich lebe in einer privilegierten Situation, ich habe eine gute Ausbildung, einen guten Job, bin materiell abgesichert und selbst (noch) nicht akut durch die

Folgen des Klimawandels gefährdet. Meine Mandantinnen und Mandanten und die meiner Kollegenschaft in der ganzen Welt haben dieses Glück oftmals nicht. Ihre Mittel sind begrenzt, und die Auswirkungen des Klimawandels bedrohen sie unmittelbar in ihrer Existenz.

Das Großartige am Rechtsweg ist doch: Gerichte müssen handeln, sobald sie angerufen werden. Untätig zu bleiben, ist ihnen nicht gestattet. Im Rahmen der geltenden – und hoffentlich funktionierenden – Rechtsordnung stehen sie jedem offen, sie arbeiten diskriminierungsfrei, also ohne Ansehen der Person, die vor ihnen steht, und sie müssen jeden Fall objektiv bewerten.[5] So verhelfen Klimaklagen gerade den Machtlosen zu ihrem Recht.

Was einmal höchstrichterlich erstritten ist, steht für lange Zeit fest. Die Politik, die gesetzgebende und vollziehende Gewalt müssen sich an die Entscheidungen der Gerichte halten. So zum Beispiel in Deutschland, wo die Regierung sich nach dem Beschluss des Bundesverfassungsgerichts im Frühjahr 2021 gezwungen sah, ihr Klimaschutzgesetz zu schärfen. Und das innerhalb von wenigen Tagen. Dieses bahnbrechende Urteil des Bundesverfassungsgerichts gehört niemandem, aber ist für alle da. Es ist ein Meilenstein, was Klimaprozesse in Deutschland angeht, und zugleich ein Wegbereiter hin zu einer lebenswerteren Welt. Daran oft und nachhaltig zu erinnern, forderte mich kürzlich ein hoher Bundesbeamter auf, denn »die Politik vergisst das gern« – darf sie aber nicht, denn sie ist an das Recht gebunden. Ähnliche Urteile gab es in den Niederlanden, in Frankreich, Irland, Belgien, Tschechien, Pakistan, Nigeria und vielen anderen Ländern. Die Zahl der Klimaklagen steigt weltweit – und das aus gutem Grund.

Menschen berufen sich in Klimaklagen auf ihre Grundrechte; sie fordern, dass geltende Klimaschutzgesetze in praktisches Handeln umgesetzt werden; sie verlangen Ausgleich für erlittene Schäden oder bestehen auf eine transparente Auskunft über Klimarisiken. Die meisten Klagen richteten sich gegen Staaten. Doch Klimaklagen können auch dazu dienen, Wirtschaftsunternehmen für die Folgen ihrer Geschäfte in die Verantwortung zu nehmen.

Manchmal verlieren wir solche Prozesse, doch immer öfter gewinnen wir. Und selbst wo das nicht gelingt, bringen die Verfahren Fortschritte. Sie erhöhen den Druck für mehr Klimaschutz, sie machen die Opfer der Klimakrise sichtbar und die Verantwortlichen öffentlich bekannt. Nicht selten kann man aus verlorenen Fällen auch Hinweise darauf gewinnen, wie man das Recht in Zukunft noch besser einsetzen kann. In gewisser Weise formt man das Recht, indem man Niederlagen annimmt und die gewonnenen Erkenntnisse als eine Art Trampolin für das Überspringen der nächsten Hürde nutzt.

So wirken Klimaklagen wie ein Hebel, der Veränderungen bewirkt: für Einzelne, zum Wohle des ganzen Planeten – und aller Menschen, die auf ihm leben oder künftig noch leben werden. Denn wir alle haben ein Recht auf eine menschenwürdige Zukunft. Ein Recht, das sich auch mithilfe der Gerichte durchsetzen lässt, ebenso wie durch die politische Auseinandersetzung, die Debatte auf der Straße, in den Medien und durch Wahlen. Schritt für Schritt, immer ein wenig mehr.

Für mich trägt noch ein weiterer Gedanke dieses Buch: Das Recht und Gerichte, die es anwenden, spielen eine wichtige Rolle für eine funktionierende Demokratie. Als dritte staatliche Gewalt können sie Menschen den Mut geben, für ihr Anliegen zu kämpfen. Für ihre Klagen investieren diese Menschen – Einzelpersonen oder Verbände – oftmals viel. Es erfordert Rückgrat, vor Gericht für seine Rechte einzustehen. Viele Gerichtsverfahren ziehen sich über Jahre, sie beanspruchen viel Zeit und einen hohen persönlichen Einsatz. Manchmal erfahren die klagenden Parteien auch persönliche Missbilligung aus ihrem

Umfeld, oft aus dessen Unkenntnis über das, was die Klägerinnen und Kläger eigentlich erstreiten wollen.

Bei mir ist der Gang vor Gericht Teil meines Berufs, und meine Robe und Rolle schützen mich. All denen, die diesen Schutz nicht haben und sich dennoch trauen, Gerichte in die wichtige Arbeit zur Rettung unserer Lebensgrundlagen einzubinden, indem sie klagen oder Beschwerde führen, ist deshalb dieses Buch gewidmet. Ebenso wie allen, die mich und sie unterstützen. Es sind Menschen aus der Klimaforschung, aus den Umweltverbänden, aus der Rechtswissenschaft. Sie helfen mir, komplizierte naturwissenschaftlichen Zusammenhänge zu verstehen, meine juristischen Argumente wirkungsvoll zu schärfen und zielführende Strategien zu entwickeln. Nicht alle können in diesem Buch genannt werden, aber sie wissen, dass sie gemeint sind.

Dieses Buch erzählt von vielen Fällen rund um den Globus, in denen es um das Recht von Menschen geht und die stellvertretend für die echten Schäden und Probleme stehen, die der Klimawandel jetzt schon – bei über drei Milliarden Menschen – verursacht.[6] Das sind keine ausgedachten Geschichten. Sie sind Wirklichkeit.

In Kapitel 1 zeige ich anhand der Entscheidung des Bundesverfassungsgerichts vom März 2021, wie Klimaklagen dazu beitragen, dem Pariser Klimaabkommen von 2015 mit seiner 1,5-Grad-Grenze zur Geltung zu verhelfen und wie der Beschluss des Bundesverfassungsgerichts die Freiheitsrechte zukünftiger Generationen in Deutschland schützt und weltweit Kreise zieht.

In Kapitel 2 mache ich anhand der Klage von Schweizer Seniorinnen und portugiesischen Kindern und Jugendlichen klar, warum Klimaschutz ein Menschenrecht ist und warum Klimaklagen die Demokratie und Rechtsstaatlichkeit stärken.

Den Fall des peruanischen Bergführers Saúl Luciano Lluiya

gegen die RWE AG greife ich in Kapitel 3 auf, um zu zeigen, welche zentrale Rolle die Klimawissenschaft vor Gericht spielt. Ihr ist zu verdanken, dass inzwischen der Anteil des Menschen an der Verursachung jedes einzelnen Sturms errechenbar ist, was weltweit Bedeutung für weitere Verfahren haben kann.[7]

Mittels der Klagen von Jugendlichen aus den USA möchte ich in Kapitel 4 verdeutlichen, welche Rolle selbst verlorene Klagen für die Fortentwicklung des Rechts und die öffentliche Meinung spielen und dass jede verlorene Klage immer auch eine neue Chance darstellt.

Kapitel 5 stellt zwei Fälle, die EU-Klimaklage *People's Climate Case* und das Urgenda-Verfahren in den Niederlanden, einander gegenüber. Sie illustrieren, wie wichtig es ist, dass der Weg zu Gericht überhaupt offensteht und dass er nicht verschlossen wird. Hier versuche ich auch zu erklären, woran es liegt, dass nicht jede und jeder klagen kann.

Einen Fall von den Philippinen stelle ich in Kapitel 6 in den Mittelpunkt und zeige, wie das Recht den Menschen, die heute schon unter der Klimakrise leiden, Aussicht auf Gerechtigkeit geben kann und dass auch andere Gremien als staatliche Gerichte das Recht für den Klimaschutz nutzen können.

Um Klagen gegen Unternehmen, insbesondere gegen die Konzerne Shell und VW, geht es in Kapitel 7. Ich beschreibe, wie Klimaklagen die negativen Folgen der Globalisierung ein Stück weit rückgängig machen können und welche Rolle das Zivilrecht beim Ausgleich von Interessen spielt.

Kapitel 8 widmet sich anhand eines Falles aus Kolumbien dem in der Öffentlichkeit noch zu wenig beachteten Gegenstück zu Emissionen, nämlich der Bedeutung von Wäldern und Böden als Treibhausgassenken. Eine wichtige Aufgabe in der Zukunft ist ihr Schutz und Aufbau unter Berücksichtigung der weltweiten Biodiversitätskrise. Auch hier kann und muss die dritte Gewalt eine unterstützende Rolle spielen. In diesem Kontext gehe ich auch auf die Forderung nach Eigenrechten für die Natur ein.

Am Ende des Buchs wage ich einen Ausblick: Wo liegen die Herausforderungen angesichts des Kriegs um die Ukraine, wie kann Recht die notwendige Transformation unterstützen, und welche Art von Konflikten wird vor den Gerichten weltweit landen? Ein abschließendes Fazit lässt sich dabei nicht ziehen, da mit der fortschreitenden Klimakrise und ohne ausreichende politische Lösung weltweit immer neue Klimaklagen eingereicht und verhandelt werden. Die Urteile werden unseren heutigen Status quo überholen und neue Wege eröffnen. Im Zuge dessen wird Recht neu ausgelegt, vielleicht auch neu entstehen – und als Motor der Transformation und zur Umsetzung von Klimaschutz dienen. Hoffentlich.

EINS

KLIMAKLAGEN MACHEN
PARIS VERBINDLICH

Wenn man als Umweltanwältin eine Klage erhebt, schickt man ein bisschen Hoffnung in die Welt – darauf, dass man recht bekommt, egal wie aussichtslos und schwierig, neu und kompliziert die Sache sein mag. Ist die Klage eingereicht, gibt man die Kontrolle über diese Hoffnung ab. Entscheiden kann nur das Gericht. Zugleich ist man erleichtert, dass die oft Hunderte Seiten starke Klageschrift fertig und in der Welt ist.

Der Schriftsatz der Klimaverfassungsbeschwerde, die Anfang Februar 2020 aus unserer Kanzlei auf den Weg nach Karlsruhe zum Bundesverfassungsgericht geschickt wurde, umfasste mit all seinen Anhängen sogar Tausende von Seiten.[1] Schließlich ging es auch um sehr viel, nämlich um nicht weniger als die Frage, ob Klimaschutz Menschenrecht ist. Ob der deutsche Gesetzgeber nach eigenem Belieben entscheiden kann, etwas gegen die Klimakrise zu tun oder nicht, und wenn ja, was genau. Und ob das im Dezember 2019 gerade erst vom deutschen Bundestag beschlossene Bundesklimaschutzgesetz mit der deutschen Verfassung, dem Grundgesetz, vereinbar ist.[2]

Ich versuche in solchen Fällen, die Hoffnungen nicht zu groß werden zu lassen, damit ich nicht zu tief falle. Ich lenke mich mit Arbeit ab, mache einfach weiter, führe andere Verfahren, habe wie immer Hunderte von Bällen gleichzeitig in der Luft und jongliere mit Fällen, Anfragen und Urteilen. Bis das Gericht eine Entscheidung fällt.

Dann kam im April 2021 der Beschluss des Bundesverfassungsgerichts: gewonnen.[3] Das Klimaschutzgesetz war teilweise verfassungswidrig. Unfassbar!

Ich muss jubelnd durch den Flur unserer Kanzlei in Hamburg gelaufen sein, so berichteten es mir später meine Kolleginnen und Kollegen. Ich weiß noch, dass mir bei den ersten Telefonaten die Hände zitterten. Kein Mensch hatte mit so einem Beschluss gerechnet. Das gesamte Gericht – also alle acht Richter und Richterinnen, denn die Entscheidung erging einstimmig – war von den Argumenten so überzeugt und fand den von uns geschilderten Sachverhalt so unstrittig, dass sie ganz auf eine mündliche Verhandlung verzichteten. Nicht einmal tiefer gehende Nachfragen hatten sie uns gestellt.

Gestützt auf das Grundgesetz, hatte das höchste deutsche Gericht die Notwendigkeit einer Klimaschutzpolitik bestätigt, die den Vorgaben des Pariser Abkommens entspricht.[4] Eine Ansage mit Folgen. Denn damit hat Deutschland nun eine verbindliche Richtschnur, die auch künftige Regierungen und Parlamente in der Klimaschutzgesetzgebung nicht mehr ignorieren dürfen. Tun sie es doch, müssen sie damit rechnen, vom Bundesverfassungsgericht erneut in ihre Schranken verwiesen zu werden.

Ich hatte – wie viele andere – erwartet, dass das Gericht unsere Verfassungsbeschwerde mit einer ausführlichen Begründung ablehnen würde. Wir hatten mit dem Bundestag und der Bundesregierung lediglich Schriftsätze ausgetauscht, eine mündliche Verhandlung hatte es nicht gegeben. Ich verstand das so, dass unsere Chancen eher begrenzt seien, zumal es nicht ungewöhnlich ist, dass Umweltklagen vor Gerichten scheitern. Und gerade Verfassungsbeschwerden – also Klagen von Einzelnen gegen Gesetze, weil diese gegen Grundrechte verstoßen – werden vom Bundesverfassungsgericht überwiegend nicht zur Entscheidung angenommen.

Verfassungsbeschwerden haben in Sachen Hoffnung grundsätzlich einen eher schlechten Ruf: Laut amtlicher Statistik aus dem Jahr 2020 sind in Karlsruhe nur 2,2 Prozent aller eingereichten Verfassungsbeschwerden erfolgreich.[5] Oft erfolgt ihre Ablehnung in einem einzigen, trockenen Satz: »Die Verfassungsbeschwerde wird nicht zur Entscheidung angenommen.« Dieser Satz hätte uns ebenfalls blühen können. Eine gut begründete Ablehnung hingegen hätte uns auch weitergebracht. Sie hätte uns Argumente für weitere Verfahren an die Hand geben können. Es obliegt allein dem Bundesverfassungsgericht, zu entscheiden, wie es im Fall von Ablehnungen verfährt. Es kann sich wortkarg geben oder sich ausführlich zur Sache äußern, selbst wenn es eine Beschwerde aus verfahrensrechtlichen Gründen gar nicht zur Entscheidung annimmt. Mir schien es realistisch, mit einer gut begründeten Ablehnung zu rechnen. Stattdessen bestätigten die Richter und Richterinnen einstimmig unsere Rechtsauffassung in den wichtigsten Punkten – eine historische Entscheidung.

Die Grundlagen dafür waren mehr als fünf Jahre vorher gelegt worden: 2015 in Paris.

DIE ERDERWÄRMUNG AUFHALTEN, ALLE GEMEINSAM

Am 12. Dezember 2015 brach großer Jubel aus in Le Bourget, einem Vorort von Paris. Nach Jahren der Hoffnungslosigkeit in der globalen Klimadiplomatie hatten sich die Staaten der Welt in langen Verhandlungen auf ein weiteres gemeinsames Klimaabkommen geeinigt. Es sollte das Kyoto-Protokoll von 1997 ersetzen und die Klimarahmenkonvention von 1992 mit neuem Leben füllen. Erstmals versprachen nicht nur die alten Industriestaaten, die sogenannten Annex-I-Staaten, sondern auch die Entwicklungs- und Schwellenländer, ihren Ausstoß an Treibhausgasen in Zukunft zu senken; Staaten wie beispielsweise China, Indien und Südafrika. Für den globalen Klimaschutz war allein das – dass wirklich alle sich beteiligen wollten – ein Riesendurchbruch.

Es gab aber noch einen weiteren Grund zu jubeln. Das Abkommen von Paris sieht in Artikel 2 als Langfristziel vor, die Erderwärmung bei »deutlich unter zwei Grad« zu stoppen und »Anstrengungen zu unternehmen, den Temperaturanstieg auf 1,5 Grad Celsius über dem vorindustriellen Niveau« zu begrenzen. Teil dieses Ziels ist auch, Treibhausgasneutralität herzustellen, definiert in Artikel 4 als: »Gleichgewicht zwischen den anthropogenen Emissionen von Treibhausgasen aus Quellen und dem Abbau solcher Gase durch Senken.«

Dieser Festlegung eines klaren Ziels waren jahrzehntelange Streitigkeiten vorangegangen. Artikel 2 des UN-Klimarahmenabkommens von 1992 verpflichtet alle Vertragsstaaten schon seit 30 Jahren, »gefährlichen Klimawandel« zu verhindern. Aber was genau sollte das bedeuten? Solange der »gefährliche Klimawandel« nicht genauer definiert wurde, gab es auch keinen Maßstab dafür, wann ein Verstoß vorliegen könnte. Wohl auch deshalb hat kein Gericht jemals Artikel 2 direkt angewendet.

Heute ist die »deutlich unter 2 und besser 1,5-Grad-Grenze« zusammen mit den damit verbundenen Erkenntnissen zum verbleibenden CO_2-Budget die zentrale Bezugsgröße der internationalen Klimapolitik, vor allem seitdem der Weltklimarat diese Schwelle in seinem Sonderbericht von 2018 plastisch beschrieben hat.[6] Aber dazu später. Ins Pariser Abkommen gelangte der Wert erst kurz vor dem Ende der damaligen Verhandlungen, auf Druck der Delegationen aus den besonders vulnerablen Ländern, darunter die Inselstaaten des Pazifiks. Kaum jemand hatte damit gerechnet, dass es ihnen gelingen würde, sich durchzusetzen, aber sie ließen als Treiber und

Mahner bei allen Klimakonferenzen nicht locker. Und dann stand es wirklich im völkerrechtlich verbindlichen Text, in der Entscheidung 1/CP.21 der Vertragsstaatenkonferenz von Paris. Damit hatte niemand gerechnet.

Ich hielt die 1,5-Grad-Grenze zunächst für leere Worte. Die Regierungen hatten so lange gebraucht, um dieses Abkommen zu beschließen; seit 1992 und auch während der Geltung des Kyoto-Protokolls von 1997, mit dem die Industriestaaten zur Reduktion ihres Treibhausgasausstoßes verpflichtet worden waren, stiegen die Emissionen global nur immer weiter an. Und jetzt sollte man den Vertragsstaaten von Paris den Ehrgeiz glauben, der in diesen 1,5 Grad lag? Wie sollte es gelingen, dieses Ziel zu erreichen? Dazu muss man wissen, dass das Pariser Abkommen ausschließlich auf freiwillige Selbstverpflichtungen setzt, die im Jargon der Klimadiplomatie »Nationally Determined Contributions« oder NDCs (Artikel 4 Absatz 2 des Abkommens) genannt werden. Wie wollte man unter dieser Voraussetzung garantieren, dass die unterzeichnenden Staaten zusammengenommen tatsächlich die Erderhitzung an der vereinbarten Schwelle stoppen würden?

Erst später begriff ich: Wenn die 1,5 Grad im Pariser Klimaabkommen in dieser Klarheit benannt werden, dann kann man sie auch als juristischen Hebel nutzen. Zum Beispiel in Deutschland: Dadurch, dass das Pariser Abkommen ratifiziert und seine Ziele auch ins deutsche Recht aufgenommen wurden, konkret in Paragraf 1 des Klimaschutzgesetzes, werden die 1,5 Grad für die deutsche Politik zur verbindlichen Norm und zum Maßstab für Gerichtsurteile. Für das Verfahren vor dem Bundesverfassungsgericht waren die 1,5 Grad und das Ziel der Treibhausgasneutralität jedenfalls von zentraler Bedeutung.

Das Pariser Abkommen trat am 4. November 2016 in Kraft – dreißig Tage, nachdem die dafür nötige Anzahl von Staaten es unterzeichnet hatte. 193 Länder sind ihm seither beigetreten und somit fast alle Staaten der Welt, auch die USA sind wieder dabei.[7] Das internationale Engagement ist deshalb essenziell, weil der menschengemachte Treibhauseffekt genuin globalen Charakter hat. Ein effektiver Schutz von unteilbaren globalen Umweltgütern, etwa der Erdatmosphäre, der Ozonschicht oder von Ökosystemen, die sich außerhalb staatlicher Souveränitätsräume befinden, so wie in der Antarktis und auf Hoher See, lässt sich nur durch möglichst universale Kooperation aller Staaten erreichen. Klimadiplomatie rund um die Klimarahmenkonvention und das Abkommen von Paris ist deshalb unverzichtbar. Aber sie ist nicht mehr das einzige wirksame Mittel.

Denn: Es ist jetzt auch eine Frage der Menschenrechte und der globalen Gerechtigkeit, ob es uns gelingt, die 1,5 Grad einzuhalten – und damit ist es auch eine Frage der Gerichte. Das zeigt das Beispiel der pazifischen Inseln, die in Paris so für diese Temperaturschwelle gekämpft hatten. Für sie hätte der Unterschied zwischen einer globalen Erwärmung um 2 gegenüber 1,5 Grad besonders gravierende Folgen. Nachlesen lässt sich das im IPCC Sonderbericht von 2018. In Zahlen und Grafiken wird dort sehr deutlich gemacht, wie bei 2 Grad globaler Erwärmung das Überleben auf den pazifischen Inseln mit hoher Wahrscheinlichkeit unmöglich wird.

Weil der Meeresspiegel steigt, erodieren schon jetzt ihre Küsten. Stürme werden heftiger, kommen häufiger vor, und ihre Fluten richten auf dem Land Zerstörung bisher unbekannten Ausmaßes an. Im Landesinnern steigt schon seit Jahren salziges Meerwasser in den Böden empor. Die Folge: Die Süßwasservorräte werden untrinkbar, auf den Feldern und in Gärten verkümmern die Pflanzen. Das erlebt etwa auch mein Mandant Petero Qaloibau auf der zu Fidji gehörenden Insel Vanua Levu, den ich in der EU-Klimaklage *People's Climate Case* vertreten habe. Und das ist auch die Realität der erfolgreichen Beschwerdeführer vor dem UN-Menschenrechtsgremium von den Torres-

Strait-Inseln. Es wird immer schwieriger, auf den Inseln überhaupt zu überleben. Viele Menschen wollen sie verlassen, andere können sich nicht vorstellen, ihre untergehende Heimat aufzugeben. Und selbst wenn sie anderswo einen Platz zum Leben fänden, wäre ein Neuanfang schwer, da bislang kein Land der Welt die Umsiedlung von Klimaflüchtlingen aktiv unterstützt.

Bis heute ist die globale Durchschnittstemperatur der Erde bereits um rund 1,2 Grad Celsius gestiegen.[8] Nicht mehr lange, und wir erreichen die Schwelle von 1,5 Grad.

Dem IPCC-Bericht von 2018 zufolge könnten, wenn es uns gelingt, die 1,5 Grad nicht zu überschreiten, viele bedrohte Inseln weltweit erhalten und Millionen von Menschen vor Armut geschützt werden. Ernteeinbußen für die Landwirtschaft würden deutlich geringer ausfallen als bei einer stärkeren Temperaturerhöhung. Die Fischbestände und damit weltweite Fischereierträge wären womöglich zu retten. Manche Korallenriffe vielleicht ebenfalls. Das arktische Eis würde langsamer schmelzen, der Meeresspiegel weniger schnell steigen. Die Gefahr, dass das Grönlandeis unwiederbringlich abschmilzt, würde hoffentlich abgewendet, so wie auch das Anstoßen weiterer Kipppunkte im Klimasystem, nach deren Überschreiten eine Kaskade von negativen Entwicklungen in Gang gesetzt würde, die sich selbst durch die besten Gegenmaßnahmen nicht mehr aufhalten ließen.

Zahlreiche Studien und viele weitere Berichte des Weltklimarats haben diese Erkenntnisse seither präzisiert. Immer dringlicher werden die Warnungen der Wissenschaft – zuletzt hat es der IPCC-Teilbericht aus dem April 2022, der sich mit den Möglichkeiten beschäftigt, die uns noch bleiben, den Anstieg der klimaschädlichen Emissionen zu stoppen, erneut sehr deutlich aufgezeigt: Will die Menschheit noch eine Chance auf eine sichere Zukunft haben, bleibt ihr nicht mehr viel Zeit, um zu handeln. Schon heute kann nicht ausgeschlossen werden, dass allein aufgrund vergangener Emissionen abrupte, nicht aufzuhaltende und unkontrollierbare Wirkungen ausgelöst werden, die das Klima unwiederbringlich destabilisieren. Jede weitere Tonne Treibhausgase, die wir freisetzen, verstärkt das Risiko, dass wir solche Kipppunkte überschreiten.[9]

Sieben Jahre nach dem Jubel von Paris ist heute allerdings Ernüchterung eingekehrt. Trotz der hehren Ziele steigt der Ausstoß klimaschädlicher Gase weltweit weiter an. Anfang der 1990er-Jahre betrugen die jährlichen globalen Kohlendioxidemissionen knapp 23 Gigatonnen; bis 2015, dem Jahr des Pariser Abkommens, waren sie auf 35,5 Gigatonnen gestiegen. 2021 lagen sie trotz der Corona-Pandemie die im Vorjahr die weltweite Wirtschaft zum Erliegen gebracht hatte, bei 36,4 Gigatonnen.[10] Zwar haben viele der Vertragsstaaten von Paris auf dem Klimagipfel 2021 in Glasgow neue, ehrgeizigere Klimaziele bei den Vereinten Nationen hinterlegt und das teilweise bei der letzten Konferenz in Ägypten auch bekräftigt. Doch selbst wenn all diese Ziele in praktische Politik umgesetzt werden, befindet sich die Welt noch auf dem besten Weg in Richtung 2,4 Grad plus, wie Berechnungen des unabhängigen Thinktanks Climate Action Tracker (CAT)[11] ergeben haben, mit denen auch die Vereinten Nationen arbeiten.

Die CAT-Zahlen zeigen auch, dass die Regierungen wirkliche Anstrengungen im Klimaschutz immer noch viel zu weit in die Zukunft verschieben. Als ob es dann leichter würde. Im Gegenteil, uns bleiben nur noch wenige Jahre, um die globale Wirtschaft klimafreundlich umzubauen und uns aus der Abhängigkeit von Kohle, Öl und Erdgas zu befreien. Es ist eine gewaltige Aufgabe, und je länger die Menschheit jetzt noch zögert, desto schwieriger wird es, sie zu bewältigen. Desto wahrscheinlicher wird es, dass Kipppunkte überschritten werden und damit der *point of no return* erreicht ist.

Höchste Zeit also, dass jetzt Gerichte ins Spiel kommen. Klagen können dazu beitragen, den Wandel hin zu mehr Klimaschutz zu beschleunigen. Sie können Regierungen und Gesetzgeber zwingen, ihre Politik tatsächlich an der 1,5-Grad-Grenze auszurichten, statt es nur immer wieder neu zu versprechen. Und die Forschungsgruppe um die Soziologieprofessorin Anita Engels zeigt: Klimaklagen sind tatsächlich schon heute ein wichtiger Baustein des Wandels.[12]

Man könnte meinen, es sei logisch und selbstverständlich, dass nationale Gerichte ein völkerrechtliches Abkommen umsetzen. Ist es aber nicht. Das Pariser Abkommen ist zunächst einmal für die Vertragsparteien bindend, und das sind die Staaten. Das hat zur Folge, dass sich je nach dem rechtlichen Rahmen im jeweiligen Land ganz unterschiedliche juristische Konsequenzen aus ihm ergeben. Sobald beispielsweise die USA ein internationales Abkommen ratifizieren, wird es dort ganz automatisch und unverzüglich Bestandteil des gültigen nationalen Rechts. Damit ist es absolut verbindlich und muss zwingend umgesetzt werden. Deswegen sind – nebenbei bemerkt – die USA generell auch eher zurückhaltend beim Abschluss von völkerrechtlichen Verträgen.

Auf EU-Ebene verhält sich die Rechtslage ganz ähnlich. In Deutschland dagegen sind völkerrechtliche Verträge nicht automatisch nach ihrer Ratifizierung für alle verbindlich. Sie unterliegen einem besonderen Gesetzesvorbehalt, das heißt, sie gelten nur, wenn sie auch den Rang eines nationalen Gesetzes erhalten. Für das Pariser Abkommen ist das zwar schon mit dem Ratifikationsgesetz 2016 und dann mit dem Klimaschutzgesetz von 2019 geschehen, aber dennoch können einzelne Bürgerinnen und Bürger die Bundesregierung nicht einfach so vor einem deutschen Gericht verklagen, falls sie der Auffassung sind, dass deren Politik gegen das Abkommen verstößt. Der Grund: Im deutschen Recht entfaltet das Völkerrecht in der

Regel keine Bindung zugunsten von einzelnen Personen. Es gilt – wie wir Juristinnen und Juristen sagen – nur objektiv, nicht aber subjektiv für jeden Einzelnen. So verhält es sich zunächst auch mit dem deutschen Klimaschutzgesetz, das dem ganzen Land einen Rahmen für die Transformation hin zu einer klimafreundlichen Gesellschaft vorgibt. Es gilt erst einmal objektiv-rechtlich.

Das Klimaschutzgesetz als »Rahmengesetz« legt Leitplanken für die deutsche Politik fest, innerhalb derer sich die Regierung bewegen muss. Sind die Leitplanken aber zu weit gesetzt, das heißt, ist das deutsche Klimaschutzgesetz zu unambitioniert formuliert, um die Vorgaben aus Paris zu erfüllen, kann man vor das Bundesverfassungsgericht ziehen, um dort zu beantragen, dass der Gesetzgeber korrigiert wird. Dabei spielen als Maßstab die Grundrechte eine Rolle – und bei der Umsetzung auch das klassische, technische Umweltrecht.

Das Umweltrecht ist in Deutschland seit den 1970er-Jahren entwickelt worden – in den vergangenen 20 Jahren vor allem dadurch, dass EU-Regelungen (vor allem Richtlinien, also ausfüllungsbedürftige Rechtsakte der EU) auf nationaler Ebene umgesetzt werden mussten. Historisch beschäftigte sich das Umweltrecht vor allem mit technischen Fragen, beispielsweise des Lärmschutzes, der Rauchgasreinigung bei Kraftwerken und der Abwasserreinigung in Klärwerken und Industrie. Zentral war dabei der Begriff des »Stands der Technik«. Er ermöglichte es, die Ressourcen ungebremst zu nutzen, solange man dabei nur möglichst viel Umweltverschmutzung vermied. Daneben gab es immer auch konkrete Grenzwerte, die vor allem aus Gründen des Gesundheitsschutzes nicht überschritten werden durften. 1994 wurde der Umweltschutz als Staatsziel in Artikel 20a ins Grundgesetz aufgenommen. Danach ist der Staat verpflichtet, auch in Verantwortung für die kommenden Generationen die natürlichen Lebensgrundlagen zu schützen.

Die EU setzte dann verstärkt auf Grenzwerte, etwa für Wasser, Luft und Boden sowie auf Gebietsschutz für Vögel und verschiedene zentrale Arten und Habitate. Aber immer wieder wurden diese Vorgaben letztlich durch die Massivität der Mobilität und des Konsums überholt, mit dem Ergebnis, dass der Zustand unserer Umwelt insgesamt heute sogar dramatischer als in den 70ern bedroht ist. Um dem entgegenzuwirken, beschäftigt sich Umweltrecht jetzt auch mit der Frage, wie wir die globalen ökologischen »Grenzwerte« einhalten können. Wie wir also zum Beispiel das CO_2-Budget nicht überschreiten, das uns unter der 1,5-Grad-Grenze und nach völkerrechtlichen Maßstäben noch zusteht. Und auch, wie wir die »planetaren Grenzen« insgesamt einhalten können. Das Konzept der planetaren Grenzen ist wissenschaftlich seit 2009 etabliert und quantifiziert die Schwellen, an denen der Mensch haltmachen muss, will er seine eigenen Lebensgrundlagen nicht zerstören.[13] Ein Parameter von neun ist das Klimasystem, ein anderer etwa Biodiversität. Wir stecken also mitten in einer Debatte darüber, wie man das Recht als Motor für die große ökologische Transformation nutzen kann, die wir bewältigen müssen. Das ist kein klassisches Umweltrecht mehr, das ist Transformationsrecht zugunsten aller zukünftigen Generationen, der natürlichen Umwelt und unserer Lebensgrundlagen an sich.

Der von uns und anderen erstrittene Beschluss des Bundesverfassungsgerichts vom Frühjahr 2021 hat einen Weg gezeigt, wie durch das Recht die Gesellschaft hin zur Klimaneutralität verändert werden kann. Möglich wurde er nicht nur durch das Abkommen von Paris, sondern auch durch den Mut und die Entschlossenheit der Beschwerdeführenden, unter ihnen vier junge Leute von der Nordseeinsel Pellworm.

DIE KLIMAKRISE GEFÄHRDET
PELLWORM

Die Halligen, sagt Silke Backsen, werden es als Erste nicht schaffen. »Jedenfalls wenn der Meeresspiegel auch nur annähernd so weit steigt, wie es derzeit prognostiziert wird.« Silke ist Biologin, eine großherzige, zupackende, engagierte und politische Frau. Sie lebt auf der Nordseeinsel Pellworm im nordfriesischen Wattenmeer. Die Insel ist von zehn Halligen umgeben: flachen Inseln, die heute schon bei Sturmflut vom Meer überspült werden.

Auf Pellworm kann man spüren, wie sehr der Ausstoß an Treibhausgasen auch die Inseln des Wattenmeers in Gefahr bringt – nicht nur die des Pazifiks. Die Vorgänge, die dazu führen, sind bekannt: Weil die Erde sich erhitzt, schmilzt das Eis im Hochgebirge und an den Polen. Das Wasser der Ozeane erwärmt sich und dehnt sich deshalb aus. Aus beiden Gründen steigt der Meeresspiegel weltweit derzeit im globalen Durchschnitt um 3,6 Millimeter pro Jahr,[14] und allen Erkenntnissen der Klimawissenschaft zufolge wird er das in Zukunft immer schneller tun, insbesondere an der Nordseeküste Schleswig-Holsteins. Das hat geologische Gründe: Der Meeresboden und Teile der Küste sinken dort um etwa einen Millimeter pro Jahr – das ist eine Nachwirkung der letzten Eiszeit. Ein höherer Meeresspiegel aber verstärkt auch hier die Zerstörungskraft von Sturmfluten. Er lässt die Küsten erodieren und setzt Bauwerke und Anlagen unter Druck, die zu ihrem Schutz errichtet wurden. Und auch der normale Tidenhub fällt durch den Klimawandel höher aus als früher.

Noch wird Pellworm – sieben Kilometer lang, sechs Kilometer breit, knapp 1200 Menschen – von einem acht Meter hohen und mehr als 25 Kilometer langen Deich vor der Gewalt des Meeres geschützt. Immer höher haben die Bewohnerinnen und

Bewohner der Insel den Schutzwall in den vergangenen Jahrhunderten gezogen. »Aber wie lange können wir den Deich noch höher bauen?«, fragt Silke. Sie lässt die Antwort offen, aber auch so ist klar, was sie sagen will: Irgendwann ist Schluss. Nach derzeitigem Stand wird der technische Hochwasserschutz bei einer globalen Erwärmung um 2 Grad Celsius an seine Grenzen stoßen.

Die Backsens leben seit Generationen auf der Insel. Ihr Bauernhaus wurde im Jahr 1703 erbaut. Es liegt auf einer Erhöhung, Edenswarf genannt, so wie all die alten Häuser hier auf Warften stehen. Es sind kleine Hügel, auf denen die Behausungen der Menschen – und der Tiere – noch ein wenig besser vor dem Wasser geschützt sind. Heute halten sie auf dem Biohof Schafe und Rinder, beherbergen Feriengäste und bewirtschaften rund zweihundert Hektar Wiesen und Ackerland. Im Flur des Hauses spürt man seine Geschichte, dort hängen Schwarz-Weiß-Fotografien aus vergangenen Tagen neben aktuellen Familienfotos.

Silkes Tochter Sophie, überlegt, leidenschaftlich und entschlossen, Studentin der Agrarwissenschaften in Kiel, will später einmal den Hof übernehmen, ebenso wie zwei ihrer Brüder – das ist in Deutschland etwas ganz Besonderes. Doch ganz gleich, wer den Hof später bewirtschaftet: Alle Backsens wollen ihre Familientradition auf Pellworm erhalten. Obwohl sie genau wissen, wie gefährdet die Insel ist.

Denn wenn nicht ein kleines Wunder passiert oder der Deich extrem erhöht wird, ist es nur noch eine Frage der Zeit, bis die Sturmflut kommt, gegen die die Deiche machtlos sind. Oder ein extrem starker Regen, der die Insel vom Landesinneren her überschwemmt und gegen den die Pumpwerke nichts mehr ausrichten können. Pellworm ist geformt wie eine Schüssel. Der Deich bildet den Rand, und das Land dazwischen liegt durchschnittlich einen Meter unter dem Meeresspiegel. Je höher der Meeresspiegel jenseits des Deichs steht, desto schwieriger wird es, starke Niederschläge von der Insel ins Meer abzuleiten. Die Folge: Im Extremfall könnte die ganze Insel einfach volllaufen. Beinahe ist das schon einmal passiert. Im Herbst 2017 regnete es so sehr, dass die Pumpen die Wassermengen nicht mehr bewältigen konnten. Feuerwehren und Technisches Hilfswerk vom Festland mussten zu Hilfe eilen, um das Schlimmste zu verhindern. Die Aussaat von Kleegras und Winterweizen auf Pellworm fiel damals buchstäblich ins Wasser, auch für Familie Backsen.

Sie spüren den Klimawandel auch aus anderen Gründen schon jetzt. Es sei ein schleichender Prozess, sagt Silke. Vögel kommen früher, gar nicht mehr oder in Massen. Vegetationsperioden verschieben sich. »Es gibt nicht diesen einen Moment, an dem es einem klar wird, das ist der Klimawandel. Man merkt es an vielen kleinen Dingen. Wetterextreme, die häufiger auftreten, so wie die trockenen Sommer der Jahre 2018 und 2019. Jahreszeiten, die sich verschieben. In der Landwirtschaft lebt man draußen, man spürt das, man sieht das.«

Als Greenpeace Silke fragte, ob sie gegen die unzureichende Klimapolitik der Bundesregierung klagen wolle, war sie schnell dazu bereit. Das war 2018. Es war das erste Jahr, in dem deutlich wurde, dass die Bundesregierung ihre eigenen, seit Jahren immer wieder bestätigten Klimaziele für das Jahr 2020 wohl nicht erreichen würde. Ihre eigenen Prognosen legten das für alle Welt offen. Damals lernten Silke und ich uns kennen, ich arbeitete für Greenpeace, sie wurde meine Mandantin.

Ihre Entscheidung fällte Silke nicht allein. Wir waren uns einig, dass sie nur mitmachen würde, wenn die ganze Familie, Mann und Kinder, ebenfalls hinter der Klage stünden. Mit gutem Grund: Umwelt- und Klimaklagen halten die Beteiligten über Jahre hinweg beschäftigt. Das steht man nur durch, wenn wirklich die ganze Familie das Vorhaben unterstützt. Und bei den Backsens waren alle dabei.

Am 25. Oktober 2018 reichte ich für sie, zwei weitere Landwirtsfamilien aus Brandenburg und dem Alten Land bei Stade und für Greenpeace als Umweltverband beim Verwaltungsgericht Berlin Klage gegen die unzureichende Klimapolitik der Bundesregierung ein.[15] Damals klagten wir noch nicht gegen das Klimaschutzgesetz, denn das gab es zu dem Zeitpunkt noch nicht. Unsere Forderung war einfach. Wir verlangten, die Regierung möge Maßnahmen vorlegen, die es ermöglichen würden, das selbst gesetzte Klimaziel noch zu erreichen, also die deutschen CO_2-Emissionen bis zum Jahre 2020 um 40 Prozent gegenüber dem Stand von 1990 zu senken. Doch die rechtliche Argumentation dafür war schwierig, da das Klimaziel nur in vielen Beschlüssen und Kabinettsentscheidungen seit 2007 festgeschrieben war, aber in keinem Gesetz. Würde diese Grundlage vor Gericht ausreichen, um sich als Betroffene darauf zu berufen? Würde das Gericht das Erreichen von Klimaschutzzielen als eine Frage des Schutzes von Eigentum und Gesundheit bewerten, also der im Grundgesetz garantierten Menschenrechte?

Als wir am 31. Oktober 2019 zur mündlichen Verhandlung in Berlin erschienen, war der Gerichtssaal voller Journalistinnen und Journalisten. Seit sechs Uhr früh hatten die klagenden Parteien schon Interviews zu ihrem Fall gegeben. Von Pellworm war ein ganzer Bus voller Nachbarn und Nachbarinnen angereist, um den Backsens den Rücken zu stärken. Die Straße vor dem Justizgebäude war gesperrt, weil viele junge Leute zur Unterstützung der Klage lautstark demonstrierten.

Es half nichts. Am Ende des Tages wies das Gericht unsere Klage ab.[16] Aber sein Urteil stellte wichtige Weichen für später. Auf unsere erste Frage nach dem Anspruch auf Einhaltung des 2020-Klimaziels auf Grundlage von Eigentums- und Gesundheitsschutz antwortete es zwar mit Nein, doch auf die zweite – die Frage nach dem Schutzanspruch gegen die Folgen des Klimawandels aus Menschenrechten – gab es ein klares Ja. Damit hatten wir das Rüstzeug, mit dem wir später eine Verfassungsbeschwerde vor dem Bundesverfassungsgericht wagen konnten.

Sophie und ihre Brüder waren enttäuscht von dem Berliner Urteil, auch wenn die Wirkung des Prozesses in der Öffentlichkeit immens gewesen war und das Gericht sie und ihre Familie als Betroffene sehr ernst genommen hatte. Aber sie wollten nicht aufgeben, schließlich ging es um ihre Heimat Pellworm.

Jetzt nahmen sie als Jugendliche und junge Erwachsene die Sache selbst in die Hand. Das sei schon ein wenig skurril gewesen, erinnert sich Silke. In der Klage vor dem Berliner Verwaltungsgericht war sie die treibende Kraft der Familie gewesen. »Jetzt war ich auf einmal die Sekretärin und stand komplett im Hintergrund. Ich habe die Tasche getragen, die Papiere angereicht, hatte den Mailverkehr und die Pressemitteilungen im Blick. Aber im Mittelpunkt stand Sophie.«[17]

Im Februar 2020 reichte ich also für Sophie, ihre Brüder und fünf weitere junge Menschen eine gemeinsame Verfassungsbeschwerde ein. Das kurz zuvor im Dezember 2019 von der Bundesregierung verabschiedete Klimaschutzgesetz war der Beschwerdegegenstand, auf dem wir unsere Argumentation solide aufbauen konnten. Mit dabei waren auch Luisa Neubauer von Fridays for Future sowie Johannes und Franziska Blohm, deren Vater Claus im Alten Land ganz in der Nähe von Hamburg einen Obsthof betreibt. Claus Blohm macht den Klimawandel beispielsweise daran fest, dass seine Äpfel im Sommer jetzt viel häufiger Sonnenbrand bekommen als je zuvor und von Schädlingen befallen werden, die es früher in der Region nicht gab.

Wir beantragten festzustellen, dass das Klimaschutzgesetz nicht genüge, um die Klimakrise wirksam zu bekämpfen. Denn das Gesetz erwähnte zwar das Pariser Abkommen, ignorierte aber ansonsten die 1,5-Grad-Grenze. Es beruhte auf alten Zielen und legte auch keinen Pfad hin zur Treibhausgasneutralität vor.

In den drei Monaten vor der Antragstellung hatten wir Tag und Nacht an der Klageschrift gearbeitet. Ich beriet mich mit Kollegen aus meiner Kanzlei und den Menschen aus den unterstützenden Umweltverbänden, Greenpeace, Germanwatch und Protect the Planet, tauschte mich mit Klimaforschenden aus, besprach offene Punkte mit den Backsens und den anderen jungen Menschen, die entschieden hatten, sich unserer Verfassungsbeschwerde anzuschließen. Es waren anstrengende Wochen, und ohne die Hilfe meines Kanzleikollegen Ulrich Wollenteit wäre der Schriftsatz wohl nicht fertig geworden. Wir schrieben, diskutierten, prüften Argumente und verwarfen sie wieder. Uli konzentrierte sich auf die Darstellung der verfassungsrechtlichen Grundsätze, ich bearbeitete den Sachverhalt und dessen Anwendung auf das Recht. Das heißt, ich musste den Stand der Klimaforschung, die Gefahren der Klimakrise für Sophie und die anderen Beschwerdeführenden und die ungenügenden Versprechen der Politik, etwas dagegen zu tun, so aufbereiten und in eine juristische Sprache übersetzen, dass das Gericht sie nachvollziehen konnte. Ich musste versuchen, die Klimaurteile anderer Gerichte möglichst verständlich aufzubereiten, unter anderem das Urteil aus dem wegweisenden Urgenda-Verfahren aus den Niederlanden (siehe Kapitel 5). Dazu haben wir Hunderte von Seiten juristischer Dokumente übersetzt.

Vor allem aber mussten wir möglichst überzeugend darlegen, warum das Bundesklimaschutzgesetz die Grundrechte der neun Klägerinnen und Kläger verletzte, die zu schützen der Staat doch verpflichtet ist. Wir sagten: Das Gesetz erreiche zu wenig Klimaschutz, denn seine Bestimmungen reichten nicht aus, um die 1,5-Grad-Grenze einzuhalten und auch nicht die »deutlich unter zwei Grad« des Pariser Abkommens. Deshalb verletze es die Menschenwürde, das Recht auf Leben und Gesundheit, das Berufsfreiheits- und Eigentumsrecht.[18]

In seiner ursprünglichen Fassung legte das Klimaschutzgesetz fest, dass die deutschen Treibhausgasemissionen bis zum Jahr 2030 um 55 Prozent gegenüber dem Stand von 1990 sinken sollten. Sophie sagt heute rückblickend, dass es so verabschiedet wurde, habe ein »totales Unverständnis« in ihr ausgelöst. »Und auch ein bisschen Wut. Denn am gleichen Tag, an dem die Bundesregierung ihre Gesetzesvorlage verabschiedet hat, sind ja bei dem Klimastreik von Fridays for Future Millionen Menschen auf die Straße gegangen. Sie alle haben für konkreten, wirksamen Klimaschutz demonstriert. Und dann kommt so ein Gesetz dabei heraus, das auf keinen Fall ausreicht?« Sie findet es »krass, wie man ein Thema wie den Klimawandel, das unsere Zukunft bestimmen wird, jahrzehntelang ignorieren kann. Und da hab ich gedacht, wenn selbst eine so große Demonstration nicht ausreicht, um Bewegung in die Sache zu bringen, dann muss man vielleicht einfach andere Möglichkeiten ergreifen.« Deshalb sei sie vor das Bundesverfassungsgericht gezogen.

Drei weitere Verfassungsbeschwerden waren zusammen mit unserer in Karlsruhe anhängig,[19] eingereicht von Menschen aus der Klimabewegung, den Umweltverbänden, der Politik und der Forschung. Alle Beschwerden funktionierten im Grundsatz nach dem gleichen Prinzip. Um die unveräußerlichen Grundrechte seiner Bürgerinnen und Bürger zu schützen, müsse der Gesetzgeber, also der Deutsche Bundestag, mehr für den Klimaschutz tun, argumentierten sie, und das Bundesverfassungsgericht sollte feststellen, dass das Klimaschutzgesetz aus diesen Gründen verfassungswidrig sei. Wir wandten uns gegen das im Gesetz ursprünglich festgelegte Klimaschutzziel für das Jahr 2030 und verlangten, dass die Emissionen schneller zu senken wären als vom Gesetz vorgesehen, konkret: so schnell wie möglich bis zur Treibhausgasneutralität. Grundlage unserer Verfassungsbeschwerde waren das aus dem Pariser Abkommen ableitbare CO_2-Budget und die Forderung nach einem Reduktionspfad, der mit den Vorgaben des IPCC vereinbar ist.

Und was wir selbst kaum für möglich hielten, gelang: Das Gericht folgte unseren Argumenten, jedenfalls in den zentralen Punkten. Es erklärte das Klimaschutzgesetz für teilweise verfassungswidrig und verpflichtete die Bundesregierung dazu, es bis spätestens zum Ende des Jahres 2022 »nach Maßgabe der Gründe«, die das Gericht aufführte, zu schärfen. Das war ein Paukenschlag, den niemand überhören konnte.

Was auf dieses Urteil folgte, war in unseren Augen ein politisches Schauspiel, das an Absurdität kaum zu überbieten war. Genau die gleichen Politiker und Politikerinnen, die für das unzureichende Gesetz verantwortlich gewesen waren, schienen sich nun über den Beschluss aus Karlsruhe zu freuen. Ihre Kommentare klangen ganz so, als hätten sie immer schon eine strengere Klimapolitik gewollt, sie aber leider, leider nicht in die Tat umsetzen können. Der damalige CDU-Wirtschaftsminister Peter Altmeier twitterte ein Dankeschön an das Gericht – dabei hatte die Bundesregierung im Verfahren selbst den vier Verfassungsbeschwerden noch klar und vehement widersprochen.[20]

Ob die Verschärfung des Klimaschutzgesetzes, die bald darauf im Mai 2021 durch die Bundesregierung vorgenommen wurde, ausreichen wird, um die Auflagen des Gerichts wirklich zu erfüllen? Ich meine nicht. Selbst unter dem geänderten Klimaschutzgesetz wird Deutschland bis 2030 mehr als 90 Prozent seines CO_2-Budgets aufgebraucht haben.[21] Das Bundesverfassungsgericht aber hat nicht irgendeine Verschärfung gefordert. Seine Vorgabe lautet klipp und klar: Klimaschutz muss generationengerecht sein und die wissenschaftlichen Erkenntnisse ernst nehmen. Die Lasten, die sich aus ihm ergeben, müssen wir heute schon zu einem fairen Anteil schultern. Wir dürfen sie nicht unbegrenzt in die Zukunft verschieben. Auch die Deutsche Umwelthilfe ist übrigens der Auffassung, dass das verschärfte Klimaschutzgesetz die Vorgaben aus Karlsruhe noch nicht erfüllt. Im Januar 2022 reichte sie deshalb erneut eine Verfassungsbeschwerde gegen das neue Klimaschutzgesetz ein[22] – die allerdings vom Gericht ohne jede juristische Begründung nicht angenommen wurde. Dagegen läuft nun ein Verfahren in Straßburg vor dem Europäischen Menschengerichtshof.

Doch so viel ist sicher: Es gibt eine Zahl, die uns auch in Zukunft wieder und wieder helfen wird, nachzumessen, ob die Bundesregierung dem Auftrag des Gerichts nachkommt: das CO_2-Budget, das Deutschland zur Verfügung steht, wenn wir einen angemessenen Beitrag zur Begrenzung des Klimawandels unter 1,5 Grad leisten wollen – eben so, wie wir es laut Pariser Abkommen tun müssen.

EIN BUDGET FÜR 1,5 GRAD

An dem Tag der Veröffentlichung des Beschlusses durch das Gericht habe ich viele Menschen angerufen, um meine Freude zu teilen. Meinen Mann, der meine durchgrübelten Nächte und allgemeine Unruhe geteilt hatte, die Backsens, und alle anderen, die ebenfalls an der Klage beteiligt waren.[23] Später, nach der Pressekonferenz am gleichen Tag, habe ich dann noch mit dem Klimawissenschaftler Wolfgang Lucht telefoniert, der durch seine Arbeit eine ganz wichtige Basis für unsere Verfassungsbeschwerden geschaffen hatte. Ohne ihn hätten wir vielleicht nicht gewonnen. Ich wollte mich bedanken.

Lucht ist Physiker und Erdsystemforscher. Seit Jahren beschäftigt er sich damit, wie die vielfältigen Lebensräume unseres Planeten miteinander verflochten sind und sich gegenseitig beeinflussen. Er sieht, wie die Menschheit die Ressourcen immer weiter ausbeutet und dadurch ihren Planeten an seine Belastungsgrenzen bringt, wie der Meeresspiegel steigt, die Arten schwinden, die Gletscher schmelzen. »Wir destabilisieren die Erde«, sagt der Forscher. Durch seine Arbeit hat Lucht eine Vorstellung davon, was getan werden müsste, um unsere Lebensgrundlagen zu retten. Und er sieht, dass kaum etwas davon geschieht.

Lucht ist auch Mitglied des Sachverständigenrats für Umweltfragen der Bundesregierung (SRU). Für ein Umweltgutachten des SRU berechnete Lucht im Jahr 2020 das maximal noch verfügbare deutsche Budget des mit Abstand wichtigsten Treibhausgases CO_2, welches weder vom Pariser Abkommen noch von den Berichten des Weltklimarats genauer definiert wird, aus diesen aber abgeleitet werden kann.[24] Zwar legt schon die Klimarahmenkonvention die grundsätzlichen Prinzipien fest, nach denen die künftig noch möglichen Emissionen gerecht auf einzelne Staaten verteilt werden könnten, aber konkrete, eindeutige, verbindliche Vorgaben machen weder die Konvention noch das Abkommen von Paris noch die IPCC-Berichte.[25]

An sich war Luchts Rechnung gar nicht neu. Schon 2009 hatte der Wissenschaftliche Beirat für Globale Umweltfragen (WBGU) der Bundesregierung nahegelegt, ein CO_2-Budget zu verwenden. Durch die Kalkulation des SRU wurden die Zahlen nun aktualisiert und direkt auf den Klimavertrag von Paris bezogen.

Lucht benutzte dabei den Sonderbericht des IPCC zum 1,5-Grad-Ziel als Grundlage. In diesem Bericht hatten Forschende erstmals zusammengefasst, wie viel CO_2 die Menschheit insgesamt noch ausstoßen darf, um die 1,5 Grad nicht zu reißen. Obwohl ihre Schätzung einige Unsicherheiten enthielt, war das errechnete Budget so etwas wie die Übersetzung der 1,5-Grad-Schwelle in eine konkrete Handlungsanweisung für die Welt, für die Politik und für die Gerichte. Aus ihm leitete Lucht eine Obergrenze für das CO_2-Budget für Deutschland ab.

Der SRU wollte der Regierung eine Zahl zur Verfügung stellen, die das Ausmaß der umweltpolitischen Herausforderung deutlich machen könnte, sagt er heute. Keine ausführliche Abhandlung über die vielen Dinge, die sich grundlegend ändern müssten. Nur eine klare, konkrete, schlichte Zahl; ein Maßstab, um damit zu arbeiten. »So nüchtern wie möglich« sollte die Zahl sein. »Manchmal braucht eine Gesellschaft eine klare Zahl«, so Lucht. »Einen ehrlichen Maßstab dafür, wo sie in ihrer Entwicklung steht.«

Bevor er anfing zu rechnen, machte sich Lucht viele Gedanken über die Unsicherheiten, die er berücksichtigen müsste. Mit seinem Team traf er naturwissenschaftliche und ethische Abwägungen. Welche Verteilung wäre gerecht? Wie groß sollte das Restrisiko sein, dass die 1,5-Grad-Schwelle überschritten würde? Wie groß die Chance, dass man sie unterschreitet?

Am Ende entschieden sie sich dafür, großzügig zu sein. Lucht und seine Arbeitsgruppe beim Sachverständigenrat ignorierten die historische Verantwortung der Industrieländer für den Klimawandel und gingen davon aus, dass jedem Menschen von 2016 an – dem Jahr, in dem das Pariser Klimaabkommen verbindlich wurde – das gleiche CO_2-Budget zustehe, egal ob im reichen Norden oder im armen Süden der Welt. Die Chance, dass bei ihrer Berechnung das angestrebte Temperaturziel unterschritten würde, setzten sie ebenso hoch an wie die Gefahr, dass die Erderwärmung stärker steige. Dabei, sagt Lucht, »müsste man doch eigentlich vom schlimmstmöglichen Fall ausgehen, wenn es darum geht, Vorsorge zu treffen und sich vor Risiken zu schützen«. Aber er beschloss, Zurückhaltung zu üben.

38

Vermutlich war das klug von ihm. Das Bundesverfassungsgericht fand Luchts Berechnung bei allen Unwägbarkeiten nachvollziehbar und leitete daraus den verfassungsrechtlichen Maßstab des notwendigen Tuns ab. Luchts Ergebnis: Will man den Anstieg der durchschnittlichen globalen Erdtemperatur mit einer Wahrscheinlichkeit von 67 Prozent auf 1,75 Grad Celsius begrenzen, und leistet Deutschland dazu einen fairen Beitrag, darf das Land von 2020 an nur noch insgesamt 6,7 Gigatonnen CO_2 emittieren. Zum Vergleich: Allein in den vier Jahren zuvor hatte Deutschland rund drei Gigatonnen CO_2 in die Atmosphäre entlassen. Und das Budget, um unter der wissenschaftlich gut begründeten und politisch weithin akzeptierten Schwelle von 1,5 Grad zu bleiben, beträgt ab 2020 nur 4,2 Gigatonnen CO_2. Das heißt: Es ist fast aufgebraucht.

Für den Beschluss des Bundesverfassungsgerichts machte Luchts Zahl den alles entscheidenden Unterschied. Auf ihrer Grundlage hatte das Gericht den Mut, zu sagen: Klimaschutz ist keine politische Verhandlungsmasse. Er ist überlebenswichtig. Und man muss ihn an den physikalischen, wissenschaftlich eindeutig belegbaren Realitäten ausrichten – nicht am eigenen Wunschdenken.

Zwar könnte der Bundestag, der mit dem Urteil aus Karlsruhe zu einer Gesetzesreform gezwungen wurde, das von Lucht ermittelte Budget anders auslegen. Aber wenn er das gerichtsfest tun wollte, müsste er eine eigene, besser begründete Rechnung vorlegen. Das ist bisher nicht passiert. Stattdessen hat der SRU das deutsche CO_2-Budget im Frühsommer 2022 selbst neu berechnet – mit eindeutigem Ergebnis: »Das noch verbleibende CO_2-Budget schmilzt rapide«, sagte Lucht anlässlich der Präsentation der neuen Zahlen.[26] Trotz des klaren Urteils des höchsten deutschen Gerichts vergeuden wir also weiter fossile Energien und belasten das Klima, als sei nichts gewesen.

Auch das neue Klimaschutzgesetz vom August 2021 enthält

kein konkret und ausdrücklich beziffertes Budget. Stattdessen behauptet die neue Ampel-Regierung einfach, sie sei mit diesem Gesetz und den im Koalitionsvertrag getroffenen Vereinbarungen auf 1,5-Grad-Kurs, habe die Entscheidung des Gerichts ausreichend umgesetzt und befinde sich damit im Einklang mit dem deutschen Grundgesetz. Ob das tatsächlich so ist, kann letztlich nur eine Instanz entscheiden: das Bundesverfassungsgericht – wann, steht wohl allerdings in den Sternen.

Der Budgetgedanke ist im deutschen Umweltrecht im Grunde genommen nichts Neues. Seit den 1970er-Jahren legen Vorschriften im Bundes-Immissionsschutzgesetz, dem Gesetz zum Schutz vor schädlichen Umwelteinwirkungen durch Luftverunreinigungen, Geräusche, Erschütterungen und ähnliche Vorgänge, Grenzwerte für maximale Schadstoffgehalte in der Luft fest, etwa für Schwefeldioxid oder Stickoxide. Soll beispielsweise der Bau einer Fabrik genehmigt werden, wird vorab möglichst genau berechnet, wie die Schadstoffe sich im Raum ab dem Austritt aus dem Schornstein verteilen. Ist die Schwefeldioxidbelastung zu hoch, dann wird die Fabrik eben nicht gebaut. Das ist der klassische Budgetansatz, der in der Vergangenheit regional angewendet wurde. Heute aber umspannt dieser Raum den ganzen Planeten, und das Klimagas Kohlendioxid ist der Schadstoff, dessen Konzentration untersucht wird.

Dass es einen globalen Budgetansatz im Klimarecht geben müsste, war lange Zeit eine Minderheitenmeinung. Die Erkenntnis, dass es Grenzwerte auch für Treibhausgase gibt und dass die Atmosphäre nicht unbegrenzt viel CO_2 aufnehmen kann, hatte sich in der Rechtsprechung noch nicht durchgesetzt. Das Irritierende dabei ist: »Gefährlicher Klimawandel« war ja, wie gesagt, durch Artikel 2 der Klimarahmenkonvention schon seit 1992 verboten, und im Grunde genommen hätte man allein aus diesem Passus schon vor Gericht eine dringende Handlungsnotwendigkeit der Politik begründen können. Aber es traute sich niemand, genau zu definieren, was gefährlicher Klimawandel eigentlich bedeutet, wo er beginnt und wer in welchem Ausmaß für ihn verantwortlich ist.

Sicher, es gab Juristinnen und Juristen, die sich in rechtswissenschaftlichen Artikeln mit diesen Fragen auseinandersetzten – ich tat das auch, und zwar mit Überzeugung.[27] Denn so wie ich das sah, konnte man schon lange vor dem Pariser Abkommen allein aus der Klimarahmenkonvention und dem damaligen Stand der Klimawissenschaft juristisch herleiten, dass sich die Erde jedenfalls nicht um mehr als 2 Grad Celsius erwärmen dürfe. Und bestehende Unsicherheiten hätten schon damals zugunsten des Klimaschutzes entschieden werden müssen, das gebot das sogenannte Vorsorgeprinzip. Schließlich gilt schon seit dem Erdgipfel 1972 in Stockholm: Drohen schwerwiegende Schäden, darf ein Mangel an vollständiger wissenschaftlicher Gewissheit kein Grund dafür sein, Maßnahmen zur Vermeidung von Umweltverschlechterungen aufzuschieben. Doch damals fanden solche Überlegungen keine große Anhängerschaft.

Nach und nach aber verdichteten sich die Hinweise aus der Wissenschaft, die vor einer Klimakatastrophe warnten. Und durch das Pariser Abkommen änderte sich die Lage endgültig. Völkerrechtlich war nun eindeutig festgelegt, wo der »gefährliche Klimawandel« einsetzt. Und spätestens als der IPCC in seinem Sonderbericht zur 1,5-Grad-Grenze 2018 darlegte, wie viel CO_2 die Welt noch in die Atmosphäre entlassen dürfte, war das globale CO_2-Budget wissenschaftlich abgesichert.

Seither können die Gerichte recht klar beurteilen: Reicht die Klimapolitik eines Landes aus, um einen gefährlichen Klimawandel zu verhindern, oder tut sie das nicht? Und verteilt sie die Lasten halbwegs gleichmäßig auf heutige und künftige Generationen?

SCHUTZ FÜR DIE FREIHEIT
KÜNFTIGER GENERATIONEN

Das Klimaschutzgesetz in seiner ursprünglichen Form hat die Lasten jedenfalls nicht gerecht verteilt. Das gab das Bundesverfassungsgericht dem Bundestag und der alten Bundesregierung in seinem Beschluss vom 24. März 2021 schriftlich. Es erklärte das Gesetz in Teilen für verfassungswidrig, weil darin nicht festgelegt worden war, wie die Emissionen nach 2031 gesenkt werden sollten, und weil das zur Verfügung stehende Budget bis dahin praktisch aufgebraucht wäre. Es trug dem Gesetzgeber auf, das Problem selbst zu beheben. Zwar schrieb es ihm nicht vor, wie Abhilfe zu schaffen sei. Dennoch hätte seine Handlungsanweisung kaum eindeutiger sein können: Die Regierung muss schneller und entschlossener handeln.

Die eigentliche Sensation steckte aber darin, wie die obersten Richter ihre Entscheidung begründeten. Erstmals erkannte das Bundesverfassungsgericht an, dass der Staat ganz grundsätzlich die Pflicht hat, seine Bürgerinnen und Bürger vor Freiheitseinschränkungen zu schützen, selbst wenn sie erst in Zukunft durch staatliche Maßnahmen zur Durchsetzung von Emissionsreduktionen entstehen könnten. Und bislang basiert ein großer Teil unserer Freiheiten auf der Tatsache, dass wir fossile Energieträger verbrennen – das spüren wir gerade seit Beginn des Ukraine-Kriegs überdeutlich. Daneben ist der Staat aufgrund von Artikel 20a verpflichtet, die Menschen vor Gefahren für ihr Leben und ihre Gesundheit zu bewahren – »erst recht, wenn unumkehrbare Entwicklungen in Rede stehen«, befand das Gericht. Mit den »unumkehrbaren Entwicklungen« war die Klimakrise gemeint.

Das heißt im Klartext: Wenn der Staat seiner Pflicht gerecht werden will, seine Bürger und Bürgerinnen zu schützen, muss er Emissionsreduktionen durchsetzen. Und wenn er das zu spät und dann zu plötzlich tut, dann schränkt er die Freiheitsrechte künftiger Generationen unzulässig ein. Der Staat darf also die Anstrengungen, die es kostet, das Land treibhausgasneutral zu machen, nicht überproportional den Menschen der Zukunft aufbürden. Menschen wie Sophie und ihren Brüdern. Das würde ihre Freiheit unzulässig einschränken.

Das Gericht beschreibt in seinem Beschluss ganz präzise – und auch dramatisch – die Auswirkungen des Klimawandels, die sich schon jetzt nicht mehr vermeiden lassen. Es fasst zusammen, wie schwierig es ist, in der kurzen Zeit, die uns bleibt, noch wirksam zu handeln, und stellt sogar fest, dass die Methode des Sachverständigenrats, das globale Budget pro Kopf gleichmäßig auf die Weltbevölkerung zu verteilen, die historische Verantwortung der Industrieländer unberücksichtigt lässt. Das heißt aber umgekehrt: Würde man die historische Verantwortung einrechnen, wäre unser Budget hier in Deutschland längst aufgebraucht. Die Kasse wäre leer, schon jetzt.

Wohlgemerkt, diese Zukunft, von der das Urteil des Bundesverfassungsgerichts spricht, beginnt im Klimaschutzgesetz bereits im Jahr 2030. Das ist nicht mehr lange hin. Das bedeutet, dass der Gerichtsbeschluss auch die Handlungsfreiheit vieler Menschen, die bereits leben, schützt – von uns und von unseren Kindern. Er bewahrt auch uns davor, in Zukunft in »radikaler Enthaltsamkeit« leben zu müssen.

Was das Recht als Instrument für die Transformation anbelangt, ist das Gericht der Auffassung, dass es »ein Recht auf eine schnelle, planbare und generationengerechte Transformation hin zur Klimaneutralität« gibt. Eine »Vollbremsung« dürfe der Gesetzgeber weder riskieren noch in Kauf nehmen. Mit anderen Worten: Damit der Umbau der Wirtschaft funktionieren kann, sind klare, transparente und rechtzeitige Vorgaben vonnöten.

Das ist ein klarer Auftrag an die Politik. Eine Art Kompass, der sich an den Menschenrechten, an den Grund- und Frei-

heitsrechten orientiert und den Weg Richtung Treibhausgasneutralität vorgibt. Dafür, dass es ihn gibt, haben – in ihrer
Freizeit und mit großem Einsatz – Sophie und ihre Brüder auf
Pellworm gesorgt und mit ihnen junge Leute aus dem Alten
Land und von der Insel Langeoog, die Fridays-for-Future-Aktivistin Luisa Neubauer und all die anderen Beschwerdeführenden. Möglich gemacht haben das auch Umweltverbände. Ohne
ihre finanzielle und massive inhaltliche Unterstützung hätte es
die vier Verfassungsbeschwerden nicht gegeben.

Ein paar Worte noch zu unserem Gegner vor Gericht: Die
damalige Bundesregierung widersprach den Verfassungsbeschwerden vor allem mit drei zentralen Argumenten. Erstens
vertrat sie die Ansicht, die Klagenden seien gar nicht zur Beschwerde befugt, denn sie seien nicht individuell betroffen.
Vielmehr treffe der Klimawandel die gesamte Gesellschaft,
weshalb Einzelpersonen nicht zu Klage berechtigt seien. Dieses
Argument wird in diesem Buch später noch eine Rolle spielen.
Das Bundesverfassungsgericht hat den Einwand jedenfalls glatt
verworfen.

Zweitens führte die Große Koalition an, dass der Gesetzgeber über einen fast unlimitierten Ermessensspielraum verfüge.
Gemeint war: Solange er nur irgendetwas regle, egal wie, müsse
das Bundesverfassungsgericht sich damit zufriedengeben.
Ob die Regelung streng oder eher großzügig ausfalle, sei dabei
unerheblich – das könne der Gesetzgeber frei entscheiden.
Auch das verwarf das Gericht. Und schuf damit zugleich Klarheit zwischen den Gewalten. Denn es gibt ja im Grundgesetz –
in Artikel 20a und den Grund- und Freiheitsrechten – einen
Maßstab für ausreichenden Umwelt- und Generationenschutz,
an den der Gesetzgeber sich halten muss.

Drittens brachte die Regierung das Argument ins Spiel, dass
die Bundesrepublik den Klimawandel ja ohnehin nicht allein
aufhalten könne. Das Bundesverfassungsgericht hat dem sogar

zugestimmt – und stellte dann aber klar: Das entbindet selbstverständlich keinen Staat davon, seinen fairen Anteil zu leisten, und zwar im eigenen Land, ohne Verweis auf internationale Ausgleichszahlungen oder diplomatische Anstrengungen, deren Auswirkungen man nicht zahlenmäßig bemessen kann. Dieses »drop in the ocean«-Argument wird uns in diesem Buch noch ein paar Mal begegnen. Ausdrücklich nahm das Gericht sogar Bezug auf ein ausländisches Urteil, das ich für unsere Verfassungsbeschwerde extra übersetzt hatte: das des Hoge Raad aus den Niederlanden im Fall Urgenda. Darauf komme ich im Kapitel 5 noch zu sprechen.

WAS DER BESCHLUSS DES VERFASSUNGS-GERICHTS NOCH BEDEUTET

Nachdem der Beschluss des Bundesverfassungsgerichts veröffentlicht worden war, gab Sophie den ganzen Tag lang Interviews. Abends sah ich sie in der »Tagesschau«, wie sie die Tiere der Backsens fütterte und den Reportern die Bedeutung der Verfassungsbeschwerde erklärte.

Rückblickend sagt sie heute, das Urteil könne ihr keiner mehr nehmen. »Das Gericht hat der Politik gesagt: Ihr müsst! Für unsere Freiheit, für unsere Rechte, für die Rechte zukünftiger Generationen. Darauf können wir immer wieder aufbauen.« Sophie ist stolz auf das, was sie erreicht hat. »Der Gerichtsbeschluss gibt auch den Protesten von Fridays for Future eine ganz andere Grundlage«, sagt sie. »Er widerspricht all denen, die behaupten, es gehe da nur ums Schulschwänzen.«

Denn natürlich geht es um viel mehr. Für Sophie und ihre Brüder geht es um ihre Zukunft auf Pellworm. Für uns alle aber – nicht nur in Deutschland, sondern weltweit – geht es darum, unsere Lebensgrundlagen zu erhalten.

Der Spruch des Bundesverfassungsgerichts ermöglicht es uns allen, jetzt die richtigen Entscheidungen von der Politik zu fordern. Sofort. Ohne weitere Verzögerungen. Nur wenige Tage nach der Urteilsverkündung war das Klimaschutzgesetz schon verschärft. Die Bundesregierung legte fest, dass die Treibhausgase bis zum Jahr 2030 statt um 55 Prozent nun um 65 Prozent sinken sollen. Bis 2040 ist eine Reduktion um 88 Prozent vorgesehen, dieses Ziel ist komplett neu. Und statt bis 2050, wie ursprünglich vorgesehen, soll Deutschland nun 2045 treibhausgasneutral sein. Ich bin immer noch erstaunt darüber, wie schnell die Politik plötzlich in der Lage war, zu handeln. Allerdings wären die 65 Prozent aufgrund von schärferen europarechtlichen Vorgaben im »Green Deal«[28] ohnehin zur Richtschnur der deutschen Klimapolitik geworden; sie hätten es werden müssen. Wenn man das weiß, ist die Reaktion der Bundesregierung gleich weniger beeindruckend.

Als wir den Beschluss im Spätsommer auf der Dachterrasse von Greenpeace in Hamburg feierten, sagte Jakob Backsen, Sophies Bruder, zu mir, jetzt hätte ich mein Versprechen, das ich ihnen am Abend nach der Klageabweisung in Berlin gegeben hatte, doch noch gehalten. Ich hatte die Geschwister wohl damals mit den Worten getröstet, das sei noch nicht alles, noch nicht das Ende. Am Ende würden wir gewinnen.

Jetzt gilt es, die nächste entscheidende juristische Frage zu klären: Wie wird das verbleibende nationale CO_2-Budget verteilt? Das wird in Zukunft in weiteren Klimaklagen zu entscheiden sein – wenn es nicht der Gesetzgeber von sich aus tut.

Bislang scheuen sich die Gerichte generell noch, darauf eine klare Antwort zu geben. Nicht nur in Deutschland, sondern auch in den Niederlanden, in Belgien, in Tschechien, in Frankreich; überall dort, wo sie im Sinne des Klimaschutzes entscheiden, will sich die Judikative nicht so recht darauf festlegen, wie denn nun das noch verbleibende Budget konkret zu verteilen sei. Stattdessen heißt es nur allgemein: »So, wie es jetzt geregelt ist, wird jedenfalls zu viel emittiert.«

Folglich bleiben die behördlichen Vorgaben, nach denen Genehmigungen erteilt werden, die gleichen. Und die deutsche Rechtsprechung zieht bislang noch keine direkte Verbindung zwischen den Grundrechten, die das Bundesverfassungsgericht mithilfe von Artikel 20a des Grundgesetzes gestärkt hat, und den Kriterien, die in konkreten Planungs- und Genehmigungsverfahren gelten. Zwischen beiden Ebenen besteht augenscheinlich ein juristisches Vakuum. So kommt es, dass die Kohlekonzerne, Flughafenbetreiber oder die öffentliche Hand, die neue Autobahnen baut, vor Gericht immer noch argumentieren können, dass es ja nicht ausgeschlossen sei, die übergeordneten Klimaziele auch mit dem weiteren Betrieb der Kohlegrube, des Flughafens oder der Autobahn zu erreichen.

Das macht Klagen gegen einzelne Vorhaben so schwierig – und zugleich so wichtig, um das juristische Vakuum endlich zu füllen. Der Beschluss des Bundesverfassungsgerichts bietet in dieser Hinsicht wertvolle neue Anknüpfungspunkte, um jedes neue Großprojekt vor Gericht auf seine Vereinbarkeit mit schnellen Emissionssenkungen überprüfen zu lassen. Zudem bietet Paragraf 13 des aktuellen Klimaschutzgesetzes einen rechtlichen Anker in Form des Berücksichtigungsgebots. Es besagt, dass jede Entscheidung der öffentlichen Hand die Klimaziele »berücksichtigen« muss. Was das genau heißt, haben deutsche Gerichte jetzt zu entscheiden. Sie müssen nun den Geist des Bundesverfassungsgerichts gegen Bestandsschutzinteressen von Behörden und Privaten ausbalancieren. Und auch wenn sich die Gerichte hier noch äußerst zögerlich zeigen – das Gewicht des Klimaschutzes, so der Klimabeschluss, nimmt über die Zeit zu.

Die Entscheidung des Bundesverfassungsgerichts wird auch in Klimaklagen gegen Unternehmen eine Rolle spielen, beispielsweise in meinem laufenden Verfahren gegen RWE vor dem Oberlandesgericht Hamm und in den Klagen gegen deutsche Automobilkonzerne, die wir im Spätsommer des Jahres 2021 erhoben haben. Denn wenn es nur ein endliches globales Budget gibt, und wenn sich daraus – wie vom Bundesverfassungsgericht höchstrichterlich bestätigt – ein endliches Budget für einzelne Staaten ableiten lässt, dann ist auch das Budget begrenzt, das einzelne Wirtschaftssektoren und Unternehmen noch verbrauchen dürfen. Klargestellt hat das Bundesverfassungsgericht bisher nur, dass ein zwingendes Budget für Bundesländer nicht existiert, das Gericht nahm die entsprechenden Verfassungsbeschwerden nicht zur Entscheidung an und hat auch eine weitere Beschwerde gegen das nachgeschärfte Klimaschutzgesetz im Sommer 2022 abgewiesen.[29]

Die Freiheit, klimaschädlich zu wirtschaften, schrumpft so oder so. Die meisten Unternehmen wissen das. Ihnen ist bewusst, dass eine vollständige Transformation hin zur Klimaneutralität unumkehrbar ist. Sie können nicht einfach weitermachen wie bisher. In den Worten des Bundesverfassungsgerichts: »Das relative Gewicht von nicht-klimaneutraler Freiheitsbetätigung« nimmt bei der juristischen Abwägung der Grundrechte immer weiter ab, je weiter der Klimawandel voranschreitet. Unternehmen, die sich nicht wandeln, verspielen ihren Handlungsspielraum, wohingegen Firmen, die schnell klimafreundlich werden, sich den ihrigen jetzt und für die Zukunft erhalten. Zugleich schützen sie sich vor juristischen Ansprüchen von außen. Denn solange sie ihren Treibhausgasausstoß von sich aus beherzt reduzieren, gibt es keinen Grund für Klimaklagen, die eine Reduktion gerichtlich erzwingen.

Am Abend des Tages, an dem das Bundesverfassungsgericht seine Entscheidung veröffentlichte, nachdem die Pressekonferenz vorbei war und alle Interviewanfragen erledigt, als sich die Aufregung langsam legte und uns allen erst so richtig bewusst wurde, was wir erreicht hatten, da haben wir auf unseren Erfolg angestoßen. Wegen Corona mussten wir das per Videokonferenz tun. Alle hatten sich zugeschaltet, auch mit ihren Familien. Wir waren uns einig: Es ist sehr gut möglich, dass wir das Bundesverfassungsgericht oder vielleicht auch andere Gerichte darum bitten müssen, das neue Gesetz und dessen Umsetzung zu überprüfen. Und es ist jetzt schon klar, dass die Ziele des Gesetzes in den nächsten Jahren gerissen werden – eine Hinterlassenschaft von langen Jahren politischer Untätigkeit.

Sophie sagt auch heute noch, es gehe einfach nicht in ihren Kopf, wie die Politik so langsam handeln könne. »Der Klimawandel wird einfach immer noch nicht ernst genommen.«

Um Pellworm steigt der Meeresspiegel derweil weiter an. »Das wird auch so bleiben«, so Silke, »selbst wenn man heute alle Emissionen auf null fahren würde. So sind nun mal die physikalischen Prozesse, allein wegen der Treibhausgase, die schon in der Luft sind.« Was in dieser Situation hilft? »Dranbleiben, laut bleiben und optimistisch. Sagen, was passiert. Und die jungen Leute weiter unterstützen.« Und irgendwann entscheidet dann vielleicht schlicht das Geld: Wird der Deich höher gebaut oder Pellworm aufgegeben?

PARIS GILT ÜBERALL

Dass die Treibhausgasemissionen auf dem Weg zur Treibhausgasneutralität sehr schnell gesenkt werden müssen, um die Rechte künftiger Generationen zu schützen – dieses Argument ist in jedem Land anwendbar, in dem die Menschenrechte gelten. Und das Pariser Klimaabkommen ist für alle Staaten verbindlich, die es unterzeichnet haben.

In der Praxis hat das allerdings ganz unterschiedliche Folgen. Nicht jeder Staat ist ein Rechtsstaat. Wo Willkür herrscht, können die Bürgerinnen und Bürger kaum vor Gericht gegen ihre Regierung klagen, auch nicht unter Berufung auf internationale Verpflichtungen. Da helfen nur Diplomatie und Druck von außen – und manchmal kann es auch juristischer Druck sein. In anderen Ländern hingegen funktioniert zwar das Rechtssystem gut, es steht jedem offen, die Gerichte sind unbestechlich und korrigieren unrechtmäßige Politik – doch dann hapert es daran, die Urteile auch durchzusetzen. Oder aber eine Klage kann nur unter Lebensgefahr erhoben werden, obwohl die Buchstaben des Gesetzes allen den Rechtsweg ermöglichen.

In vielen Ländern laufen oder liefen ähnliche Verfahren wie jenes vor dem Bundesverfassungsgericht. Sehr oft berufen sich die Betroffenen dabei auf ihre Menschenrechte und auf das Pariser Abkommen:

In Belgien befand ein Brüsseler Gericht, die klimapolitische Untätigkeit der Behörden verletze Menschenrechte. Der Staat komme seiner Pflicht nicht nach, seine Bürgerinnen und Bürger zu schützen. Konkrete Klimaziele verhängte das Gericht allerdings nicht. Die Klagenden gingen in Berufung.

Erfolgreich auf die Schutzpflicht der australischen Regierung haben sich Bewohnerinnen und Bewohner der Torres-Strait-Inseln, zwischen Australien und Papua-Neuguinea gelegen, berufen. Sie fürchten, ihre Heimat zu verlieren, denn die Klimakrise könnte die Inseln unbewohnbar machen. Im September 2022 hat das UN-Menschenrechtskomitee ihnen recht gegeben: Australien muss die Inseln besser schützen.[30]

In Tschechien wurde auf eine Klage eines Umweltverbands im Juni 2022 die Regierung erstinstanzlich zu mehr Klimaschutz verurteilt – die Berufung läuft. Und in Polen dauert die vergleichbare Klimaklage nach ganz ähnlichem Muster an – die deutsche Entscheidung ist auch dort in die Argumentation einbezogen. Gerade in Polen wird diese Klage auch zum Test der Rechtsstaatlichkeit – der Europäische Gerichtshof hat der

EU gerade den Weg frei gemacht, das zur Not mit Sanktionen durchzusetzen.[31]

Eine Klage ist den deutschen Verfassungsbeschwerden jedoch besonders ähnlich: In Südkorea haben sich 19 junge Klimaaktivisten und -aktivistinnen Anwälte gesucht, um die Klimaziele des Landes für verfassungswidrig erklären zu lassen, denn diese reichen nicht aus, um die 1,5 Grad einzuhalten. Sie argumentieren ebenfalls mit den vom Weltklimarat IPCC errechneten Reduktionspfaden und CO_2-Budgets, und sie haben – inspiriert von unserer erfolgreichen Verfassungsbeschwerde – aus dem globalen Budget ebenfalls eines für Südkorea errechnet. Die bisherigen Klimapläne der Regierung aber erlauben bis zum Jahr 2030 weit höhere Emissionen.

Würde die ganze Welt ihren Treibhausgasausstoß so langsam reduzieren, wie Südkorea es plant, »dann landen wir bei drei bis vier Grad plus«, sagt ihr Anwalt Sejong Youn. Er ist Direktor der Klimaschutzorganisation Solutions for Our Climate und vertritt die Beschwerde vor Gericht. »Damit hat der Staat seine Verpflichtung verletzt, die Grundrechte seiner Bürgerinnen und Bürger zu schützen. Das Recht auf Leben, eine gesunde Umwelt und Gleichstellung zwischen den Generationen.«

»Auf der ganzen Welt gibt es viele Klimaklagen«, sagt Youn. »Aber der Beschluss des deutschen Bundesverfassungsgerichts dürfte für unser Verfahren besonders relevant sein.« Denn die Vorgabe des deutschen Gerichts, dass Grundrechte zwischen den Generationen austariert werden müssten, habe es vorher so nie gegeben. Auf sie stützt sich Youn jetzt, und ich freue mich, wenn ich ihm dabei ein bisschen helfen konnte.

Südkoreas Verfassung garantiert den Bürgerinnen und Bürgern das Recht auf Gleichstellung – genau wie das deutsche Grundgesetz. Vor Gericht spielte es bisher beispielsweise in Fragen der Gleichberechtigung von Mann und Frau oder Menschen mit Behinderung eine Rolle. »Dafür gibt es viele Präzedenzfälle«, sagt Youn. »Mit der Gleichstellung zwischen den Generationen hat man sich bisher nicht beschäftigt. Aber wir sagen jetzt: Das ist das gleiche Prinzip. Künftige Generationen müssen mit denen, die heute leben, gleichgestellt sein.«

Ich bin gespannt, wie diese Strategie aufgeht. Auf die Gleichstellung hat sich das Bundesverfassungsgericht nicht gestützt. Hätte Youn mit diesem Argument Erfolg, wäre das neu. Er würde damit einen weiteren innovativen Ansatz liefern, den Gerichte und die Anwaltschaft weltweit in Zukunft nutzen könnten, um Klimagerechtigkeit herzustellen.

Seit März 2020 läuft die Verfassungsbeschwerde in Südkorea schon. Seither habe es zwar politische Fortschritte gegeben, konstatiert Youn, doch für die anvisierten 1,5 Grad reichten sie nicht aus. Im Frühjahr 2022 haben sie die Beschwerde noch einmal ergänzt. »Jetzt warten wir auf eine Entscheidung.« Doch schon jetzt haben sie etwas bewirkt. »Man muss einen Fall nicht gewinnen, um etwas zu bewegen. Die Existenz von Klimaklagen allein macht schon großen Druck.« Er hofft, dass sein Fall Schule in ganz Asien machen kann.

Das Beispiel Südkorea zeigt: Klimaklagen ziehen international Kreise. Manchmal können sie direkt als Vorbild dienen. Und manchmal, wenn sich juristische Argumente und Entscheidungen nicht so einfach auf das jeweilige Rechtssystem übertragen lassen, geben sie zumindest Inspiration für neue, eigene Ideen. Sie bieten Gelegenheit, sich international zu vernetzen und auszutauschen. Und das ist gut so.

ZWEI
DEMOKRATIE UND
MENSCHENRECHTE
STÄRKEN

Die Klimakrise gefährdet unser Recht auf Leben und körperliche Unversehrtheit. Das scheint uns heute offensichtlich. Aber es ist ein völlig neues Phänomen, dass Gerichte den Klimaschutz tatsächlich als eine Menschenrechtsfrage verstehen und in ihren Urteilen das Menschenrecht auf Klimaschutz anerkennen. Zum allerersten Mal geschah das im Urgenda-Urteil aus den Niederlanden, das 2015 erstinstanzlich erging, gefolgt von der Entscheidung im Fall Asghar Leghari aus Pakistan, die ebenfalls 2015 fiel und damit im gleichen Jahr, an dessen Ende schließlich das Abkommen von Paris verabschiedet wurde.[1] Und der Klimabeschluss aus Karlsruhe, dem zufolge die Klimakrise umfassend in Freiheitsrechte eingreift, wenn der Gesetzgeber den Weg zur Treibhausgasneutralität nicht heute schon regelt und die Reduktionslasten einfach in die Zukunft verschiebt, eröffnete im Jahr 2021 weltweit neue Perspektiven.

Die klassischen Menschenrechte, in Deutschland nach dem Grundgesetz meist »Grundrechte« genannt, sind eigentlich andere: das Recht auf Leben, Freiheit und Gleichheit, auf Schutz der Privatsphäre und Asyl, das Folterverbot. Sie sind in der Allgemeinen Erklärung der Menschenrechte festgehalten,[2] die 1948 noch unter dem Eindruck der Grauen und massiven Rechtsverletzungen des Zweiten Weltkriegs von den Vereinten Nationen verabschiedet wurde. Ökologische Grundrechte spielten damals noch keine Rolle. Die Prioritäten lagen anderswo.

Wenn es in der Vergangenheit um Umweltfragen ging, wurde das klassische Umweltrecht bemüht. Es beschäftigte sich in den westlichen Industriestaaten lange Zeit vorwiegend mit eher technischen Sachverhalten: mit Schadstoffkonzentrationen in der Natur, Grenzwerten, Genehmigungsverfahren und der Frage, ob Menschen ganz individuell durch die Verschmutzung der Umwelt geschädigt werden. Hier gilt: Wer nicht individuell betroffen ist, der darf nicht klagen. Noch heute ist das in vielen Klimaverfahren ein ganz zentrales Kriterium – mehr dazu in Kapitel 5.

Inzwischen ist die Verbindung zwischen beiden Rechtsgebieten, den Menschenrechten und dem Umweltrecht, selbstverständlicher geworden. Die Menschenrechte eröffnen Klimaklagen einen neuen Weg. Durch sie werden vor Gericht persönliche Rechte zum Thema, selbst wenn die Klägerinnen und Kläger im Moment der Klageerhebung noch gar nicht unmittelbar durch die Klimakrise zu Schaden gekommen sind. Dennoch scheuten sich viele Umweltjuristinnen und -juristen, als die ersten Klimaklagen begannen, Menschenrechte ins Feld zu führen. Und auch Fachleute für Menschenrechte hatten Vorbehalte.

Dass sich das änderte, ist nicht zuletzt auch das Resultat der gründlichen Arbeit der UN-Menschenrechtsgremien und der ihnen zuarbeitenden Sachverständigen in Botschaften und NGOs, Ministerien und der Wissenschaft. Mit Resolution 7/23 beschrieb der UN-Menschenrechtsrat schon 2008 den menschengemachten Treibhauseffekt als Problem für die individuellen Menschenrechte und setzte zur besseren Bearbeitung den Arbeitsstrang »Human Rights and the Environment« mit ihrem Berichterstatter John Knox ein, Professor für Menschenrechte und Umweltrecht an der Wake Forest University in North Carolina.[3] Immer wieder sagte und schrieb Knox öffentlich, was offensichtlich ist: dass es die grundlegendsten Rechte der Menschen verletzt, wenn in der Klimakrise Ernten verdorren, Behausungen zerstört werden, Frauen, Männer und Kinder sterben.[4]

Mit der Entscheidung vom September 2022 zugunsten der Inselbewohner im Fall *Torres Strait Islanders v. Australia* hat das UN-Menschenrechtskomitee dies nun zementiert und eine weitere wichtige Grundlage auch für nationale Gerichte geschaffen: Australien, so die Entscheidung, verstoße gegen Bestimmungen des CCPR, den Internationalen Pakt über bürgerliche und politische Rechte, indem es nicht ausreichend Klimaschutz (konkret: Anpassung) zugunsten der Bevölkerung der Inseln betreibt.

Menschenrechte sind zentral für jede Demokratie. Sie grenzen staatliche Gewalt von Rechten Einzelner ab und schützen vor allem die Schwächsten unter uns. Klimaklagen tragen deswegen nicht nur zum Klimaschutz bei, sie stärken auch die Demokratie.

KLIMASCHUTZ IST EIN MENSCHENRECHT

Gerichte schreiben keine neuen Gesetze. Um zu ihren Urteilen zu gelangen, interpretieren sie aber geltendes Recht zuweilen neu und entwickeln es so weiter. In ihren Entscheidungen spiegelt sich oft die Haltung der Mehrheitsgesellschaft, beispielsweise zur Homoehe, zur Ehescheidung, zu Schwangerschaftsabbrüchen, zum Gebrauch von Marihuana – und eben auch zum Klimawandel.

Wie dramatisch er ist, wurde lange Zeit vom Großteil der Gesellschaft gar nicht richtig begriffen. Also sahen auch die Gerichte die Klimakrise lange nicht als menschenrechtliches Problem. Erst mit dem Erstarken der Klimabewegung und den immer präziseren Analysen der Klimawissenschaft, auf deren Arbeit Umweltanwältinnen und -anwälte aufbauen können, vollzog sich ein Wandel. Klimaschutz ist ein Menschenrecht: Das ist dank der Entscheidung des Bundesverfassungsgerichts jetzt unumstritten – jedenfalls in Deutschland.

Sein Urteil basiert vor allem auf dem allgemeinen Freiheitsrecht aus Artikel 2 des Grundgesetzes: Eine entschlossene Klimapolitik schützt also Freiheit. Aber Freiheit ist nicht gleichbedeutend mit Egoismus. Das vom Grundgesetz garantierte Recht, sich frei zu entfalten, bedeutet kein Recht auf Rücksichtslosigkeit. Freiheit bedeutet immer auch Verantwortung; in ihr steckt eine Verpflichtung, die Rechte anderer nicht zu verletzen und dafür zu sorgen, dass auch sie sich entfalten können. Deshalb endet unsere eigene Freiheit immer dort, wo ihr Gebrauch die Freiheit anderer Menschen unverhältnismäßig stark beschneiden würde. Das ist logisch und nicht nur rechtlich, sondern auch ethisch und philosophisch begründbar. Welche Freiheit wäre das denn, die nur dadurch ermöglicht würde, dass andere auf ihre eigene Freiheit verzichteten – und im Extremfall ihre Existenzgrundlagen, ihre Heimat, gar ihr Leben verlören? Wo genau die Grenze zwischen individuellen Freiheiten verläuft und an welche Menschenrechte die Politik mit ihrem Handeln rührt, lässt sich allerdings oft nicht eindeutig sagen. Dann hilft nur eines: Gerichte müssen den konkreten Fall prüfen.

Die Menschenrechtsanwältin Miriam Saage-Maaß, juristische Direktorin des European Center for Constitutional and Human Rights (ECCHR) in Berlin, arbeitet daran, dass Menschenrechte in der Klimapolitik künftig eine noch stärkere Rolle spielen. Miriam sagt: Es ist nicht genug, nur auf die Freiheit zu achten. Auch die sozialen, wirtschaftlichen und kulturellen Menschenrechte müssen herausgearbeitet und abgewogen werden.[5]

Dazu gehört auch, dass global betrachtet die Reichsten unter uns am meisten zum Problem beitragen. Die Entwicklungsorganisation Oxfam hat mit statistischen Methoden herausgearbeitet, dass das wohlhabendste Prozent der Weltbevölkerung, umgerechnet etwa 63 Millionen Menschen, zwischen 1990 und 2015 mehr als doppelt so viel CO_2 verursacht hat wie die ärmere Hälfte der Weltbevölkerung zusammen.[6] Der gestiegene Konsum und die grenzenlose Mobilität dieser prozentual wenigen hat unser aller globales CO_2-Budget fast erschöpft. Mich hat einmal ein Journalist gefragt, ob ich für diese Tatsache nicht eigentlich dankbar sein müsste. Denn wäre das Budget nicht so knapp, hätten wir die Verfassungsbeschwerde wohl nicht gewonnen. Zuerst war ich sprachlos. Aber er hatte recht: Wäre das Budget nicht jetzt schon derart ausgereizt, hätte das Bundesverfassungsgericht die Dringlichkeit des Handelns anders eingestuft und vermutlich eine entsprechende Entscheidung gefällt.

Doch zurück zu den Oxfam-Daten. Sie unterstreichen natürlich in erster Linie die These, dass die Freiheitsrechte vieler geschützt werden müssen, weil ansonsten unser Konsum und unsere Lebensweise die Rechte anderer einschränken oder sogar ganz beseitigen. Weltraumflüge oder mit 180 km/h über die Autobahn zu rasen sind kein Grundrecht. Das Leben von Kindern auf den Philippinen aber, die aufgrund von Wetterextremen in Gefahr sind, umzukommen, ist universell geschützt. Genauso wie viele UN-Gremien fordern Oxfam und das ECCHR daher, dass die Klimakrise und die Ungleichheitskrise gemeinsam bekämpft werden müssen. Und dabei spielen Menschenrechte eine entscheidende Rolle.

In der Praxis folgt daraus: Im reichen Deutschland beispielsweise belastet ein CO_2-Preis die Menschen mit wenig oder keinem Einkommen mehr als mich oder andere in meiner Einkommensschicht. Das muss ausgeglichen werden, um das soziale Existenzminimum zu gewährleisten, das das Bundes-verfassungsgericht aus dem Sozialstaatsgebot im Grundgesetz herleitet. Im globalen Süden werden Windparks auf dem Land indigener Gemeinden errichtet, ohne sie vorher zu fragen. Menschen, die seit Generationen in Wäldern leben, werden für Aufforstungsprojekte vertrieben.[7] Umweltaktivisten und -akti-vistinnen werden umgebracht, weil das Stück Land, für das sie kämpfen, Begehrlichkeiten weckt.[8] Um derartige Ungerechtig-keiten zu verhindern, fordert Miriam, dass man alle Menschen-rechte im Blick behält, nicht nur das Recht der Deutschen, noch in zwanzig Jahren Öl verbrauchen zu können, und wenn wir es wirklich ernst meinen mit dem Klimaschutz, auch die ureigenen Rechte der Natur.[9] Es gehe nicht darum, Klima-schutz und Menschenrechte gegeneinander auszuspielen, er-klärt sie. »Vielmehr müssen Klimaschutzmaßnahmen mit einem menschenrechtlichen Ansatz, der die Menschenrechte aller Betroffenen in den Blick nimmt, entworfen und durch-gesetzt werden.«[10]

Grundrechte wirken auf zweierlei Art. Zum einen schützen sie uns alle vor unverhältnismäßigen Eingriffen durch den Staat. Die Rechtswissenschaft nennt das die Eingriffsdimension der Grundrechte. Der Staat darf diese beschränken, das aber bedarf meistens eines Gesetzes und nicht nur einer Entschei-dung der Behörden. Zudem muss der staatliche Eingriff ver-hältnismäßig sein. Ob dem so ist, überprüfen im konkreten Streitfall die Gerichte. Deren Urteile spiegeln dabei wider, wie die Mehrheit der Gesellschaft einen Sachverhalt interpretiert. Beispielsweise war es auf Grundlage des Artikels 14 Grund-gesetz und dem Bundesberggesetz bislang immer möglich, dass im Rheinland und in der Lausitz ganze Dörfer für den Braun-kohleabbau umgesiedelt werden konnten. So gesehen kann das Grundrecht auf Eigentum durch Enteignungen zum Wohl der Allgemeinheit eingeschränkt und sogar aufgehoben werden.

Und wie dieses Wohl zu verstehen ist, legen die Gesetzgeber und Gerichte aus.

Zum anderen hat jeder Staat die Pflicht, die Grundrechte seiner Bürgerinnen und Bürger zu schützen. Es ist eine positive Pflicht, das heißt, der Staat muss sich schützend vor die Grundrechtsträger stellen, auch wenn das zu Einschränkungen im Handeln Dritter führt. Auf dieser Grundlage erging beispielsweise die berühmte Paragraf-218-Entscheidung zum Abtreibungsrecht.[11] Denn auch der Fötus hat ein Recht auf Schutz, und dieses Recht muss mit den Rechten der Mutter abgewogen werden.

Auf Schutzpflichten, vor allem auf das Recht auf Leben und Gesundheit, berufen sich fast alle Klimaklagen weltweit. Auch in unserer Verfassungsbeschwerde waren sie zentral. Wir argumentierten, dass das Grundgesetz ein »ökologisches Existenzminimum« voraussetzt, das der Staat schützen muss. Das ergab sich für uns aus den Artikeln 1, 2 und 20a des Grundgesetzes – angelehnt an das soziale Existenzminimum, das das Bundesverfassungsgericht aus Artikel 20 entnimmt,[12] wodurch es weltweit Maßstäbe gesetzt hat. Das Gericht hat unsere Argumentation an einigen Stellen aufgegriffen. Es bestätigte unsere Ansicht, dass der Staat sehr wohl eine Schutzpflicht hat, die sich eben darin äußert, dass er das Klima zum Wohle der Menschen – auch der zukünftigen Generationen – schützen muss. Nur, so fügte es hinzu, habe der Staat diese Schutzpflicht bislang noch nicht verletzt. Und begründete dann dennoch in seinem Beschluss eine Grundrechtsverletzung vonseiten des Staates – nur eben über die Eingriffsdimension kommend.

Nicht überall funktioniert der Umgang mit den Grundrechten wie in Deutschland: andere Länder, andere Rechtssysteme. In den Niederlanden beispielsweise haben die Bürgerinnen und Bürger keine Möglichkeit, durch ein Verfassungsgericht direkt prüfen zu lassen, ob der Staat ihre Grundrechte achtet.

Die Grundrechte sind noch nicht einmal in der Verfassung festgelegt, sondern gelten auf Grundlage der europäischen Menschenrechtskonvention auch in der nationalen Rechtsordnung. Darin liegt auch der Grund, warum Umweltorganisationen dort die ersten großen Klimaklagen mit menschenrechtlichen Argumenten gewonnen haben.

Als Alleinkämpfer, allerdings auf Grundlage von speziellen Klagerechten zum Wohle aller, die im pakistanischen Rechtssystem verankert sind, schaffte es in Pakistan der Bauer Asghar Leghari, sein Anliegen mit Menschenrechtsargumenten erfolgreich vor Gericht zu vertreten. Er hatte den Lahore High Court angerufen und argumentiert: Der Staat verletze sein ganz persönliches Grundrecht auf Gesundheit und Leben, weil er keine Klimaschutz- und Anpassungsmaßnahmen an den Klimawandel umsetze.[13] Das Gericht stimmte ihm zu. Es sah im staatlichen Unterlassen sogar einen Eingriff in die Menschenrechte und nicht nur eine Verletzung der Schutzpflicht, betonte die sozialen Probleme, die der Klimawandel verschärft, und gab der Regierung auf, sofort eine konkrete Anpassungsstrategie zu entwickeln.

MENSCHENRECHTE GELTEN ÜBER STAATSGRENZEN HINWEG

Im September 2020 zogen vier Kinder und zwei junge Erwachsene aus Portugal vor den Europäischen Gerichtshof für Menschenrechte (EGMR). Mariana, die Jüngste unter ihnen, war damals acht Jahre alt, Cláudia, die Älteste, 21. Die sechs verlangten eine ehrgeizigere Klimapolitik von allen Mitgliedsstaaten der Europäischen Union, darüber hinaus auch von Großbritannien, der Schweiz, Norwegen, der Türkei, Russland[14] und der Ukraine – insgesamt von 33 Ländern. Sie gemeinsam seien verantwortlich für zu hohe Emissionen und damit die Klimakrise, und gemeinsam müssten sie für das Einhalten der 1,5-Grad-Grenze einstehen. Das solle der Gerichtshof feststellen.

Das war besonders, da normalerweise Bürgerinnen und Bürger ihre Grundrechte von dem Staat einfordern, in dem sie leben. Für den Fall, dass sie damit vor heimischen Gerichten nicht erfolgreich sind, wurde der EGMR als höhere Instanz einst geschaffen. Er soll allen Menschen, die im Geltungsbereich der Europäischen Menschenrechtskonvention leben, die Möglichkeit geben, heimische Behörden- und Gerichtsentscheidungen und deren allgemeines Handeln daraufhin überprüfen zu lassen, ob sie ihre grundlegenden Rechte auch wirklich schützen.

Der Europäische Gerichtshof für Menschenrechte hat schon mehrmals entschieden, dass der Staat seine Bürgerinnen und Bürger vor Umweltverschmutzung bewahren muss.[15] Die Jugendlichen aus Portugal beschweren sich vor dem EMGR aber nicht nur über Portugals Klimapolitik, sondern fordern zudem auch Schutzpflichten der 32 anderen Staaten ein. Eine extrem große rechtliche Hürde. Mariana, Cláudia und die anderen wagen diesen Schritt trotzdem. Sie sind der Ansicht, dass Portugal allein sie nicht wirksam vor den schädlichen Folgen des Klimawandels schützen könne. Auch die anderen Staaten hätten ihnen gegenüber eine Schutzverantwortung.

In ihrem Antrag schildern sie, wie sie in Portugal die Folgen des Klimawandels heute schon spüren. Vor allem die extreme Hitze gefährdet ihre Gesundheit. Und je wärmer es wird, desto größer wird das gesundheitliche Risiko.[16] Deshalb sehen die Jugendlichen ihr Recht auf Leben und eine gesunde Umwelt bedroht; und da sie aufgrund ihres jungen Alters noch sehr viele Jahre mit den Auswirkungen der Klimakrise zurechtkommen müssen, fühlen sie sich außerdem gegenüber Älteren diskriminiert. Nichts anderes stand übrigens auch in den vier Verfassungsbeschwerden in Deutschland.

Der EGMR, der sich angesichts der schon vor dem Ukraine-Krieg katastrophalen Zustände an Europas Grenzen aufgrund der Flüchtlingskrise mit so vielen Beschwerden befassen muss, dass er es kaum schafft, sie alle in einer angemessenen Zeit zu bearbeiten, und der die allermeisten Beschwerden als unbegründet zurückweist, hat dieser Klage Priorität eingeräumt.

Zusammen mit meinem Freund Gerd Winter, emeritierter Jura-Professor an der Universität Bremen, durfte ich mich im Sommer 2021 am Verfahren beteiligen. Wir haben ausführlich Stellung genommen und unter anderem die Entscheidung des Bundesverfassungsgerichts vom März 2021 aus unserer Sicht auf den Fall der portugiesischen Jugendlichen angewendet. Mithilfe der Ergebnisse der Klimaforschung haben wir dargelegt, dass keiner der 33 Staaten sich auf einem 1,5-Grad-Pfad befindet. Im Juni 2022 hat die zuständige Kammer des EGMR den Fall an die Große Kammer des Gerichtshofs abgegeben. Diese Kammer befasst sich nur mit sehr grundlegenden, schwerwiegenden rechtlichen Angelegenheiten in Zusammenhang mit der Europäischen Menschenrechtskonvention. Wir warten gemeinsam mit allen Beteiligten gespannt auf die mündliche Verhandlung, die im Frühjahr 2023 stattfinden soll.

Vor der Großen Kammer des EGMR ist eine weitere Beschwerde aus der Schweiz anhängig, in der es ebenfalls ums Klima geht. In dem Verfahren dürfen wir uns jetzt auch beteiligen. Die Beschwerde ist noch aus einem anderen Grund besonders. Weltweit sind es meist Kinder und junge Erwachsene, die vor Gericht auf mehr Klimaschutz klagen. In der Schweiz aber haben die sogenannten KlimaSeniorinnen die Initiative ergriffen. Sie sind ein Verein aus mittlerweile fast 2000 Frauen im Pensionsalter, die – unterstützt von Greenpeace Schweiz – gemeinsam engagiert für mehr Klimaschutz in ihrem Heimatland kämpfen. Bei der Gründung des Vereins im August 2016 konnte man von einer kleinen Sensation sprechen, als sich 150 Seniorinnen zusammentaten, um ihre Rechte auf Basis konkreter klimawissenschaftlicher Erkenntnisse einzuklagen. Bis heute sind die KlimaSeniorinnen weltweit eine einzigartige Initiative.

Rosmarie Wydler-Wälti fungiert als ihre Co-Präsidentin, sie vertritt die Gruppe nach außen. »Die Klagen sind eine wichtige Schiene«, sagt sie. »Wir gehen auch auf die Straße, zusammen mit den Jungen, aber wir gehen vor allem den juristischen Weg. Zwar sagen uns immer wieder Leute, dass Klimaschutz politisch erstritten werden müsse, nicht juristisch. Aber wir merken ja schon seit Jahren, dass das nichts bringt.«

Wenn die 72-Jährige öffentlich über die Klimaklage der Seniorinnen spricht, hat sie oft eine bunte Zeichnung zur Hand, auf der eine Weltkugel zu sehen ist: blaues Meer, grüne Kontinente, um die Erde schweben große rote Herzen. Auf dieser Weltkugel scheint noch alles im Lot. Unter ihr stehen eine weißhaarige, bebrillte Frau mit hochgesteckten Haaren, eine Großmutter, wie sie im Buche steht, und ein Kind, die sich an den Händen halten. »Our fight is your fight. Together we are stronger!« prangt in großen Buchstaben darüber.

Mariana aus Portugal hat das Bild für die KlimaSeniorinnen gemalt. »Keine von uns sieht so aus wie die Frau auf dem Bild«, schmunzelt Rosmarie. »Aber das Bild zeigt, dass wir uns einander verbunden fühlen. Es ist sehr symbolisch.« Die beiden Gruppen tauschen sich regelmäßig untereinander über ihre Verfahren vor dem Europäischen Gerichtshof für Menschenrechte aus.

Die Schweizer Seniorinnen berufen sich in ihrer Beschwerde darauf, dass ältere Frauen gesundheitlich stärker unter der Klimakrise leiden als andere. Der Grund liegt in den prozessualen Anforderungen an eine Klage in der Schweiz: Es muss eine besondere Betroffenheit vorgetragen werden, nicht nur ein allgemeiner Rechtsverstoß. Und älteren Frauen machen hohe Temperaturen ganz besonders stark zu schaffen.

»Schon im Sommer 2003 sind in ganz Europa viele Tausend ältere Frauen wegen der Hitze gestorben«, sagt Rosmarie. »Man hat herausgefunden, dass wir weniger schwitzen als Männer, deshalb kann unser Körper sich nicht so gut abkühlen. Wir leiden häufiger unter Herzinsuffizienz und Atembeschwerden. Die WHO hat das bestätigt.« Die KlimaSeniorinnen verlangen vom Schweizer Staat und von den Schweizer Gerichten, dass sie dieses Gesundheitsrisiko ernst nehmen. Der Staat müsse seine Schutzpflicht ihnen gegenüber erfüllen, schon als »Gegenleistung dafür, dass wir uns der Staatsgewalt unterwerfen«, schreiben sie auf ihrer Homepage.[17]

Dieser Gedanke ist tatsächlich tief verankert in der Staatsrechtslehre – die Schutzpflichten des Staates sind Ausdruck eines Gesellschaftsvertrags zwischen dem Staat und seinen Bürgerinnen und Bürgern. Diese tragen den Staat und unterwerfen sich seinem Machtmonopol, dafür schützt sie der Staat – und zwar für die Ewigkeit.

In dem Antrag, den sie 2016 zunächst auf Ebene der Schweizer Behörden einreichten, stützten sich die KlimaSeniorinnen auf die Schweizer Verfassung, konkret auf deren Artikel 10, der das Recht auf Leben garantiert, das heißt auf Vorschriften, die grob mit dem Artikel 2 des deutschen Grundgesetzes vergleichbar sind, und auf Artikel 2 und 8 der Europäischen Menschenrechtskonvention, in denen das Recht auf Leben und Gesundheit und das Recht auf Familie festgeschrieben sind. Das Schweizer Recht ist besonders starr. Es war von Anfang an klar, dass sowohl die Antragsbefugnis, also das Recht, überhaupt einen Anspruch zu stellen, als auch dessen Inhalt problematisch waren. Haben die Seniorinnen überhaupt einen Schutzanspruch auf mehr Klimaschutz? Immerhin sinken die Emissionen der Schweiz – wenn auch langsam.

Die Schweizer Behörden und Gerichte haben die Klage bislang knallhart abgewiesen. Die KlimaSeniorinnen seien nicht stärker von der Klimakrise betroffen als andere Bürgerinnen und Bürger auch, argumentierten sie. Es könne sich keiner auf mehr Klimaschutz berufen. Dabei, so Rosmarie, seien unter den Klägerinnen auch einzelne Frauen, die durch ärztliche Atteste belegen konnten, dass ihre Herz- und Atembeschwerden ganz eindeutig auf übergroße Hitze zurückzuführen sind. »Das Bundesverwaltungsgericht hat in der Begründung für sein Urteil 2018 sogar gesagt, dass die Tourismus- und Forstindustriebranche genauso vom Klimawandel betroffen seien wie wir. Es hat unsere Gesundheit mit den wirtschaftlichen Einbußen der Unternehmen gleichgesetzt. Das war so typisch.«

Im Mai 2020 befand das Bundesgericht als oberstes Schweizer Gericht dann, noch bleibe genügend Zeit, um die Pariser Klimaziele zu erreichen. Es wies die Klage erneut ab. Rosmarie ist immer noch empört darüber. »Ignoranz pur«, sagt sie. »Nachdem überall so schreckliche Klimakatastrophen zu beobachten sind, finden sie, es sei noch genügend Zeit! Dabei ist die Dringlichkeit doch genau das, worum es in der Klimakrise geht.«

Für mich war das Lesen dieses Urteils aus der Schweiz erschütternd und zugleich eine Mahnung: Der Weg ist noch weit. Das Schweizer Urteil ging inhaltlich hart an den Realitäten der Klimakrise vorbei. Vergleicht man es mit dem des Verwaltungsgerichts Berlin oder des Bundesverfassungsgerichts, hat man geradezu das Gefühl, es gebe noch einen anderen Bericht des IPCC, in dem keine Dringlichkeit zum Ausdruck kommt. Das konnte so nicht stehen bleiben. Der gleichen Meinung war auch Cordelia Bähr aus Zürich, die Anwältin der KlimaSeniorinnen. Sie begann sofort, am nächsten Schritt zu arbeiten.

Auf einer Protestveranstaltung in Basel kündigten die Schweizer Damen den Gang zum Europäischen Menschengerichtshof an. Sie hatten über 700 farbige Wimpel genäht und zu einer Kette verbunden, mit der sie durch die Stadt zogen. »Fünf vor zwölf war gestern. Climate Justice Now«, stand in blauer Schrift auf dem gelben Stoffwimpel, den Rosmarie in die Höhe hielt. Dann schipperten sie mit dem Greenpeace-Schiff Beluga nach Straßburg, um dort die Klageschrift zu übergeben. Französische Medien berichteten ausführlich von der Aktion, während die Schweizer Medien eher still blieben.

Rosmarie ist die Klage ein ganz besonderes Herzensanliegen, denn sie hat acht Enkelkinder. »Wenn ich mitbekomme, wie weit die Klimakrise schon fortgeschritten ist, wie viele Arten schon ausgestorben sind und was da auf uns – auf die Jungen vor allem – zukommen könnte, dann denke ich: Jede und jeder muss das dagegen tun, was sie oder er nur tun kann.« Und wenn sie gewinnen, sagt sie, werde dies allen zugutekommen.

Vor dem EGMR berufen sich die Frauen jetzt auf ihre Rechte auf Leben, Privatheit und Familienleben, ein faires Verfahren und wirksame Rechtsmittel. Alle vier Rechte aus der Menschenrechtskonvention sehen sie verletzt.[18] Die Schweiz hat als beklagte Partei inzwischen darauf geantwortet und im Wesentlichen ihre alten Argumente wiederholt. Ich denke, der Fall ist schon allein deswegen aussichtsreich, weil nach Auffassung vieler durch die Schweizer Gerichte das Recht auf ein faires Verfahren und wirksame Rechtsmittel verletzt wurde. Zu oberflächlich ist das letztinstanzliche Urteil, das haben mir inzwischen auch etliche Personen bestätigt, die nicht zu Aktivismus neigen, unter ihnen auch ehemalige Richter des EGMR oder des Bundesverfassungsgerichts.

Rosmarie ist – wie ich auch – zuversichtlich, dass es gut für die Frauen ausgeht. Die Bedeutung, die das Gericht dem als prioritär behandelten Verfahren gibt, kann man auch daraus ablesen, dass hochrangige Menschenrechtspolitikerinnen, Vertreter der Vereinten Nationen und Forschende aus der Klimawissenschaft als unbeteiligte Dritte eine Stellungnahme beim EGMR eingereicht haben. Unter ihnen ist auch der Nachfolger von John Knox, David R. Boyd, der neue UN-Sonderberichterstatter für Menschenrechte und Umwelt.

Rosmarie hofft nun, dass sehr bald eine Entscheidung fällt. »Wenn wir gewinnen, wird das europaweit Auswirkungen haben. Dann muss etwas Großes geschehen.«

Diese beiden Klagen aus Portugal und der Schweiz zeigen mehr als deutlich: Überall gewinnt die Vorstellung an Kraft, dass Menschenrechte und Klima untrennbar zusammengehören. Sie belegen auch, dass die juristische Dogmatik, was unter Menschenrechten zu verstehen ist, in Entwicklung begriffen ist. Das in der Klage der portugiesischen Jugendlichen genutzte Konstrukt, dass 33 Vertragsstaaten eine gemeinsame Verantwortung für den Klimaschutz tragen, ist Neuland. Stimmt der Gerichtshof dem zu, würden Menschenrechtsschutz und Umweltvölkerrecht noch näher zusammenrücken.

Der juristische Druck steigt aber auch im Rahmen der Vereinten Nationen weiter an. Dafür stehen – neben der erfolgreichen Beschwerde der Menschen von den Torres-Strait-Inseln – stellvertretend eine aktuelle Beschwerde und eine Resolution des UN-Menschenrechtsausschusses vom Herbst 2021.

Im September 2019 reichten Greta Thunberg und 15 weitere Kinder bei der Kinderrechtskommission der Vereinten Nationen eine Beschwerde gegen Argentinien, Brasilien, Frankreich, Deutschland und die Türkei ein.[19] Grundlage war die UN-Kinderrechtskonvention, die Kindern weltweit das Recht auf Leben, Gesundheit und persönliche und kulturelle Entwicklung garantiert. Die Konvention verpflichtet staatliche Stellen grundsätzlich, die Interessen von Kindern in allen Entscheidungen vorrangig zu berücksichtigen und Kinder an allen Entscheidungen zu beteiligen, die sie betreffen. Wie viele Völkerrechtsverträge eröffnet sie einen Weg zu einem gerichtsähnlichen

Gremium, hier der UN-Kinderrechtskommission, bei der Beschwerden gegen Vertragsstaaten wegen nicht ausreichender Umsetzung eingereicht werden können. Letztlich verlangten die Kinder und Jugendlichen mit ihrer Beschwerde genau wie die vielen anderen, die Klimaklagen anstrengen, vor allem eines: ein schnelles, ambitioniertes Handeln im Klimaschutz, um die 1,5-Grad-Grenze zu halten.

Eigentlich hätten sie zuvor alle innerstaatlichen Rechtsmittel ausschöpfen müssen. Doch angesichts der Dringlichkeit der Erderwärmung argumentieren die Anwälte der NGO Earthjustice in Washington nun, dass ihren Mandantinnen und Mandanten dafür einfach keine Zeit mehr bleibe. Die Kinderrechtskommission hat die Beschwerde im Oktober 2021 dennoch aus formalen Gründen abgewiesen. Aber zugleich stellte sie mit ähnlich deutlichen Worten wie das Bundesverfassungsgericht klar, dass Klimaschutz ein Menschenrecht ist und dass die Klimakrise gerade junge Menschen akut in ihren Rechten bedroht.[20]

Akzeptiert wurde auch grundlegend, dass Staaten außerhalb ihrer Staatsgrenzen für die Folgen von Emissionen verantwortlich sind, also nicht nur gegenüber ihren eigenen Staatsbürgern. Das hatte das Bundesverfassungsgericht ebenfalls so gesehen. Und das »drop in the ocean«-Argument – im Wesentlichen läuft es immer darauf hinaus, dass kein Staat alleine die Klimakrise lösen könne und deshalb auch nicht verpflichtet sei, mehr zu tun – wurde ebenso klar zurückgewiesen wie im niederländischen Urgenda-Urteil und im Beschluss des Bundesverfassungsgerichts in Deutschland. Damit steht fest: Jeder Staat muss seinen fairen Teil tun, um das Schlimmste abzuwenden.

Wie sich diese Entscheidung auf Staaten auswirkt, in denen die Kinderrechtskonvention eine große Rolle spielt, beispielsweise weil eigene Verfassungen fehlen, bleibt jetzt abzuwarten.

Die nationalen Gerichte haben jedenfalls wieder ein Puzzle-stück mehr, das sie in ihrer Urteilsfindung berücksichtigen müssen.

Unterdessen hat der UN-Menschenrechtsrat in einer Resolution im Oktober 2021 erstmals anerkannt, dass alle Menschen weltweit das Recht haben, in einer sauberen, gesunden Umwelt zu leben.[21] Im Juli 2022 hat die UN-Generalversammlung dieses Recht auf eine gesunde, nachhaltige Umwelt bestätigt. Der Rat hat einen Sonderberichterstatter ernannt, der ihn künftig regelmäßig darüber unterrichten soll, wie es um das neue Menschenrecht bestellt ist. Außerdem soll er Empfehlungen erarbeiten, die den UN-Mitgliedsstaaten, also allen Ländern der Erde, dabei helfen sollen, dieses Menschenrecht besser zu schützen (und rechtlich verbindlich auszugestalten, denn die Anerkennung durch die UN-Gremien reicht ja allein nicht aus). So werden nach und nach im Rahmen der Vereinten Nationen neue, immer klarere Leitlinien entstehen, die dabei helfen, zu verstehen, was das Recht auf eine saubere, gesunde Umwelt ganz konkret bedeutet, vielleicht auch im Zusammenhang mit der Forderung nach Eigenrechten der Natur (dazu mehr im Kapitel 8). Der Europäische Gerichtshof für Menschenrechte setzt sich in seinen Klimaverfahren bereits mit den Statements der UN-Menschenrechtsvertreterinnen und -vertreter auseinander. Auch dem Bundesverfassungsgericht hatten wir sie vorgelegt. Und irgendwann könnten sich auch die anderen Gerichte in Deutschland veranlasst sehen, sie in ihren Urteilen zu berücksichtigen.

EIN DEMOKRATISCHER RECHTSSTAAT
BRAUCHT KLIMAKLAGEN

Es gibt Kritiker, die sind der Ansicht, nicht Gerichte sollten über den Klimaschutz entscheiden, sondern ausschließlich Regierungen und Parlamente. Sie sagen, Klimaklagen politisierten das Recht. In Klimaurteilen überschritten Gerichte ihre Kompetenzen, und Urteile für mehr Klimaschutz widersprächen der demokratischen Gewaltenteilung. Der Gewaltenteilungsgrundsatz ist in Deutschland in Artikel 20 Grundgesetz geregelt. Absatz 3 lautet: Die Gesetzgebung ist an die verfassungsmäßige Ordnung, die vollziehende Gewalt und die Rechtsprechung sind an Gesetz und Recht gebunden.

Gerichte sind nicht vom Volk gewählt. Warum also soll es ihnen gestattet sein, die Politik so weitgehend zu beeinflussen, wie sie das durch Klimaurteile tun? Ist es nicht undemokratisch, wenn aufgrund von Gerichtsurteilen Gesetze verändert werden müssen, die doch durch Mehrheitsbeschlüsse zustande gekommen sind? Das werde ich oft gefragt.

Ich finde: ganz im Gegenteil. Gerade in einem demokratischen Rechtsstaat ist es doch die ureigene Aufgabe der Gerichte, Parlamente, Regierungen und Behörden zu kontrollieren, Gesetze zu bemängeln, wenn sie den Vorgaben der Verfassung nicht genügen, und den Gesetzgeber zu beauftragen, den Fehler zu beheben. Gerichte begrenzen die Macht der anderen Staatsorgane, dafür sind sie da. Sie sorgen – immer unter Bezug auf die Verfassung – dafür, dass die Grundrechte gewahrt bleiben und alle staatliche Gewalt ans Recht gebunden bleibt. Unsere Grundrechte wären wirkungslos, wenn wir sie nicht vor unabhängigen Gerichten einklagen könnten. Deshalb verletzen Klimaschutzurteile die Gewaltenteilung nicht, sondern stärken sie sogar. In ihnen drückt sich die Gewaltenteilung geradezu aus.

So sieht das übrigens inzwischen auch die herrschende Meinung in der juristischen Literatur. Mit Klimaschutzurteilen »wird nicht der demokratische Dialog untergraben«, sagt beispielsweise der renommierte, inzwischen pensionierte Richter am Oberverwaltungsgericht Münster Max Seibert in einem Aufsatz, »sondern werden die von der Verfassung oder vom einfachen Gesetzgeber abstrakt festgelegten Rechte von Minderheiten oder nicht durchsetzungsfähigen Bevölkerungsteilen geschützt.«[22] Das betrifft unter anderem die Rechte von Kindern und Jugendlichen, die noch nicht wählen können.

Mit meinen Klagen bewege ich mich genau wie meine Anwaltskolleginnen und -kollegen im Ausland, die ebenfalls Klimaklagen vertreten, innerhalb des geltenden rechtlichen Rahmens. Das ist mir wichtig. Ich wage mich an den Rand dieses Rahmens, das stimmt, und vielleicht teste ich zuweilen die Grenzen aus, so wie man sich an den Rand einer Klippe wagt, um möglichst weit zu sehen. Aber ich überschreite die Grenzen des Rechts nicht. Ich bin sehr glücklich, in einem Rechtsstaat zu leben und zu arbeiten, und respektiere seine Regeln. Auf keinen Fall möchte ich über den Rand der Klippe stürzen.

Zur Gewaltenteilung gehört auch, dass der Weg zum Gericht prinzipiell jedem offensteht. Nur so kann eine Demokratie überhaupt funktionieren. Ohne die Kontrolle durch die Gerichte lebten wir in einer uneingeschränkten Herrschaft der Mehrheit und der Stärkeren. Demokratie aber muss bedeuten, auch die Rechte derer zu schützen, die sonst keine Stimme haben, und dazu zählt auch die Natur. Denn von ihr hängt ab, ob unsere Menschenrechte gewahrt bleiben können. Auch das hat das Bundesverfassungsgericht bestätigt.

Im Idealfall ist es die Aufgabe des Gesetzgebers, die Rechte der Natur zu stärken, die Menschenrechte zu schützen und Gesetze zu beschließen, die nötig sind, um internationale Verträge wie das Pariser Abkommen einzuhalten. Was aber, wenn das Parlament diese Anforderung nicht erfüllt? Wenn es zu wenig oder gar nichts tut? Oder wenn die Regierung und ihre nachgeordneten Behörden die Gesetze nicht korrekt umsetzen? Genau, dann prüfen Gerichte den Sachverhalt und sprechen ein Urteil. Dafür wurden sie geschaffen, das ist ihre Bestimmung. Und eben diese Kontrollfunktion der Gerichte nehmen Klimaklagen in Anspruch.

Dabei sparen sich die Gerichte in Klimaurteilen oft die Details. Auch das ist Ausdruck der Gewaltenteilung. Das Bundesverfassungsgericht beispielsweise hat in seinem Beschluss dem Gesetzgeber keine konkreten klimapolitischen Maßnahmen und auch keine klar definierten neuen Ziele für das neue Bundesklimaschutzgesetz vorgegeben. Es hat, unter Achtung der Gewaltenteilung, lediglich eine Grundlagenentscheidung getroffen und sich somit auf seine ureigene Rolle als Kontrollorgan beschränkt.

Zu dieser Beschränkung gehört auch, dass das Gericht Verfassungsbeschwerden, die sich aus seiner Sicht zu weit von den konkreten Vorgaben des Grundgesetzes entfernen, gar nicht erst annimmt. Im Juni 2021 beispielsweise lehnte es eine Beschwerde der Tierrechtsorganisation PETA ab. PETA hatte ins Feld geführt, dass auch Tiere Grundrechte besäßen und es deshalb rechtswidrig sei, männliche Ferkel ohne Betäubung zu kastrieren. Aber Grundrechte für Tiere sind in Deutschland – und auch in den allermeisten anderen Ländern – noch nicht anerkannt. Spanien hat das gerade geändert, und das könnte Deutschland auch tun. Politisch hätte ich mir in dem Fall eine andere Entscheidung gewünscht, aber aus juristischer Sicht war es jedenfalls nachvollziehbar, dass das Gericht die PETA-Beschwerde nicht zur Verhandlung annahm.

Solche Selbstbeschränkungen der Justiz findet man auf allen Ebenen des Rechtssystems. Nehmen wir zum Beispiel Verfahren über die Rechtmäßigkeit von Genehmigungen. Hier prüfen Gerichte, ob das Verfahren zum Erhalt einer Genehmigung regelkonform abgelaufen ist oder ob eine Fabrik alle relevanten technischen Normen erfüllt. Aber wo das Gesetz den Behörden einen Entscheidungsspielraum einräumt, stellt sich das Gericht nicht an deren Stelle.

Klimaurteile setzen folglich gewissermaßen Leitplanken innerhalb eines rechtlichen Rahmens. Sie schaffen kein neues Recht – das ist die Sache der Parlamente und Regierungen –, aber sie klären, wie die bestehenden Regeln auszulegen sind, mit jeder weiteren richterlichen Entscheidung ein Stückchen mehr. Das hilft übrigens auch der Politik. Manch leidenschaftlich geführte Debatte erledigt sich nach einem höchstrichterlichen Beschluss von selbst.

Zum Rechtsstaat gehört auch, dass Klimaklagen verloren werden. So wie kürzlich in Norwegen. Dort zogen mehrere Umweltorganisationen gegen eine Entscheidung des Parlaments vor Gericht, weil dieses im Frühjahr 2016 erstmals seit 20 Jahren neue Ölbohrungen in der Arktis gestattet hatte. Die Umweltverbände sahen darin einen Verstoß gegen die norwegische Verfassung, die künftigen Generationen eine gesunde Umwelt garantiert. Doch die norwegischen Gerichte lehnten die Klage selbst in letzter Instanz ab. Noch werde in dem Gebiet weder Öl noch Gas gefördert, befanden sie. Es bestehe also zum gegenwärtigen Zeitpunkt keine Gesundheitsgefahr. Zudem hätten die neu erteilten Lizenzen in der Arktis zum Ziel, Öl und Gas für den norwegischen Export zu fördern. Und obwohl der Klimawandel ein globales Problem ist und der Ausstoß von Treibhausgasen eigentlich überall sinken muss, urteilte der oberste Gerichtshof Norwegens: Emissionen, die anderswo durch die Ölexporte des Landes entstehen, sind von der Verfassung nicht mitgemeint.[23] Jetzt wenden sich die klagenden Umweltverbände an den Europäischen Gerichtshof für Menschenrechte. Dieser möge doch bitte feststellen, dass die geplanten Ölbohrungen das Recht auf Leben und weitere Grundrechte verletzen.[24]

Der Gang zum Europäischen Gerichtshof für Menschenrechte ist nachvollziehbar, wenn man sich den Beschluss zur Beschwerde von Greta Thunberg in Erinnerung ruft. Wenn Staaten auch für die Bürger und Bürgerinnen anderer Staaten verantwortlich sind, warum dann nicht auch für die Nutzung des Öls, das auf deren Staatsgebiet gewonnen wird? Im Gesetz selbst steht kein solcher Ausschluss, im Völkerrecht ist klar verankert: Der Staat darf sein Staatsgebiet nicht zulasten anderer Staaten nutzen. Wie der Streit um die Bohrungen in der Arktis zu klären ist, bleibt jetzt dem EGMR überlassen.

GEFAHR DROHT VON GEHEIMGERICHTEN

Demokratisch fragwürdig sind nicht Verfahren an nationalen Gerichten, selbst wenn sie große Ziele verfolgen. Fragwürdig ist vielmehr eine Praxis, die im Verborgenen klimaschädliche und andere umstrittene Projekte ermöglicht.

Moorburg sollte das größte Steinkohlekraftwerk Europas werden und die Stadt Hamburg mit Strom und Warmwasser versorgen. Im Jahr 2006 begannen die Planungen. Das Kraftwerk sollte jährlich mehr als elf Terawattstunden Strom erzeugen und damit den gesamten Bedarf der Hansestadt decken. Dabei würden 8,7 Millionen Tonnen CO_2 entstehen. Der Betreiber Vattenfall rechnete vor, wie effizient das im Vergleich zu alten Kraftwerken sei.[25] Klimaschützer aber protestierten von Anfang an gegen das Vorhaben.

Ich vertrat damals als junge Anwältin Fischer, die negative Auswirkungen auf die Bestände von Stint und Aal in der Elbe befürchteten. Ich weiß noch, wie wir während des offiziellen Erörterungstermins für die Genehmigung des geplanten Kraftwerks mit Vertretern der Stadt und des Unternehmens in den Hamburger Messehallen froren und vehement diskutierten.

Die immensen Klimafolgen des geplanten Kohlekraftwerks durfte ich in diesem Termin nur sehr kurz ansprechen, da im Bundes-Immissionsschutzgesetz festgelegt ist, dass diese Frage für Kraftwerke abschließend durch den Emissionshandel geregelt wird. Sie war nicht Gegenstand des Genehmigungsverfahrens.

Die Stadt zögerte, den Bau zu genehmigen, denn Vattenfall wollte Moorburg mit Wasser aus der Elbe kühlen. Weil die Umweltbehörde fürchtete, das könnte das ökologische Gleichgewicht im Fluss schädigen und damit auch europäisches Wasserrecht verletzen, prüfte sie das Vorhaben besonders genau und lange. Zudem standen Wahlen an, und die Grünen wollten das Kraftwerk nicht. Irgendwann riss dem Energiekonzern Vattenfall der Geduldsfaden. Er strengte eine Untätigkeitsklage vor den Verwaltungsgerichten in Hamburg an – und ein juristischer Streit, der sich geraume Zeit hinziehen sollte, begann. Die Stadt erteilte eine Genehmigung für Moorburg, allerdings unter bestimmten Auflagen, um das Leben im Fluss zu schützen; Vattenfall reagierte umgehend und wandelte seine Untätigkeits- in eine Verpflichtungsklage um, also in eine Klage gegen die Auflagen der Behörden.[26] Bis hierhin hielt der Konzern sich immerhin noch an den üblichen Rechtsweg.

Aber parallel dazu reichte Vattenfall in Washington vor einem Schiedsgericht der Weltbank eine Klage gegen die Bundesrepublik Deutschland ein.[27] Seine Investitionen seien durch die Auflagen in Gefahr, brachte das schwedische Unternehmen vor und begehrte eine Entscheidung und auch Schadenersatzzahlungen.

Der Vattenfall-Konzern konnte diesen Schritt tun, weil die Europäische Energiecharta, auch Energy Charter Treaty (ECT) genannt, ihm diese Möglichkeit gibt. Die Charta schützt die Geschäfte von Investoren im Ausland. Sind die Unternehmen mit den Entscheidungen der Behörden am Investitionsort nicht einverstanden, müssen sie nicht vor den örtlichen Gerichten dagegen vorgehen. Sie können auf Grundlage der Charta vor ein Schiedsgericht der Weltbank ziehen. In Nordamerika eröffnet das Freihandelsabkommen NAFTA den Firmen übrigens eine ähnliche Option. Dasselbe tun viele bilaterale Verträge zwischen Staaten.

Solche Klagen laufen außerhalb der sonst üblichen Strukturen des nationalen Rechts, das heißt parallel zu innerstaatlichen Gerichtsverfahren – und ohne einen Mechanismus zur Rückkopplung an das nationale Rechtssystem, wie er beispielsweise beim Europäischen Gerichtshof für Menschenrechte selbstverständlich ist. Dennoch sind die Entscheidungen der Schiedsgerichte rechtsverbindlich. Das heißt, Regierungen und Unternehmen müssen sich an sie halten und können sie auch im nationalen Rechtssystem vollstrecken. Auf der rein privaten Ebene, also zwischen Unternehmen, mag das, etwa zur Auslegung internationaler Verträge, sinnvoll sein. Aber zwischen Staaten und Unternehmen?

Historisch waren diese parallelen Strukturen vor allem von westlichen Firmen gefordert worden, die in Ländern investierten, in denen das Rechtssystem nicht gut funktionierte. Welche Funktion der Streitschlichtung und Investitionssicherheit diese Schiedsgerichtsverfahren aber wirklich erfüllen, und ob sie das überhaupt tun, weiß niemand so ganz genau. Es gibt weder eine offizielle Statistik über die Anzahl dieser Verfahren gegen Staaten, noch muss irgendjemand der Öffentlichkeit darüber Rechenschaft ablegen, was vor den Schiedsgerichten verhandelt und entschieden wird.

Aber je ehrgeiziger die Klimapolitik weltweit wird, desto häufiger werden Investoren mithilfe von Schiedsgerichtsverfahren gegen für sie belastende Auflagen und Beschränkungen vorgehen. Umweltverbände warnen sogar, dass Öl-, Kohle- und Gaskonzerne die Regierungen auf Billionen Dollar Entschädigungen verklagen könnten.[28] Bereits jetzt stehen fossile Unternehmen hinter fast einem Fünftel aller bekannten Schiedsgerichtsverfahren, wie ein aktueller Report des International Institute for Sustainable Development (IISD) zeigt.[29] Und im Vergleich zu den Firmen anderer Branchen kassieren sie in Schiedsgerichtsverfahren besonders hohe Entschädigungssummen. Wie berechtigt die Sorgen sind, zeigt ein Fall aus Italien. Dort verbot die Regierung im Jahr 2015 neue Öl- und Gasprojekte vor der Küste. Das britische Öl- und Gasunternehmen Rockhopper klagte im Rahmen des ECT auf Schadenersatz. Im August 2022 wurden Rockhopper mehr als 250 Millionen Euro zugesprochen.

Was das für den Klimaschutz bedeutet, erklärt Yamina Saheb, eine frühere Angestellte des Sekretariats der Energiecharta, im britischen *Guardian*. Aus ihrer Sicht sind die Investoren-Schiedsgerichte für das Pariser Klimaabkommen »die größte Bedrohung, die ich mir denken kann«. Entschädigungszahlungen könnten die Mittel verschlingen, die Europa investieren muss, um den Kontinent klimafreundlich umzubauen, fürchtet Saheb. Für die so dringend nötige Transformation hin zu einer grünen Gesellschaft bliebe nichts mehr übrig. Die Expertin für internationale Handelspolitik Lucía Bárcena sieht angesichts der Tatsache, dass Handelsabkommen fast durchgehend ähnliche Schiedsklauseln wie der ECT enthalten, noch ein ganz grundsätzliches Problem: »Handels- und Investitionsabkommen binden die Staaten. Das heißt, wenn sie den Vertrag verletzen, müssen sie große Summen zahlen.« Brechen die Regierungen hingegen ihre internationalen Klimaversprechen, die sie unter dem Pariser Abkommen gegeben haben, gibt es keinen vergleichbar bindenden Mechanismus. »Das ist eine große Asymmetrie.«[30]

Im Februar 2021 zog der deutsche Stromkonzern RWE gegen die Niederlande vor das Schiedsgericht der Weltbank. Er meinte, die niederländische Regierung räume zu wenig Zeit für den Kohleausstieg ein. Wenige Wochen später folgte der deutsch-finnische Stromkonzern Uniper mit dem gleichen Argument. Erst als Uniper, in Deutschland bis zum Krieg in der Ukraine einer der größten Importeure von russischem Gas, mit Steuergeldern gerettet werden musste, sah sich der Konzern gezwungen, die Klage fallen zu lassen. Es war der Preis für seine Rettung. RWE hingegen erhält seine Klage aufrecht.

Da die Verhandlungen vor solchen Schiedsgerichten in der Regel unter Ausschluss der Öffentlichkeit stattfinden und die Verhandlungsdokumente oft unter Verschluss bleiben, kann keiner nachvollziehen, was da genau besprochen wird. Vor deutschen Gerichten sind die Verhandlungen dagegen außer in extremen Ausnahmefällen immer öffentlich, und die Urteile meist auch. Unweigerlich drängt sich der Verdacht auf, dass die Schiedsgerichte die Interessen mächtiger, finanzstarker Akteure schützen. Nicht ohne Grund hat sie der Deutsche Richterbund im Rahmen der Debatte um das Freihandelsabkommen zwischen der EU und den USA (TTIP) als »Sondergerichte für einzelne Gruppen« bezeichnet, für die es »weder eine Rechtsgrundlage noch eine Notwendigkeit« gebe.[31] Schiedsgerichte entscheiden auf der Basis von Vertragsklauseln zum Investorenschutz, welche das Grundrecht auf Eigentum über alle anderen Grundrechte stellen – anders, als beispielsweise das deutsche Grundgesetz das tut: »Eigentum verpflichtet«, steht in Artikel 14, Absatz 2. »Sein Gebrauch soll zugleich dem Wohle der Allgemeinheit dienen.« Die vertraglich festgelegten Schutzbestimmungen für Investoren hingegen dienen nur deren Wohl. Zu diesem Zweck wurden sie geschaffen. Soziale Erwägungen spielen darin keine Rolle. Andere Grundrechte ebenfalls nicht. Geschweige denn der Klimaschutz.

Anders als die Entscheidungen nationaler oder europäischer Gerichte, die innerhalb eines eindeutig festgelegten Rechtswegs zustande kommen und den Beteiligten am Ende Rechtssicherheit bieten, können Schiedsgerichtsverfahren die Behörden eines Staates auf Jahre hinaus komplett lahmlegen.

Kein Fall zeigt das besser als Moorburg. Es war eines der ersten Verfahren nach der Energiecharta gegen die Bundesrepublik Deutschland. Unter dem Damoklesschwert von Milliardenentschädigungen stimmte die Bundesregierung vor dem Schiedsgericht im Jahr 2010 einem Vergleich zu.[32] Die Folge war, dass Hamburgs Behörden sich gezwungen sahen, die Umweltauflagen für Moorburg zu lockern. Was sich im Nachhinein als rechtswidrig erwies. Aber dennoch sah sich die Stadt zunächst an den Vergleich, der vor dem Schiedsgericht ausgehandelt wurde, gebunden.

Nachdem Hamburg die neue Genehmigung mit weniger strikten Auflagen erteilt hatte, erkannte die Europäische Kommission einen Verstoß gegen die EU-Wasserrahmenrichtlinie und leitete ein Vertragsverletzungsverfahren gegen die Bundesrepublik ein, das sie am Ende gewinnen sollte.[33]

Zunächst aber befand sich die Stadt Hamburg zwischen Baum und Borke: Durch den Vergleich in Washington mussten ihre Behörden die neue Genehmigung aufrechterhalten. Genau das aber bedeutete, dass die EU hohe Strafzahlungen verlangen konnte. »Verrückt, verrückter, Moorburg«, schrieb damals die *Zeit*, und befand: Wenn Unternehmen Staaten vor internationale Schiedsgerichte zerren dürften, sei oft nur noch wenig eigenständige Politik möglich.[34]

Der Fall ging bis vors Bundesverwaltungsgericht und den Europäischen Gerichtshof und wieder zurück ans Oberverwaltungsgericht. Ein Anwaltskollege in Hamburg betreute das Verfahren von Anfang an für den Bund für Umwelt und Naturschutz Deutschland e. V. (BUND). Für ihn bestand nie ein Zweifel daran, was erst nach vielen Wendungen und einem Ritt durch die Instanzen von den Gerichten letztlich klargestellt wurde: Es ist unzulässig, Moorburg mit Elbwasser zu kühlen. Anfang September 2020 hob das Oberverwaltungsgericht Hamburg auf die Klage des BUND hin die wasserrechtliche Erlaubnis für die Entnahme von Elbwasser für den Betrieb des Kraftwerkes über eine Durchlaufkühlung auf.[35] Damit war die gelockerte Genehmigung hinfällig, und Vattenfall gab auf.

Letztlich nutzte das Unternehmen den Kohleausstieg, um Moorburg gegen eine sehr hohe Entschädigungszahlung aus Steuergeldern stillzulegen. Fünf Jahre war das Kraftwerk in Betrieb gewesen; seit dem 1. Januar 2021 ist es nun vom Netz. Künftig soll grüner Wasserstoff auf dem Gelände produziert werden.

Es hat lange zermürbende Jahre gedauert, bis die Behörden und Gerichte in diesem Fall endlich eine korrekte Entscheidung treffen konnten. Das Verfahren vor dem Schiedsgericht hat sie dabei enorm behindert. Der Vergleich aus Washington schränkte nämlich nicht nur den Spielraum der deutschen Politik weitestgehend ein, sondern er war auch nicht direkt anfechtbar, weil das Schiedsgericht anders als die Verwaltungsgerichte in Hamburg außerhalb des nationalen und europäischen Rechtssystems steht. Das ist absurd – und, schlimmer noch, gefährlich für Demokratie, Rechtsstaat und Gewaltenteilung.

Die EU hätte die Energiecharta gerne so reformiert, dass das Vertragswerk ihrer Klimapolitik nicht mehr im Wege steht. Beispielsweise hatte sie angeregt, dass künftige Investitionen in fossile Brennstoffe – mit der Ausnahme von Gas – nicht mehr vom ECT geschützt werden sollten. Durchsetzen konnte sie sich nicht.[36] Im Frühsommer 2022 wurden die ECT-Reformverhandlungen ohne klare Fortschritte für den Klimaschutz abgeschlossen. Damit behalten Investitionen ins Öl- und Gasgeschäft ihren Schutz – zumindest vorerst.

Ein Austritt aus dem Vertrag schien lange keine Option zu sein, denn wer die Energiecharta verlässt, muss sich danach noch 20 Jahre lang an ihre Bestimmungen halten, so steht es im Vertrag.[37] Trotzdem haben jetzt Frankreich, Spanien, Polen, Slowenien, die Niederlande und auch Deutschland den Austritt angekündigt. Immerhin hat der Europäische Gerichtshof inzwischen klargestellt, dass das Streitschlichtungsverfahren der Charta auf Streitigkeiten zwischen einem EU-Mitgliedstaat und einem Investor aus einem anderen EU-Mitgliedstaat nicht anwendbar ist.[38] Das wäre tatsächlich jetzt auch durch den reformierten Vertragstext geklärt. Wird dieser ratifiziert, könnte Vattenfall also kaum mehr gegen die Stadt Hamburg vors Schiedsgericht ziehen. Doch das ist nur ein schwacher Trost.

DREI
OHNE WISSENSCHAFT
KEINE KLIMAKLAGE

Das Recht lebt von Kausalbeziehungen. Wer ist wofür verantwortlich, und kann man das beweisen? Was ist der Schaden? Welche Person oder welche Rechtsposition ist betroffen, heute und in Zukunft? Je nach Rechtsgebiet und Norm fordern die Gerichte einen Vollbeweis oder zumindest einen ausreichend schlüssigen Vortrag, der den Sachverhalt schildert und die kausalen Beziehungen zwischen Handlung und Erfolg überzeugend darlegt – im Fall von Klimaklagen also die kausalen Zusammenhänge zwischen Treibhausgasemissionen und den aus ihnen folgenden Schäden oder Risiken. Diese Schäden als »Erfolg« zu bezeichnen, ist natürlich rein juristischer Fachjargon.

Die Wissenschaft wird immer besser darin, die Ursachen und Folgen der Klimakrise präzise zu beschreiben. Aus der Arbeit des Weltklimarats IPCC wissen wir, wie viele Treibhausgase wir noch in die Atmosphäre entlassen dürfen, um die in Paris vereinbarten Klimaziele nicht zu gefährden. Wir können das CO_2-Budget einzelnen Staaten zuordnen, so wie beispielsweise Wolfgang Lucht es für Deutschland getan hat.

In meiner Arbeit nutze ich die Klimawissenschaft aber auch in anderer Funktion – nämlich um Kausalbeziehungen zu belegen. Und das sowohl in die Vergangenheit gerichtet als auch in die Zukunft.

Klimawissenschaftlerinnen und -wissenschaftler können inzwischen zuverlässig einschätzen, welchen Anteil anthropogene Emissionen an den Folgen des Klimawandels haben. Man unterscheidet in diesem Kontext zwischen langsamen Folgen, wie dem Meeresspiegelanstieg oder der Gletscherschmelze, und plötzlich auftretenden Phänomenen wie Extremwetterereignissen. Wenn also heute Flusstäler und Städte in Deutschland nach außergewöhnlich starken Regenfällen überflutet und zerstört werden, wenn die Menschen in den USA und Kanada unter extremer Hitze leiden oder wenn Waldbrände in Australien weite Landstriche verheeren, dann sind Forschende mittlerweile in der Lage, recht präzise zu berechnen, ob bzw. mit welcher Wahrscheinlichkeit das ohne den menschengemachten Klimawandel ebenfalls geschehen wäre. In den allermeisten Fällen kommen sie zu dem Ergebnis, dass die Klimakrise die Katastrophen verstärkt hat oder sie sogar ohne den menschlichen Einfluss wahrscheinlich nie aufgetreten wären.[1] Für die KlimaSeniorinnen zum Beispiel ließ sich ermitteln, um wie viel ihr Risiko, durch Hitzewellen zu sterben, jenes von Männern desselben Alters übersteigt. Den Zweig der Wissenschaft, der sich damit beschäftigt, nennt man Attributionswissenschaft. Vereinfacht ausgedrückt modelliert diese Forschung eine Klimaentwicklung für einen bestimmten Zeitraum mittels Computerberechnungen einmal mit und einmal ohne den menschlichen Einfluss und kann im Vergleich feststellen, was der Mensch verursacht hat.

Die Folgen des Klimawandels lassen sich auf diese Weise auch für die Zukunft prognostizieren, je nach Emissionsszenario, also danach differenziert, welche Mengen an Emissionen die Menschheit noch ausstoßen wird und in welchem Tempo. Dieser Teil der Wissenschaft ist für mich und meine Kolleginnen und Kollegen wichtig, um Gerichten vor Augen zu führen, welche Folgen wenig ambitionierter Klimaschutz hat. Diese Forschung, der zum Beispiel der direkte Vergleich zwischen einer 2-Grad-Welt und einer 1,5-Grad-Welt im Sonderbericht des IPCC von 2018 zu verdanken ist, war auch von entscheidender Bedeutung für unsere Verfassungsbeschwerde.

Vor Gericht dienen die klimawissenschaftlichen Erkenntnisse der Rechtsfindung und der Beweisaufnahme, aber auch als Kompass, etwa bei der Abwägung der für ein Urteil relevanten Faktoren. Wissenschaftliche Fakten und Prognosen geben der Schilderung der Folgen der Erderwärmung das nötige Gewicht.

Keine Klimaklage würde ohne die Klimawissenschaft funktionieren. Das wurde erstmals im Verfahren der Umweltstiftung Urgenda gegen die niederländische Regierung deutlich. Eine einzige Tabelle aus einem Bericht des IPCC führte dazu, dass Urgenda letztlich das Verfahren gewinnen konnte. Sie fasste zusammen, wie viel an Emissionen Industrieländer nach wissenschaftlichen Maßstäben bis 2020 reduzieren müssten, damit die Erhitzung der Erde unter 2 Grad Celsius aufgehalten werden könnte.

Manchmal kommt es in Klimaklagen darauf an, zu zeigen, dass bestimmte klimatische Veränderungen oder Wetterkatastrophen durch die Handlungen eines Emittenten – einer Regierung, eines Unternehmens – mitverursacht wurden. Je stärker die wissenschaftliche Evidenz für die Kausalität ist, desto größer sind auch die Chancen der Klagenden, vor Gericht zu gewinnen.

Manchmal geht es auch um die Frage, wie stark eine bestimmte Region durch den Klimawandel betroffen sein wird. Auch dann läuft ohne Wissenschaft nichts. In Australien beispielsweise haben Überlebende der verheerenden Waldbrände, die das Land zum Jahreswechsel 2019/2020 heimsuchten, die Umweltbehörde des Bundesstaates New South Wales verklagt. Die unregulierten Emissionen seien »die größte Gefahr für die Umwelt in New South Wales«, schrieben sie in ihrer Klageschrift und forderten eine strengere Klimapolitik.

Das Gericht verlangte umfassende wissenschaftliche Belege für diese Behauptung und urteilte nach Prüfung der Fakten im August 2021 zugunsten der Kläger.[2] In einem anderen Verfahren zitierte ein australisches Gericht konkrete Erkenntnisse des IPCC, um festzustellen, dass der Staat grundsätzlich die Pflicht hat, Kinder vor klimabedingten Schäden zu schützen.[3] Und bereits 2019 verteidigte ein anderes Gericht auf Grundlage des Pariser Klimaabkommens und konkreter Prognosen zu den Folgen des Klimawandels für Australien das Verbot, eine Kohlemine zu erweitern.[4]

All diese Urteile sorgten in der Öffentlichkeit für helle Aufregung, schließlich war Australien in der Klimapolitik lange eines der rückschrittlichsten Länder der Welt und hängt wirtschaftlich immer noch stark vom Kohlebergbau ab. Es ist aber gleichzeitig auch eines der Länder, die schon jetzt am stärksten von den Folgen der Klimakrise betroffen sind. Das spiegelt sich auch in der Statistik zur Rechtsprechung wider: Im Jahr 2021 war Australien das Land mit den meisten Klimafällen vor Gericht relativ zur Einwohnerzahl.

Wie wichtig klimawissenschaftliche Erkenntnisse vor Gericht sind, erfahre ich gerade selbst bei der Klage von Saúl Luciano Lluyia, den ich vor Gericht vertrete. Saúl, ein Bergführer aus der Andenstadt Huaraz in Peru, klagt seit 2015 gegen die RWE AG, die mit ihren Tagebauen und Kohlekraftwerken zu den größten Treibhausgasemittenten Europas gehört. Er fordert, dass das Unternehmen Verantwortung für die Folgen dieser Emissionen übernimmt. Denn sie sind mitursächlich für die fatalen Auswirkungen des Klimawandels, die ihn, Saúl, und seine Familie konkret betreffen. Das zuständige Oberlandesgericht Hamm hat seine Klage 2017 verhandelt und einen Beweisbeschluss erlassen, was nichts anderes bedeutet als: Entsprechen alle Tatsachen, die der Kläger vorträgt, der Wahrheit, dann hat die Klage Erfolg. Rein rechtlich ist somit Saúls Anspruch darauf, dass die RWE AG ihren Teil der Verantwortung für die Schäden des Klimawandels übernimmt, nach deutschem Recht grundsätzlich gegeben.

Weltweit ist dieses Verfahren das einzige gegen einen Emittenten vor Gericht, in dem über eine konkrete, lokale Folge des Klimawandels – hier: Risiko einer Gletscherflut – mithilfe von Klimawissenschaft Beweis erhoben wird. Zur Beweisaufnahme reiste das Gericht im Mai 2022 sogar nach Huaraz, wo Sachverständige prüften, wie groß das durch den Klimawandel verursachte Flutrisiko für Saúls Haus tatsächlich ist. Jetzt schreiben sie an ihren Gutachten, die hoffentlich dazu beitragen werden, das Verfahren in Saúls Sinne voranzubringen.

EINE KLAGE FÜR DIE BERGE

Weit oben in den Bergen, sagt Saúl, fühle er sich besonders lebendig. Von Mai bis August, der Jahreszeit, in der es in Huaraz, einer 50 000-Einwohner-Stadt in den peruanischen Anden, üblicherweise nicht regnet, bringt er als Bergführer Besucher sicher auf die Gipfel und wieder zurück in die Stadt.

Huaraz liegt auf 3100 Metern über dem Meer. Die umliegenden Berge ragen weit über 6000 Meter empor, so hoch, dass selbst hier in den Tropen (noch) Schnee und Eis auf ihren Gipfeln liegen. Die Gegend ist bei Bergsteigern aus aller Welt beliebt. Das ist gut für Saúl: »Die Berge geben mir Arbeit«, sagt er. Mit ihrer Hilfe ernährt er seine Familie und bezahlt die Ausbildung seiner Kinder. Und selbst wenn er zuhause ist, hat er die Gipfel ständig im Blick. Sammeln sich hinter ihren Gipfeln Wolken, weiß er, dass es regnen wird. Bleibt der Himmel aber blau, gibt es keinen Niederschlag für die Kartoffeln und den Mais, die Saúls Familie neben ihrem Haus in Llupa nahe Huaraz anpflanzt.

Um auf die Gipfel zu gelangen, so Saúl, muss man einiges überstehen. Kälte. Wind. Die dünne, sauerstoffarme Luft. Anstrengung und Müdigkeit. Der Weg hinauf kann sehr gefährlich sein. »Aber wenn man oben ankommt, spürt man umso mehr, wie kostbar das Leben ist. Und wie wertvoll jeder einzelne Atemzug.«

Doch die mächtigen Gletscher der Anden schmelzen, und das bringt die Menschen von Huaraz in Gefahr. Saúl hat deshalb die RWE AG verklagt, den großen Stromkonzern aus dem Ruhrgebiet, der bis heute gute Geschäfte mit Kohle macht, und das trotz aller Beweise, dass er damit die Klimakrise weiter verschlimmert, und ohne eine Lösung für die Folgen der Emissionen zu haben.

Kaum irgendwo in den Tropen gibt es noch so ausgedehnte Gletschergebiete wie hier in der Cordillera Blanca. Einst waren sie Teil eines Kreislaufs, der ganz selbstverständlich funktionierte: Im Winter fiel oben in den Anden Schnee. Ein Teil davon vereiste in der Kälte und unter dem Druck des weiteren Schneefalls. So wuchsen die Gletscher im Winter jedes Jahr aufs Neue, während im Sommer das Eis schmolz und das Schmelzwasser die Lagunen, Quellen und Flüsse um Huaraz speiste.

Heute aber bildet sich im Winter nicht mehr genug Eis, um die Schmelze des Sommers auszugleichen. Die Gletscher schrumpfen, die Gletscherseen wachsen. Das geschieht zwar weltweit, aber in den Anden verläuft der Schmelzprozess besonders schnell. Im Jahr 1930 schätzte man die Gletscherfläche dort noch auf rund 800 Quadratkilometer. 80 Jahre später waren nur noch 482 Quadratkilometer übrig.[5] Und mit dem Eis schmelzen die Trinkwasservorräte. Irgendwann könnten sie ganz ausgetrocknet sein. Diese Gefahr droht nicht nur Huaraz, sondern auch anderen, viel größeren Städte in Lateinamerika, beispielsweise den Zwillingsstädten La Paz-El Alto in Bolivien, wo Millionen Menschen leben.[6]

Saúl beobachtet seit Jahren, wie die Gletscher seiner Heimat verschwinden und wie die Landschaft trockener wird. Feuchtgebiete, die er als Kind noch kannte, mit kleinen Wasserfällen und Tümpeln, erfüllt vom Gezwitscher der Vögel und vom

Quaken der Frösche, seien innerhalb weniger Jahre verschwunden. Jedes Jahr schmilzt das Eis schneller, erzählt Saúl. Seit zwanzig Jahren muss er den Gletschern beim Schrumpfen zusehen. Das schmerzt. Und es erfüllt ihn gleich aus mehreren Gründen mit Sorge.

Durch die Eisschmelze verlören die Berge ihren allerschönsten Teil. Übrig bleibe nur der Fels. Dann wäre der Berg wie ein Gesicht ohne Lächeln, sagt Saúl. Wenn aber die Schönheit der Natur um Huaraz vergeht, könnten auch die Touristen wegbleiben. Dann hätten er und die anderen Bergführer der Stadt keine Arbeit mehr.

Zugleich könnte auch in Huaraz das Trinkwasser knapp werden. »Wir verlieren das Wasser, das früher von den Bergen kam und von dem wir abhängen, wenn der Regen ausbleibt. Es gibt Jahre, in denen es nicht regnet. Wenn jetzt die Temperaturen weiter steigen, und dann auch noch das Wasser fehlt, wie sollen unsere Pflanzen auf dem Feld das aushalten?« Schon jetzt wird das Wasser in Huaraz manchmal knapp, dann gibt es Streit zwischen den Nachbarn. Saúl bangt um die Zukunft seiner Kinder in Huaraz.

Und die Gletscherschmelze bürdet den Menschen von Huaraz noch ein weiteres großes, ja lebensgefährliches Risiko auf: Ihre Stadt könnte überflutet werden. Das ist schon einmal geschehen, im Jahr 1941, als eine Schlammlawine über Huaraz hereinbrach, ausgelöst von einem Bruch im Damm des Palcacocha-Sees. Tausende Menschen starben. Viele haben Angst, dass es noch einmal zu einer solchen Katastrophe kommen könnte, auch Saúl.

Das Überflutungsrisiko ist die Grundlage seiner Klage gegen RWE. Saúl verlangt: Der Konzern soll einen angemessenen Beitrag leisten, um die Menschen von Huaraz dagegen zu schützen; einen Beitrag, der sich nach seinem Anteil an der Klimakrise richtet.

WER IST VERANTWORTLICH?

Wer ist verantwortlich für die Schäden und Risiken, die aus der Erderwärmung entstehen? Wie kann man mit juristischen Mitteln erreichen, dass dieser Akteur – dieser Staat, dieses Unternehmen – sich seiner Verantwortung stellt, statt sie zu ignorieren, so wie es viel zu lange schon geschieht? Diese Fragen begleiten mich seit meinem Studium.

Eine Vorlesung, die ich Anfang der 1990er-Jahre an der Hamburger Uni gehört habe, war dabei so etwas wie eine Initialzündung. Damals sprach der spätere Nobelpreisträger Klaus Hasselmann über den menschlichen Fingerabdruck, der in der globalen Erwärmung sichtbar wird.[7] Hasselmann war einer der ersten Forscher, denen es in ihren Modellen gelang, den menschlichen Einfluss auf die Erderhitzung klar zu zeigen und ihn von den natürlich bedingten, chaotischen Schwankungen im Klimageschehen zu unterscheiden. Bis dahin hatte man immer gedacht, das sei nicht möglich. Gewissermaßen ist er der Vater der Attributionsforschung.

Hasselmanns Vortrag hat mich damals auf den Gedanken gebracht, dass man die Zuordnung menschlicher Handlungen zum Klimawandel und seinen Folgen auch juristisch nutzen, dass man die Verantwortlichen für die Erhitzung der Erde identifizieren und zur Rechenschaft ziehen könnte. Um die Frage der Verantwortung ging es auch Klaus Hasselmann in seiner Forschung. Aber die Mehrheit der Klimaforschenden sah das zur damaligen Zeit gar nicht so. Ihr Interesse galt vorrangig dem physikalischen Vorgang der Erwärmung. Was Hasselmann zur Zuschreibung sagte, schien vielen zu abseitig. Es lenke nur vom eigentlichen Problem ab und sei eigentlich eine politische Frage.

Dabei war Hasselmanns Ansatz revolutionär – der Physik-Nobelpreis, den er 2021 für seine Forschung erhielt, ist aus meiner Sicht hochverdient, gerade weil seine Erkenntnisse gesellschaftlich von so hoher Relevanz waren und sind. Für mich wurden seine Veröffentlichungen damals zum Ausgangspunkt meiner Dissertation.[8] In ihr zitierte ich die ersten konkreten Attributionsstudien, die sich mit der europäischen Hitzewelle des Sommers 2003 befassten, und untermauerte damit meine Auffassung, dass man einzelnen Emittenten sehr wohl eine juristische Verantwortung für ihr Tun zuweisen kann. Auf sie stützen sich übrigens auch die KlimaSeniorinnen in der Schweiz in ihren rechtlichen Streitigkeiten.

Im Dezember 2017 trafen Klaus Hasselmann und ich uns erneut. Ich war eingeladen, im Max-Planck-Institut für Meteorologie in Hamburg vor Studierenden einen Vortrag über die RWE-Klage zu halten. Für mich war das extrem spannend. Ich wollte sehen, wie junge Physikstudierende und ihre Professoren die Frage beurteilen, ob man einen kausalen Zusammenhang zwischen dem Beitrag eines europäischen Unternehmens zum menschengemachten Treibhauseffekt und der Gletscherschmelze in den Anden herstellen kann. Ich warf dazu den Beweisbeschluss des Oberlandesgerichts Hamm per PowerPoint an die Wand. Wir gingen die einzelnen Fragen durch, diskutierten lange und intensiv. Das Ergebnis bestätigte mich: Ja, man kann beweisen, dass die Menschheit für die Erderwärmung Verantwortung trägt, und dasselbe ist auch im Hinblick auf konkrete, lokal beobachtete Auswirkungen wie die Gletscherschmelze über Huaraz möglich. Man benötigt dazu nur Klimamodelle und komplexe Datensätze, womit sich Aussagen gewinnen lassen, die – wie immer übrigens auch in IPCC-Berichten – Wahrscheinlichkeiten wiedergeben. Es ist mühsam, aber es geht.

Die Diskussion war lebhaft und engagiert, besonders seitens der jungen Leute im Publikum. Der menschliche Fingerabdruck in klimatischen Veränderungen mag sich eindeutig nachweisen lassen – aber wer im Einzelnen für bestimmte

Emissionen die Verantwortung trägt, ist eine Wertungsfrage. Autoabgase sind dafür ein gutes Beispiel. Sind die Autofahrerinnen und Autofahrer für sie verantwortlich? Oder die Unternehmen, die klimaschädliche Fahrzeuge herstellen? Oder doch die Staaten, die immer noch hohe Flottengrenzwerte erlauben? Davon hängt aber letztlich ab, gegen wen sich eine Klimaklage richten sollte, und auf welcher Grundlage: Greift das Zivilrecht oder eher das öffentliche Recht?

Mein Standpunkt dazu ist einfach: Das Zivilrecht grenzt private Rechtspositionen gegeneinander ab. Schädigt das Verhalten des einen den anderen, kann sich der Geschädigte wehren, wenn das Gesetz entsprechende Regelungen enthält. Und solange ein Staat keine Gesetze erlässt, die ausreichen würden, um die Treibhausgasemissionen im Einklang mit dem Pariser Klimaabkommen auf null zu senken, und auch nicht speziell regelt, wie mit den bis dahin schon unabänderlichen Folgen des Klimawandels umzugehen ist, so lange ist in meinen Augen das Zivilrecht anwendbar. So sieht es auch das Oberlandesgericht in Hamm. So sehen es langsam andere Stimmen in der juristischen Literatur.[9] Und so sieht es auch das niederländische Gericht in der Klage gegen Shell, die ich in Kapitel 7 beschreibe.

»MAN MUSS ETWAS UNTERNEHMEN«

Er habe sich lange gefragt, was man gegen die steigenden Temperaturen und die Gletscherschmelze tun könne, sagt Saúl. Von den Ursachen und Auswirkungen des Klimawandels hatte er schon in der Schule erfahren. Mit ausländischen Bergsteigern und peruanischen Freunden hatte er oft über die Veränderungen in den Anden von Huaraz gesprochen. Und immer wieder kam dabei dieselbe Frage auf: Wie kann man dagegen vorgehen? Bis heute spricht er darüber auch mit seinem Vater Julio, der ihm ein wichtiger Ratgeber ist.

Die beiden hatten angefangen, über eine Klage nachzudenken, nachdem sie Leute von Germanwatch getroffen hatten, einer deutschen Nichtregierungsorganisation, die sich mit Gerechtigkeits- und Klimafragen beschäftigt. Auf internationalen Klimakonferenzen ist Germanwatch seit den 1990er-Jahren vertreten. Damals wurde auf den Klimagipfeln fast ausschließlich darum gestritten, welches Land seine Emissionen wie schnell senken müsse. Klimabedingte Schäden hatte kaum jemand im Blick. Germanwatch aber fragte schon damals: Wie können die Menschen geschützt werden, die bereits Opfer des Klimawandels werden? Wer kommt für die Schäden auf, die sie erleiden? Wer zahlt? Die Klimakrise war damals bereits spürbar, und die größten Schäden trugen wie heute vor allem jene, die sie nicht verursacht hatten. Sich für sie einzusetzen, war für Germanwatch-Gründer Klaus Milke und sein Team schlichtweg eine Frage der Gerechtigkeit.

Als der Weltklimarat 2014 seinen umfassenden Bericht abgab, in dem klar und deutlich stand, dass die Gletscher in den tropischen Anden aufgrund des Klimawandels schmelzen und verschwinden würden, ergab sich eine Chance, die wissenschaftliche Aussage mit einer konkreten Betroffenheit zusammenzudenken. Im gleichen Jahr fand nämlich der UN-Klimagipfel in der peruanischen Hauptstadt Lima statt, und auch eine Germanwatch-Delegation nahm daran teil. Sie erfuhr von Julio und Saúl und deren Suche nach Wegen, etwas gegen die klimabedingten Veränderungen in ihrer Heimat zu tun, und beschloss, nach Huaraz zu reisen, um die beiden zu treffen. Saúl führte die Leute von Germanwatch zum Palcacocha-See. Sie unterhielten sich lange. Es war der Beginn einer intensiven Zusammenarbeit, an der ich als Anwältin bald mitwirken würde.

Wir trafen uns per Skype, um rechtliche Optionen zu debattieren, Möglichkeiten der Klage zu prüfen und wieder zu verwerfen. Saúl war im Gespräch sehr zurückhaltend, stellte aber viele Fragen, es war ihm ernst. Er wollte wissen, wer der größte Verursacher von klimaschädlichen Emissionen sei. Wie lange das Verfahren dauern würde. Wie er deutlich machen könne, dass es ihm nicht um Geld für sich selbst geht, sondern um Schutzmaßnahmen für alle Menschen von Huaraz.

Ich hatte umgekehrt zahlreiche Fragen an ihn: Ich musste wissen, wo genau sich das Haus befindet, das später zum Ausgangspunkt unserer Klage werden sollte, weil es in der Überschwemmungszone unter dem Palcacocha-See liegt. Ob es wirklich sein persönliches Eigentum ist – in Peru ist Gemeinschaftseigentum nicht unüblich, und nicht immer sind private Besitztitel bei den Behörden offiziell registriert. Wie er seinen Alltag zwischen dem Haus in Llupa nahe Huaraz und dem Haus in der Stadt aufteilt. All diese kleinen, aber immens wichtigen Details zu erfragen, war anfangs, als wir uns noch nicht so gut kannten, gar nicht so einfach. Es brauchte ein wenig Zeit, ein Vertrauensverhältnis aufzubauen. Doch damals schon erzählte mir Saúl, er wolle das Haus in Huaraz aufstocken, um im ersten Stock einen hochwassergeschützten, sicheren Ort zu schaffen. Warum er überhaupt ein Haus in der Gefahrenzone besitze, fragte ich. Er hatte es von seinem Vater Julio übernommen.

Am Ende unserer Diskussionen bat Saúl sich Bedenkzeit aus. In Peru könnten solche Klagen gefährlich werden, erklärt er sein Zögern heute. Man kann dafür umgebracht werden. Aber dann beschloss er, es dennoch zu wagen. Mir war wichtig, dass seine ganze Familie ihn dabei unterstützte, auch seine Frau Lidia. Bis all das geklärt war, folgten noch viele Unterhaltungen per Skype.

Warum er sich für die Klage entschied? »Man muss etwas

unternehmen«, sagt Saúl heute schlicht. »Wenn man nichts tut, bleibt man mit der Schuld zurück.«

RWE SOLL ANTEILIG ZAHLEN

Im 24. November 2015 reichte ich mit Saúl am Landgericht Essen Klage gegen RWE ein, an jenem Tag trafen wir uns zum ersten Mal persönlich. Saúl war eigens nach Deutschland gereist, um den ungewöhnlichen Termin wahrzunehmen: die erste Klimaklage in Deutschland überhaupt, und die erste zivilrechtliche in Europa. Für die Kameras mussten Saúl und ich vier Mal den Weg zum Briefkasten des Gerichts gehen und so tun, als würden wir den dicken Packen Papier – damals wurden die Klageschriften noch nicht elektronisch zugestellt – dort einwerfen. Wir haben viel gelacht.

Unser zentrales Argument bei dieser Klage in aller Kürze: Aufgrund der von RWE verursachten Emissionen ist das Unternehmen zumindest teilweise für die Klimakrise und für ihre Folgen verantwortlich, also auch für die Gletscherschmelze in den weit entfernten Anden Perus. Deshalb muss RWE anteilig für Schutzmaßnahmen an der Lagune zahlen. Die rechtliche Grundlage dafür findet sich im deutschen Bürgerlichen Gesetzbuch. Aus ihm ergibt sich auch das Prinzip, dass selbst jemand, der einen bestimmten Vorgang nicht direkt, sondern indirekt auslöst (so wie RWE die Gletscherschmelze in Huaraz), für die Folgen geradestehen muss, sofern er aus seiner auslösenden Handlung Profit gezogen hat. Es ist ein simpler Gerechtigkeitsgedanke, den das Oberlandesgericht (OLG) Hamm in der zweiten Instanz in seinen Beschlüssen mehrfach erwähnt.

»Ich möchte, dass sie anerkennen, welches Leid sie verursacht haben, und dass sie zu ihrer Verantwortung stehen«, erklärt Saúl. »Das ist mein größter Wunsch. Wenn dieses Unternehmen das tut, werden die anderen großen Verschmutzer merken, dass sie ihm folgen müssen.«[10]

RWE gehört zu den größten Treibhausgasemittenten der Welt. Bis heute betreibt die Braunkohlesparte von RWE im Rheinland drei Tagebaue – Garzweiler, Hambach und Inden – und erzeugt aus dem größten Teil der dort geförderten Kohle in nahe gelegenen Kraftwerken Strom. Und die dabei entstehenden Emissionen werden nach dem neuesten Entwurf des deutschen Kohleausstiegsgesetzes noch bis Ende 2030 oder sogar 2033 andauern. Laut dem Carbon Majors Report, einer Studie aus dem Jahr 2014, die aufzeigt, wie groß der Anteil einzelner Wirtschaftsunternehmen am weltweiten Ausstoß von Treibhausgasen ist, hat der Konzern vom Beginn der Industrialisierung bis 2010 etwa 0,47 Prozent aller industriellen Emissionen weltweit verursacht.[11] Eine Nachfolgestudie, die sich mit der Zeit von 1988 bis 2015 befasst hat, setzt den Anteil von RWE noch etwas höher an.[12]

Während der Klagevorbereitung schloss sich für mich ein Kreis. Denn gemeinsam mit meinem Freund Peter Roderick hatte ich den Carbon Majors Report im Jahr 2004 angeschoben, beauftragt vom Climate Justice Programme. Das ist ein Netzwerk, das wir 2002 mit dem Ziel gegründet hatten, bestehendes Recht für den Klimaschutz anwendbar zu machen. Nach der Gründungstagung in London war uns aufgefallen, dass es zwar viele Daten über die CO_2-Emissionen von Staaten gab, aber keine über die Emissionen der Unternehmen. Wenn wir auch Unternehmen vor Gericht dazu bringen wollten, Verantwortung zu übernehmen, mussten wir das ändern. Also hatte Peter, ehemals Mitarbeiter in der Rechtsabteilung von Shell, später Rechtsanwalt bei Friends of the Earth in London, Richard »Rick« Heede beauftragt, einen Geografen und Klimaforscher aus den USA, den Carbon Majors Report zu erstellen.[13] Dieser sollte anschließend zur Grundlage für etliche Berichte zu konkreten Firmen und Klageinitiativen in der ganzen Welt werden. Die RWE-Klage beruht, wie gesagt, auf ihm, ebenso die Beschwerde vor der Menschenrechtskommission auf den Philippinen, auf die ich in Kapitel 6 noch eingehen werde, sowie die neueste zivilrechtliche Klage gegen den Zementhersteller HOLCIM in der Schweiz.

0,47 Prozent – so hoch lässt sich laut Wissenschaft der Anteil von RWE an der weltweiten Klimakrise beziffern. Wenn es um die Frage geht, wie hoch ein gerechter Anteil wäre, den das Unternehmen als Wiedergutmachung für die durch den Klimawandel angerichteten Schäden zahlen muss, dann kann diese Zahl als Maßstab herangezogen werden. Zur Verdeutlichung der Größenordnung: Auf 0,47 Prozent beläuft sich der Anteil mancher europäischer Länder an den weltweiten Emissionen, beispielsweise Belgiens oder der Niederlande. Doch was entscheidend ist – dank dieser Möglichkeit, die Verantwortung der Unternehmen für den Klimawandel konkret zu beziffern, können Klagen auf zivilrechtlicher Ebene den Klimaschutz ebenso voranbringen wie Klagen gegen Staaten. Der Fall *Saúl v. RWE* wird einen Anfang machen.

SCHUTZ VOR DER FLUTGEFAHR

Der Palcacocha-See liegt in den Bergen über Huaraz: tiefblau, eiskalt, die Oberfläche trügerisch still. Das Wasser des Sees entspringt aus den umliegenden Gletschern, und weil sie schneller schmelzen, nimmt sein Volumen immer weiter zu. Die Wassermassen drohen Huaraz zu überfluten. Denn der Damm des Palcacocha ist marode beziehungsweise schlicht nicht ausreichend, um eine große Flutwelle aufzuhalten.

Die Behörden versuchen, den Anstieg des Seespiegels mit technischen Mitteln in den Griff zu bekommen. Durch Rohre leiten sie Wasser ab. Zudem halten drei Männer ständig Wache am See. In Schichten wechseln sie sich ab, um die Höhe des Wasserspiegels immer im Blick zu haben,[14] und sie halten die Überlaufrohre instand. Bisher ging alles gut – aber wie lange noch?

Derzeit sei der See auf hohem Niveau stabil, sagt der Züricher Gletscherforscher Christian Huggel, der die Klage gegen RWE unterstützt. Aber die Kraft, mit der das Wasser gegen den Damm drückt, ist verhängnisvoll groß. Vor Kurzem installierten die Behörden deshalb ein Frühwarnsystem. Es besteht aus untereinander verbundenen Funktürmen, die es ermöglichen sollen, die rund 50 000 Einwohnerinnen und Einwohner von Huaraz im Katastrophenfall schneller zu informieren.

Mit seiner Klage beantragt nun Saúl, dass RWE rund 20 000 Dollar zur Aufstockung und Stabilisierung des Dammes beitragen soll. Das entspricht einem Anteil von 0,47 Prozent an den gesamten geschätzten Kosten der Sanierung.

Natürlich geht es dabei um mehr als das Geld. Für Schutzbedürftige wie Saúl wäre ein stattgebendes Urteil von unschätzbarem Wert, denn damit ließen sich auch andere große Emittenten der Carbon-Majors-Liste zur Verantwortung rufen. Für RWE hingegen könnte es ein Präzedenzfall werden, dem womöglich weitere Klagen gegen die Firma folgen – wenn auch wieder mühsam und langwierig. Schon allein aus diesem Grund unternimmt RWE alles, was prozessual zulässig ist, um die Klage abzuwehren.

WIR SIND NACHBARN

Unsere Klageschrift baut auf einem altmodischen Paragrafen des deutschen Bürgerlichen Gesetzbuchs auf, Paragraf 1004 BGB. Er lautet: »(1) Wird das Eigentum (…) beeinträchtigt, so kann der Eigentümer von dem Störer die Beseitigung der Beeinträchtigung verlangen ...«

Diese Vorschrift hat Geschichte. Sie stammt aus einer Zeit, in der die Industrialisierung gerade begonnen hatte. Die beiden Paragrafen 906 und 1004 BGB waren ursprünglich dazu gedacht, die Beziehungen zwischen Nachbarn zu regeln. Paragraf 1004 BGB besagt dabei Folgendes: Wenn das, was einem gehört, durch das Handeln eines anderen beschädigt oder beeinträchtigt wird, ergibt sich daraus ein Anspruch auf Reparatur oder Unterlassung. Wenn beispielsweise eine Mauer so sehr wackelt, dass sie von einem Grundstück auf das Nachbargrundstück fallen könnte, und wenn dabei das Eigentum des Nachbars beschädigt werden könnte, dann muss der Eigentümer der Mauer sie reparieren oder abbauen.

RWE betreibt in Peru selbst keine Kraftwerke. Doch die Urheber des Paragrafen bedachten von Anfang an, dass Nachbarn nicht unmittelbar nebeneinander leben müssen. In den »Motiven zu dem Entwurfe eines Bürgerlichen Gesetzbuches« aus dem Jahr 1888 formulierten sie es so:

»Wir leben auf dem Grunde eines Luftmeeres. Dieser Umstand führt mit Nothwendigkeit eine Erstreckung der Wirkungen der menschlichen Thätigkeit in die Ferne mit sich. (...)
Wenn über die Erlaubtheit oder Unerlaubtheit einer solchen Immission bestimmt werden soll, so hat man nicht bloß (...) das Verhältnis von Nachbar zu Nachbar zu berücksichtigen, vielmehr ist der Umfang des Rechtes des Eigenthümers gegen alle Personen festzusetzen. (...)
Derjenige, welcher zur Entstehung oder Verbreitung von Imponderabilien die Ursache liefert, muß wissen, dass dieselben ihren eigenen Weg nehmen. Deren Fortpflanzung über die Grenze ist ihm mithin als Folge seiner That zuzu-

rechnen und ist direkte und indirekte Imission insofern nicht von einander zu scheiden.«[15]

Sie sagten also: Eine Nachbarschaft reicht so weit, wie der Schaden reicht, den jemand anrichtet – zum Beispiel durch Industrieabgase. Das belegen alte Kommentare zum Gesetz. Entdeckt hatte sie Will Frank, ein Jurist, der Germanwatch ehrenamtlich unterstützt. Von ihm stammte auch die Idee, Paragraf 1004 für Klimaklagen zu nutzen. Sie war lange bevor ich Saúl zum ersten Mal traf, entstanden.[16] Nun sollte ich sie in der Praxis erproben.

Unsere Klage überträgt also das Nachbarschaftsprinzip auf die Auswirkungen des Klimawandels in einer globalisierten Welt. Wir sagen: Im Grunde genommen sind wir alle Nachbarn – jene, die den Klimawandel durch ihre Emissionen verursachen, und jene, die darunter leiden. Die Einwohnerinnen und Einwohner der reichen Länder und die Menschen im globalen Süden. Konzerne und Einzelpersonen, Mächtige und Machtlose.

Die Berge, für die Saúl eigentlich eintreten wollte, kommen in der Klageschrift nicht vor. Das deutsche Recht sieht sie nicht als klageberechtigte Wesen an. Doch den rücksichtslosen Nachbarn, das Unternehmen RWE, kann man als Aktiengesellschaft vor deutschen Gerichten durchaus in Anspruch nehmen.

EIN KOHLEKONZERN VOR GERICHT

In der ersten Instanz setzte das Landgericht Essen eine mündliche Verhandlung an, ließ unsere Klage dann aber nicht in die Beweiserhebungsphase vorrücken. Sie sei nicht »schlüssig«, befanden die Richter. Sie meinten damit: Es würde rechtlich gar nicht möglich sein, festzustellen, ob die von RWE verursachten Emissionen tatsächlich die Ursache für die Gletscherschmelze seien – und damit für mögliche Schäden an Saúls Haus im Falle einer Flut.

RWE erklärte, man sehe für Saúls Ansprüche keine rechtlichen Grundlagen. Man könne nicht beweisen, dass die in Deutschland emittierten Gase auf die Lagune in Peru einwirken. Klimawandel und Kohleverstromung seien politische Fragen, über die Parlamente und Regierungen zu entscheiden hätten, nicht die Justiz. Es stimmt ja auch: Kohle zu verbrennen, um damit Strom zu erzeugen, ist in Deutschland (noch) nicht verboten.

Die erste Runde ging an RWE. Doch wir haben gute Argumente. Paragraf 1004 BGB fordert nur, dass eine Störung nachgewiesen wird. Im Gesetz steht nicht, dass man den Weg einzelner Moleküle in der Kausalkette nachvollziehen muss. Die Gletscherschmelze in der Cordillera Blanca und ihre Verbindung zum Klimawandel ist zudem wissenschaftlich besonders gut untersucht. Der Carbon Majors Report beziffert RWEs Anteil am Klimawandel mit exakt 0,47 Prozent. Und der Weg, den das Wasser des Palcacocha-Sees im Fall einer erneuten Flutkatastrophe voraussichtlich nehmen würde, lässt sich an Evakuierungsplänen für die Stadt Huaraz ablesen. All das stand im Widerspruch zum Standpunkt des Essener Landgerichts. Warum also sollte Paragraf 1004 BGB für Saúl nicht gelten?

Wir gingen in Berufung. Und vor dem Oberlandesgericht in Hamm geschah dann in einer mündlichen Verhandlung im November 2017 eine kleine Sensation: Der Senat nahm die Klage zur weiteren Verhandlung samt Beweiserhebung an.

An diesen Tag kann ich mich noch ganz genau erinnern. Wenn ich die Augen schließe, sehe ich mich dort im Gerichtssaal sitzen, nervös wie kaum je in meinem Leben. Neben mir meine Kollegin Clara Goldmann. Sie hatte nach dem Gerichtstermin blaue Flecken am Oberschenkel, so sehr habe ich sie während der Verhandlung vor Aufregung gekniffen.

In juristischen Verfahren gibt es immer ein spezielles Schema, an dem sich alle orientieren müssen. Wir Anwältinnen und Anwälte setzen eine Klageschrift auf. Punkt für Punkt legen wir dar, dass beispielsweise Saul Eigentümer des Hauses und warum RWE Störer im Sinne des Paragraf 1004 ist. Die Gerichte schauen sich sodann die geltend gemachten Paragrafen an, wieder Punkt für Punkt, und prüfen an jeder einzelnen Stelle, ob die Voraussetzungen erfüllt sind. Sobald das Gericht uns nur an einer einzigen Stelle unserer Argumentation nicht folgt, ist die Sache vorbei.

In Hamm legte der Vorsitzende Richter Rolf Meyer anderthalb Stunden lang dar, wie seine Prüfung ausgefallen war, indem er auf jedes einzelne Argument der Klageschrift einging. Wir waren so angespannt, es war fast nicht auszuhalten. Denn natürlich würden wir erst ganz am Ende seiner Ausführungen erfahren, zu welchem Ergebnis er gekommen war. Ich weiß noch, wie er seine Checkliste durchgegangen ist und ich die ganze Zeit darauf gewartet habe, dass er sagt: »An dieser Stelle erfüllt die Klage die nötigen Voraussetzungen nicht.« Aber er las immer weiter. Je länger er las, desto mehr versteinerten die Gesichter der RWE-Anwälte, die uns gegenübersaßen. Sie wurden ganz blass. Saúl, der neben mir saß, hat die komplizierten Ausführungen des Richters überhaupt nicht verstanden, die Übersetzerin kam nicht mit. Ich hatte meine Hand auf seinen Arm gelegt und habe ihm immer wieder zugeflüstert: »Alles läuft gut. *Todo va bien.*« Bis das Gericht tatsächlich zum Ergebnis kam, dass es unsere Klage zur weiteren Beweisaufnahme annimmt.

Das war das allererste Mal in der Geschichte der Rechtsprechung, dass ein Gericht bei einer Klimaklage gegen ein Unternehmen beschieden hat: Das Zivilrecht ist anwendbar. Es gibt so etwas wie eine Verantwortung für die Folgen des Klimawandels.

Richter Meyer hielt in seiner Begründung fest, dass Saúl grundsätzlich berechtigt ist, RWE für deren Beitrag zum Klimawandel in Peru zur Verantwortung zu ziehen. Es sei auch denkbar, dass das Überschwemmungsrisiko für Saúls Haus ohne RWEs Emissionen geringer wäre. Um die Zusammenhänge genau zu verstehen, müsse man Beweise erheben, also verhandeln und Sachverständige anhören. An diesem Punkt stehen wir heute in dem Verfahren, mehr als fünf Jahre später. Die Corona-Pandemie hat die Beweisaufnahme erheblich verzögert.

RWE hatte in seiner Erwiderung auf unsere Klage so gut wie alles angezweifelt: dass das Überschwemmungsrisiko für Saúls Haus tatsächlich besteht; dass die Emissionen des Konzerns zur globalen Erwärmung und ihren lokalen Folgen beitragen; dass das Eis in den Bergen oberhalb von Huaraz so oder so ähnlich schmilzt, wie es der IPCC im Jahr 2014 für die tropischen Gletscher beschrieben hat. All das wird nun im Prozess zu klären sein. Im Wesentlichen geht es dabei um drei Fragen: Wie hoch ist das Risiko, dass Saúls Haus tatsächlich von einer Flut aus dem Palcacocha-See überschwemmt wird? Und ist das wirklich eine Folge des Klimawandels, und wie hoch ist dabei der Anteil von RWE?

Der Schweizer Gletscherforscher Christian Huggel kennt die Anden von Huaraz seit mehr als 20 Jahren. Die Gletscher und der Palcacocha-See sind ihm vertraut. Christian sagt: »Natürlich ist das Haus von Saúl bedroht. Es befindet sich in Huaraz in der höchsten Gefahrenzone. Was ist nun der Anteil des Klimawandels daran? Über Details kann man vielleicht streiten, aber klar ist: Der anthropogene Klimawandel hat hier eine große Rolle.«

Seit der mündlichen Verhandlung in Hamm hat eine Studie der Universitäten von Oxford und Washington das noch einmal präziser bestätigt.[17] Auf der Basis von Klimamodellen zeigt diese spezielle Attributionsstudie, dass die Erwärmung, die um den Palcaraju-Gletscher herum gemessen wird – den Gletscher, der den Palcacocha-See speist und dessen Rückzug das Flutrisiko verursacht –, praktisch vollständig auf den menschengemachten Klimawandel zurückzuführen ist. Und sie kommt zu dem Schluss, dass der Rückzug des Gletschers ohne den menschengemachten Klimawandel nicht zu erklären wäre. Die Studie haben wir inzwischen als unabhängigen Beweis eingereicht.

Vor dem Oberlandesgericht Hamm sollen sich zunächst vom Gericht bestellte, unabhängige Experten zum Flutrisiko für Saúls Haus im Rahmen der Beweisaufnahme äußern. Die Reise nach Huarez diente dazu, die Verhältnisse dort zu untersuchen.

Solange das Verfahren läuft, bleibt RWE unter Druck. Der Energiekonzern versucht immer wieder, das Gericht davon zu überzeugen, dass die Klage aus Rechtsgründen keinen Erfolg haben kann. Das Zivilrecht sei für so ferne Sachverhalte im Zusammenhang mit ubiquitärer – also überall verbreiteter – Umweltbelastung nicht geeignet, schrieb ein von RWE beauftragter Professor für Zivilrecht in einem inzwischen als Buch veröffentlichten Privatgutachten.[18] Saúl beeindruckt das wenig. Er empfand es schon als Sieg, dass das Oberlandesgericht seine Klage überhaupt zur Verhandlung zuließ. »Heute haben die Berge gewonnen«, sagte er nach der Entscheidung in die Fernsehkameras. »Die Seen sind die Tränen der Berge. Heute hat die Justiz das Weinen der Berge gehört.«

Wirklich zufrieden aber wird er erst sein, wenn die Gletscher aufhören zu schmelzen und die Temperaturen in Huaraz nicht mehr weiter steigen. Beides scheint derzeit kaum möglich. Die Klimawissenschaft ist sich unsicher, ob die Gletscher in den Anden überhaupt noch zu retten sind. Fünf Jahre, nachdem das Gericht in Hamm beschloss, in die Beweisfindung gegen RWE einzutreten, sagt Saúl nun: »Ich weiß nicht, ob wir genug erreicht haben. Aber man muss es verlangen.« Die Hoffnung aufzugeben, kommt für Saúl nicht infrage: »Der Mensch hat so viele große Dinge erreicht. Wenn die Politik und die Industrie es wollen, können wir auch die Erwärmung stoppen.«

VIER

SELBST WENN MAN
VERLIERT, KANN MAN
GEWINNEN

Weniger Emissionen, weniger Flächenversiegelung, weniger Verkehr oder einfach mehr Natur- und Artenschutz – jede Umweltklage ist mit einer Hoffnung verbunden, die sich allerdings nicht immer erfüllt. Tatsächlich verlieren Umweltanwälte und -anwältinnen ihre Prozesse oft. Das ist auch bei Klimaklagen nicht anders. Aber auch abgewiesene Klagen können das Recht und damit die Umwelt ein Stück weiterbringen. Sie sind wie Steine am Ufer eines Flusses, den man überqueren muss, der aber zum Drüberspringen viel zu breit ist. Um hinüberzukommen, werfe ich einen Stein ins Wasser, prüfe seine Stabilität, und mit jedem Stein, der auf diese Art hinzukommt, entsteht allmählich ein Pfad zum anderen Ufer. So kann ich hinübergehen – und ein Gericht kann mir dabei vielleicht folgen, und irgendwann auch der Gesetzgeber.

Jede Klimaklage – egal wo in der Welt sie erhoben wird – ist wie ein solcher Stein. Selbst wenn man sie nicht vollständig gewinnt: Sie kann als Basis für künftige Siege dienen, und für neue rechtliche Ansätze für mehr Klimaschutz.

Rund um den Globus ziehen Menschen für das Klima deswegen vor Gericht. Sie tun das selbst dann, wenn die Chancen gering sind, dass die Richterinnen und Richter ihren eigentlichen Anliegen folgen. Das geschieht in Deutschland, in den USA, auch in Australien, zum Beispiel im Verfahren um die schon im vorhergehenden Kapitel erwähnte Erweiterung der Whitehaven Vickery Kohlemine in New South Wales.

Acht Jugendliche hatten in dem Fall vor dem Bundesgericht in Melbourne gegen die australische Regierung geklagt, um die Erweiterung des Kohlebergbaus zu verhindern, und sie begründeten das mit der Notwendigkeit zum Klimaschutz.[1] In der Sache gab ihnen das Gericht – zunächst – nicht vollständig recht. Doch das Urteil enthielt viele schöne Steine. So legte das Gericht fest: Es obliegt der australischen Regierung, junge Menschen vor den Folgen des Klimawandels zu schützen, und sie muss diese Schutzpflicht in künftigen Entscheidungen berücksichtigen.[2] Daneben trug es den Streitparteien auf, darzulegen, wie diese frisch definierte Schutzpflicht die Genehmigung der Mine beeinflusse – will heißen: dass die Erweiterung doch noch gestoppt wird, ist nicht ausgeschlossen. So oder so bleibt den Streitparteien immer noch die Möglichkeit, den High Court als nächste und höchste Instanz des Landes anzurufen. Das Projekt ist also noch lange nicht durch. Rechtsexperten gehen auch davon aus, dass das Urteil weitreichende Folgen für andere Klimaklagen in Australien haben wird.[3]

Klimaklagen können noch auf eine ganz andere Art neue Wege eröffnen. Egal ob in Deutschland, den USA oder Australien: Oft stoßen sie auf ein großes öffentliches Interesse. Sie verändern gesellschaftliche und politische Debatten; sie schärfen das Bewusstsein der Menschen dafür, wie dringlich die Klimakrise bereits ist – und dass sehr wahrscheinlich auch ihre eigenen Kinder und Enkel, vielleicht sogar sie selbst, von ihr betroffen sein werden. So erhöhen sie den politischen Druck auf Regierungen und Parlamente. Und bringen den Klimaschutz auch auf diese Weise voran.

An zwei Fällen möchte ich in diesem Kapitel veranschaulichen, wie man aus verlorenen Gerichtsverfahren Material für künftige Siege gewinnt: einmal an unserer Klage vor dem Verwaltungsgericht Berlin, mit der unter anderem Familie Backsen im Jahr 2019 die damalige Bundesregierung zwingen wollte, die deutschen Treibhausgas-Emissionen bis 2020 um 40 Prozent gegenüber dem Stand von 1990 zu senken, wie sie es selbst seit Jahren versprochen hatte. Das Gericht erklärte unseren Antrag wegen »mangelnder Klagebefugnis« für unzulässig.[4] Auf den ersten Blick war das ein Tiefschlag. Aber in der ausführlichen Begründung des Urteils fanden sich gleich mehrere Steine, mit denen wir anderthalb Jahre später dem Bundesverfassungsgericht einen gangbaren Pfad über den Fluss bauen konnten.

Das zweite Beispiel ist ein Fall aus den USA, der weltweit Aufsehen erregt; er heißt *Juliana v. United States*. Im Jahr 2015 erhoben 21 Kinder und Jugendliche vor einem Gericht im Bundesstaat Oregon Klage gegen die US-Regierung, den Präsidenten – damals war das noch Barack Obama – und mehrere Bundesbehörden. Dabei beriefen sie sich auf ihre grundlegenden, durch die US-Verfassung geschützten Rechte. Unterstützt wurden sie von der Organisation Our Children's Trust (OCT)[5] und dem Klimawissenschaftler James Hansen, der in dem Verfahren als Sachwalter der künftigen Generationen auftritt. Noch ist *Juliana*, wie der Fall oft abgekürzt genannt wird, nicht entschieden. Während dieses Buch entsteht, warten die Streitparteien auf eine richterliche Entscheidung, die es hoffentlich ermöglicht, dass mehr als sieben Jahre nach Einreichung der Klage endlich die Verhandlung in der eigentlichen Sache beginnt.[6] Sieben Jahre sind eine lange Zeit, die für die Klagenden nicht nutzlos verstrichen ist. In den rechtlichen Anträgen der Gegenseite, den Gerichtsbeschlüssen und richterlichen Minderheitenvoten, die das Verfahren bisher schon gebracht hat, findet OCT reichlich Anhaltspunkte, um der Klimaklagen-Bewegung in den USA neuen Auftrieb zu geben.

AUS EINER NIEDERLAGE IN BERLIN
WIRD IN KARLSRUHE EIN SIEG

Wenn man in Deutschland eine Klage einreicht, dann müssen die Gerichte erst einmal prüfen, ob diese Klage überhaupt zulässig ist. Nur wenn sie diese Frage mit Ja beantworten, wird in der Sache verhandelt, werden Beweise erhoben und Gutachter gehört. Das ist vor allem im Verwaltungsrecht und Verfassungsrecht der Fall, also bei Klagen gegen den Staat. Im Zivilrecht geht es eher um die Schlüssigkeit der Klage, wie schon am Beispiel des Falls von Saúl Luciano Lliuya gegen RWE im dritten Kapitel beschrieben.

Im deutschen und auch im europäischen Umweltrecht hängt die Zulässigkeit der Klage ganz besonders von einer wichtigen Voraussetzung ab. Die Klägerinnen und Kläger müssen dem Gericht darlegen können, dass das Handeln oder Unterlassen des Staates oder seiner Behörden ihre eigenen, ganz persönlichen, subjektiven Rechte betrifft. Denn die Aufgabe der Verwaltungsgerichte ist es zwar, sicherzustellen, dass die öffentliche Hand nach Recht und Gesetz handelt, aber nur soweit auch die subjektiven Rechte der einzelnen Bürgerinnen und Bürger zu schützen sind.

Umgekehrt bedeutet das: Werden durch den Staat keine subjektiven Rechte verletzt, sehen die Gerichte in der Regel keinen Grund, in der Sache inhaltlich zu verhandeln. Die Klage wird als unzulässig abgewiesen. Das macht Klimaklagen (und Klagen im Bereich des Umweltschutzes allgemein) besonders schwierig. Denn wir alle spüren ja die Folgen der Erderhitzung, nicht nur ein paar einzelne Menschen. Wenn aber alle betroffen sind, ist aus der Sicht vieler Gerichte niemand besonders betroffen – und niemand hat die Befugnis, zu klagen.

Als das Verwaltungsgericht Berlin im Oktober 2019 die Klage der Backsens und der beiden anderen Landwirtsfamilien auf mehr Klimaschutz als unzulässig zurückwies, argumentierte es genau so: Das deutsche Emissionsminderungsziel für 2020, auf das wir uns beriefen, sei nicht rechtsverbindlich, weil es zu diesem Zeitpunkt noch nicht in einem Gesetz geregelt, sondern nur in einem Kabinettsbeschluss festgehalten worden war.[7] Außerdem könne ein solches Ziel ohnehin nicht den Einzelnen schützen, weil der Klimawandel alle betreffe. Mit anderen Worten: Die mangelhafte deutsche Klimapolitik verletze niemanden in eigenen, subjektiven Rechten. Deshalb seien die drei Familien auch gar nicht befugt, zu klagen.

Diese Lesart hat der Gesetzgeber übrigens auch in das Bundesklimaschutzgesetz aufgenommen. In Paragraf 4 Absatz 1 heißt es: »Subjektive Rechte und klagbare Rechtspositionen werden durch dieses Gesetz oder aufgrund dieses Gesetzes nicht begründet.« Ob dieser Satz angesichts der erfolgreichen Verfassungsbeschwerde und der immer härter hervortretenden Folgen des Klimawandels noch so bestehen kann? Das wird sich vor Gericht zeigen. Ohnehin klagen inzwischen mehrere Umweltverbände auf die Einhaltung der Ziele im Gesetz. Der jüngste Fall ist die Klage, die im August 2022 von der Deutschen Umwelthilfe gegen das völlig unzureichende Klimaschutz-Sofortprogramm des Bundesverkehrsministeriums erhoben wurde. Die Verbände können ihre Klagebefugnis nach deutschem Recht leichter begründen als einzelne Personen, weil sie spezielle Verbandsklagebefugnisse haben. Dazu kommen wir noch in Kapitel 5.

Dass wir das Urteil des Verwaltungsgerichts Berlin später trotz der Niederlage als Basis für eine erfolgreiche Verfassungsbeschwerde nutzen konnten, liegt eben daran, dass deutsche Gerichte im Rahmen der Zulässigkeitsprüfung untersuchen müssen, ob die Möglichkeit einer subjektiven Rechtsverletzung bestehen könnte. Damit kommt nämlich ein Gericht oft gar nicht darum herum, den Fall auch bereits in der Sache selbst zu prüfen. Schon bevor überhaupt entschieden ist, ob eine Klage zur Verhandlung zugelassen wird, steigt es somit in die inhaltliche, materielle Prüfung des Falls ein.

Das Verwaltungsgericht Berlin hat das in unserem Fall sehr ausführlich getan. Es hat praktisch alle unsere Argumente geprüft und abgewogen, um die Frage zu beantworten: Ist die Möglichkeit einer Rechtsverletzung gegeben und die Klage damit zulässig? Kann eine Grundrechtsverletzung vorliegen, weil der Staat Schutzpflichten aus Grundrechten verletzt? Kann ein Anspruch auf Einhaltung des CO_2-Budgets bestehen? Es hat dann in seiner Urteilsbegründung sehr detailliert dargelegt, wie es zu seiner für uns abschlägigen Entscheidung kam. Seine Gründe waren für mich wie ein Steinbruch, aus dem wir wertvolles Material für unsere dann erfolgreiche Verfassungsbeschwerde gewinnen konnten.

Die Richterinnen und Richter bestätigten in ihrer Urteilsbegründung zunächst und im Widerspruch zu den seitenlangen Vorträgen der Anwälte der Bundesregierung, dass die Klimapolitik der Bundesregierung justiziabel ist, also grundsätzlich gerichtlich überprüft werden kann. Sie stimmten uns zu, dass Klimaschutz ein Menschenrecht ist. Sie erkannten an, dass Klimaschutz bedeutet, dass Emissionen absolut vermieden werden müssen, weil nämlich ein maximales CO_2-Budget existiert. Und sie hielten zudem für schlüssig, das globale Budget – wie vom Sachverständigenrat für Umweltfragen berechnet – mindestens pro Kopf gleich auf alle Menschen der Erde zu verteilen.

Das Bundesverfassungsgericht in Karlsruhe bezog sich dann im Frühjahr 2021 in der Begründung seines Klimabeschlusses an mehreren Stellen auf die Entscheidung des Verwaltungsgerichts Berlin. So stellte es beispielsweise klar, dass das Grundrecht auf Leben und Gesundheit auch den Schutz vor den Auswirkungen der Erderwärmung umfasst: »Die aus Art. 2 Abs. 2 Satz 1 GG folgende Schutzpflicht des Staates umfasst auch die

Verpflichtung, Leben und Gesundheit vor den Gefahren des Klimawandels zu schützen.«[8] Es befasste sich ausführlich mit der Aufteilung des noch verbleibenden globalen CO_2-Budgets. Und es bestätigte wie zuvor das Verwaltungsgericht Berlin, dass der Gesetzgeber sich nicht durch den Verweis auf die globale Natur der Krise aus der Affäre ziehen darf: »Dabei könnte sich der Staat seiner Verantwortung auch nicht durch den Hinweis auf die Treibhausgasemissionen in anderen Staaten entziehen.«[9]

FÜR DIE RECHTE DER KINDER UND KÜNFTIGEN GENERATIONEN

Julia Olson aus der Stadt Eugene im US-Bundesstaat Oregon war bereits eine erfahrene Umweltanwältin, als sie im Jahr 2010 die Organisation Our Children's Trust (OCT) gründete. Viele Jahre lang hatte sie schon mit Naturschutzgruppen dafür gekämpft, dass Flüsse, Wälder, Wildtiere und die menschliche Gesundheit besser geschützt werden. Dann, sie war im achten Monat schwanger, sah sie den Film »Eine unbequeme Wahrheit« von Al Gore, dem früheren Vizepräsidenten der USA und heutigen Klimaaktivisten.

»Es hat mich die Klimakrise auf eine ganz andere Art begreifen lassen«, erinnert sich die 50-Jährige. »Ich begriff, dass meine Kinder in dieser Welt mit einem destabilisierten Klima aufwachsen würden und dass die juristische Community keine Strategie hatte, um dem zu begegnen. Alles, was sie in den 20, 30, 40 Jahren zuvor versucht hatten, war vollkommen gescheitert. Die Dinge wurden schlechter statt besser. Wir mussten es auf eine andere Art versuchen. Kreativer, strategischer.«

Und genau das tat sie. Julia entwickelte ein neues Konzept, und um es vor den Gerichten in die Praxis umzusetzen, gründete sie Our Children's Trust, eine Organisation, die sie bis heute leitet und deren Chefjuristin sie auch ist. Ich kenne keine andere Nichtregierungsorganisation weltweit, die sich auf eine ähnliche Weise ausschließlich um Klimaklagen kümmert. Ihr Engagement in einem solch riesigen Land wie den USA und auf so vielen Ebenen ist beispiellos. Kein anderes Land hat seit Beginn der Industrialisierung so viel CO_2 in die Atmosphäre entlassen wie die Vereinigten Staaten von Amerika[10] – und doch ist dort das politische Handlungsdefizit in Sachen Klimaschutz enorm. Das macht die hartnäckige juristische Arbeit von OCT so unglaublich wichtig.

Mir wurde das erst richtig bewusst, als ich Julia und viele ihrer Kolleginnen im Zuge einer Vortragsreise in Amerika und Kanada im Frühjahr 2017 kennenlernte. OCT war noch jung und wenig bekannt. Aber die Vision von Julia, das konnte ich sehen, war stark. Wir saßen in einer lauten Bar am Rande einer Tagung der Environmental Law Alliance Worldwide (ELAW), tranken Bier, das in Karaffen am Tisch serviert wurde, und tauschten Ideen aus. Damals war Deutschland noch der *good guy* der internationalen Klimapolitik, und eine Klimaklage in Deutschland erschien in weiter Ferne. In den USA dagegen waren Klimaleugner in allen Gesellschaftsschichten und -gruppen zu finden, die Verwaltungen beim Klimaschutz kaum vorangekommen, und jeder Präsident musste innenpolitisch aufs Neue um die Mitgliedschaft der USA in der Klimarahmenkonvention kämpfen. Unter anderem diese Gespräche waren es, die mir bei der Klage vor dem Verwaltungsgericht Berlin innerlich Antrieb gaben. Wenn sich in den USA in Sachen Klimaschutz juristisch etwas bewegen lässt, dann vielleicht auch hier?

Vor 2010 galt der Klimawandel in den USA noch als reines Umweltproblem, erinnert sich Julia – und damit ausschließlich als Angelegenheit des klassischen Umweltrechts, das sich beispielsweise mit Grenzwerten, Genehmigungen und damit verbundenen Auflagen für Unternehmen befasst. Mit Our

Children's Trust aber übertrug Julia die Klimakrise in die Sphäre der Menschenrechte. »Die meisten Menschenrechtsanwälte und -anwältinnen haben das damals gar nicht verstanden«, sagt sie. »Und auch die großen Umweltorganisationen in den USA und weltweit sahen das Klima nicht als Menschenrecht. Die Einzigen, die eine Verbindung gesehen haben, waren indigene Juristinnen und Juristen. Der Austausch mit ihnen war sehr, sehr inspirierend.«

Der Grundgedanke von OCT ist folgender: Die Organisation stellt die grundlegenden Rechte von Kindern, Jugendlichen und künftigen Generationen in den Mittelpunkt von Klimaklagen. Denn junge Menschen werden durch die Klimakrise besonders geschädigt, sagt Julia. »Nicht einfach, weil sie so jung sind, sondern weil ihr Körper sich noch entwickelt, weil sie den Auswirkungen der Überhitzung der Erde stärker ausgesetzt sind, weil sie von Erwachsenen abhängig und politisch ohne Einfluss sind – sie können nicht wählen.« Deshalb, so OCT, müssten die Gerichte besonders streng prüfen, ob die Rechte der Kinder durch Regierungshandeln verletzt würden, und vor allem konkrete Schritte zu mehr Klimaschutz vorschreiben, was sie in den USA meist nicht tun.

Doch OCT ging es um noch mehr als um einzelne Kinderrechtsklagen. Julia war auf der Suche nach rechtlichen Grundlagen, die strategischen, koordinierten Klimaklagen gegen Regierungen in den USA und weltweit einen Rahmen geben konnten. Julias Team fand ihn in der *public trust doctrine*, einem treuhänderischen Grundsatz, den es in vielen verschiedenen Ländern gibt, beispielsweise im angelsächsisch geprägten *common law* der USA, aber auch in *Civil-law*-Systemen[11], zu denen auch das in Deutschland und den meisten europäischen Ländern herrschende Rechtssystem gehört. Dieser Grundsatz besagt: Bestimmte Ressourcen, etwa Luft oder Wasser, gehören der Öffentlichkeit, also allen Bürgerinnen und Bürgern, und der Staat ist verpflichtet, sie für den öffentlichen Gebrauch zu schützen und zu bewahren, auch für jene Menschen, die erst in Zukunft geboren werden. OCT sagt nun: Auch das Klimasystem ist ein *public trust*. Eine Behauptung, die in den USA bereits vor Gericht bestätigt wurde.

Andrea Rodgers, die *Juliana* ebenfalls als Anwältin betreut, erklärte mir den Ansatz, als wir in der Märzkälte Torontos vor dem Universitätseingang ein Selfie für unsere Kinder machten. Wir verlegten die Diskussion in ein Café, und erst nach einigen Stunden verstand ich, was für OCT an dem Konzept so wichtig war: Der *Public-trust*-Ansatz setzt den Vorsorgegrundsatz, ein zentrales Prinzip des Umweltrechts, sehr radikal um. Das heißt, Unsicherheiten darf es nicht geben, die Natur und die natürlichen Lebensgrundlagen dürfen nicht verbraucht, sondern nur (für die nachfolgenden Generationen) im Gleichgewicht gehalten werden. Das wäre auch in Deutschland neu im Umweltrecht.

Wo man sonst, etwa bei einer Umweltverträglichkeitsprüfung, nachweisen muss, dass eine menschliche Handlung negative Konsequenzen für Luft, Wasser oder Natur hat, um beispielsweise den Bau oder Betrieb einer Fabrik zu verhindern oder mit Auflagen zu versehen, funktioniert das *Public-trust*-Verständnis umgekehrt: Nur, wenn man belegen kann, dass eine menschliche Handlung das Gleichgewicht der betreffenden Systeme und Ökosysteme nicht stört, darf beispielsweise eine Fabrik genehmigt werden. Das reicht aus meiner Sicht schon durchaus nah an den Gedanken heran, dass die Natur, so wie sie ist, ein Eigenrecht auf Bestand hat. Nicht umgekehrt wie in Deutschland und vielen anderen Rechtssystemen, wo die Industrie ein Recht auf den Bestand an und die Nutzung von Kraftwerken und Fabriken geltend machen kann. Nein, entgegnete mir Andrea, ganz so sei es nicht, es gehe immer noch um die Nutzung der Ressourcen durch den Menschen. Praktisch gesehen sind die Grenzen vielleicht fließend.

In Deutschland gibt es den Begriff des *public trust* als solchen nicht. Er ist aber sehr ähnlich in Artikel 20a Grundgesetz aufgenommen, und im Grunde genommen ist das Bundesverfassungsgericht in seinem Klimabeschluss genau diesem Gedanken gefolgt. Dort heißt es: Der Schutzauftrag des Staates »schließt die Notwendigkeit ein, mit den natürlichen Lebensgrundlagen so sorgsam umzugehen und sie der Nachwelt in solchem Zustand zu hinterlassen, dass nachfolgende Generationen diese nicht nur um den Preis radikaler eigener Enthaltsamkeit weiter bewahren könnten«.[12] Bewahren, wohlgemerkt, nicht benutzen oder etwa erschöpfen.

Der Grundsatz lässt sich auch gut auf unseren Umgang mit anderen Ressourcen übertragen, beispielsweise mit Phosphor oder seltenen Erden, oder die Biodiversität als Ganzes. Was, wenn wir auch sie als treuhänderisch zu bewahrende Güter begriffen, die allen gehören und deshalb für die Allgemeinheit bewahrt werden müssen, auch über die Gegenwart hinaus? Ich denke, dass wir in der Arbeit von OCT in den USA noch viele wertvolle Steine entdecken werden, die uns beim Weg über den Fluss helfen können.

Die erste Runde von Klimaklagen begann OCT im Jahr 2011. Seither führt die Organisation Klagen auf mehr Klimaschutz in so gut wie allen Bundesstaaten der USA – und mit *Juliana* eine einzige, dafür besonders aufsehenerregende Klage auf der übergeordneten föderalen Ebene. Es war der erste Fall, in dem jemand vor einem US-Gericht argumentierte, dass die Regierung durch ihre Klimapolitik grundlegende, von der Verfassung geschützte Rechte verletze.[13]

Die Klägerinnen und Kläger in dem Verfahren kommen aus den unterschiedlichsten Bundesstaaten: aus Oregon, Colorado, Florida, New York, Hawaii, Louisiana, Arizona, Alaska, Washington und Pennsylvania.[14] Da ist zum Beispiel Kelsey Juliana, nach der die Klage benannt ist. Die Studentin aus der Stadt

Eugene in Oregon engagierte sich schon als Kind für den Klimaschutz; sie will Lehrerin werden. Unterstützt durch OCT, hatte sie bereits im Jahr 2011 den Gouverneur ihres Heimatstaates verklagt. Gemeinsam mit OCT wollte Kelsey damals Oregons Regierung zwingen, einen Plan zur Reduzierung der Treibhausgasemissionen vorzulegen, um die Atmosphäre als öffentliches Gut zu schützen. Die Klage ging bis vor Oregons Oberstes Gericht, das sie dann im Dezember 2020 ablehnte. Nun überlegen sie bei OCT, wie sie den Klimaschutz in dem Bundesstaat auf anderem Wege vorantreiben können.[15]

Zu den Klagenden gehört auch Sophie Kivlehan aus Allentown in Pennsylvania, die Enkelin des bekannten Klimaforschers James Hansen, die sich gemeinsam mit ihrem Großvater für den Klimaschutz engagiert. Und da ist Vic Barrett aus New York, dessen Mutter aus Honduras stammt. Seine Großeltern leben dort am Meer, erzählt er, und das Wasser kommt ihrem Haus immer näher.[16] In einem Artikel für die britische Zeitung *The Guardian* hat Vic aufgeschrieben, warum er sich der *Juliana*-Klage angeschlossen hat:[17] Als der Hurrikan Sandy auf seine Heimatstadt New York traf, erzählt er, habe er »Tage verbarrikadiert im Schlafzimmer meiner Mutter verbracht, ohne Strom, während der Sturm um uns herum wütete«. In dem Moment sei er ein völlig verängstigter Schuljunge gewesen, und die Angst begleite ihn immer noch. Vic geht es um Gerechtigkeit. Er möchte, dass seine Regierung endlich Verantwortung für die Folgen der Klimakrise übernimmt.

Am 12. August 2015 reichten Kelsey, Sophie, Vic und die anderen ihre Klage gegen die Vereinigten Staaten von Amerika am Bezirksgericht des Distrikts von Oregon ein. Damals regierte mit Barack Obama schon seit 2009 ein Mensch, der den Klimawandel nicht leugnete und auch einiges versuchte, um vor allem über die Programme der Environmental Protection Agency die Macht von Kohle und Öl in den USA zu beschränken. Die US-

Emissionen stiegen aber weiter. Feste Klimaschutzziele wie etwa in der EU gab es nicht.

Die Argumente der Klageschrift lassen sich vereinfacht in vier Punkten zusammenfassen:[18]

Erstens verletze die Klimakrise, maßgeblich verursacht durch das Handeln der US-Regierung, die verfassungsgemäßen Rechte der Klagenden auf Leben, Freiheit, Eigentum, persönliche Sicherheit, körperliche Unversehrtheit und autonomes Familienleben. Es sei Sache der Gerichte, das klimapolitische Handeln der Regierung strikt zu überwachen – ein stabiles Klimasystem sei die Basis der genannten Rechte, und deshalb selbst als verfassungsgemäßes Recht anzuerkennen.

Dass der Klimaschutz in den Zuständigkeitsbereich der Gerichte fällt, ist für die Klage ein wichtiges Argument. Denn in den USA entscheiden die Gerichte oft, dass allein die Politik konkrete Regeln zum Klimaschutz aufstellen dürfe (siehe dazu auch Kapitel 6). Auf dem Standpunkt beharrte auch die Bundesregierung vor dem Verwaltungsgericht Berlin – ohne Erfolg.

Zweitens habe die US-Regierung die Kontrolle über die Regulierung der fossilen Brennstoffe, der Atmosphäre und des Klimasystems komplett an sich gezogen. Die Bürgerinnen und Bürger könnten keinen Einfluss mehr darauf nehmen. Die Regierung aber habe durch ihre Politik die Klimakrise verschärft und die Menschen so noch verwundbarer gemacht. Daraus erwachse nun ihre Pflicht, die aus der Erderwärmung resultierende Gefahr zu minimieren. Bislang sei sie ihr wiederholt und systematisch nicht nachgekommen.

Drittens müssten junge Menschen und künftige Generationen die durch den Klimawandel verursachten Schäden in einem überproportionalen Ausmaß tragen. Sie würden gegenüber den Erwachsenen diskriminiert, auch das verstoße gegen die Verfassung.

Und viertens sei die US-Regierung verpflichtet, die Atmosphäre als öffentliches Treuhandgut *(public trust)* zu schützen und zu bewahren.

Das aktuelle Ziel der Klage ist, das auf fossilen Energieträgern basierende Energiesystem der USA für verfassungswidrig erklären zu lassen. Ihr ursprüngliches Ansinnen, das Gericht möge die US-Bundesregierung auch dazu verpflichten, »einen umfassenden Plan zu verabschieden, um die Emissionen aus fossilen Brennstoffen zu senken und den Klimawandel zu bekämpfen«, mussten die Klägerinnen und Kläger inzwischen aufgeben. Doch natürlich hätte auch eine Gerichtsentscheidung, die das Energiesystem als verfassungswidrig einstuft, ganz konkrete Folgen. Denn sobald so etwas geschieht, muss die Regierung Maßnahmen ergreifen, um die Verletzung der Verfassung zu heilen, erklärt Julia Olson.

DIE BESTE VERFÜGBARE WISSENSCHAFT

OCT kämpft vor Gericht also für ein Menschenrecht auf ein stabiles Klima, ganz ähnlich, wie wir es in unseren deutschen Verfassungsbeschwerden getan haben. Und doch nutzt die Organisation dabei einen ganz anderen Maßstab. Während wir uns vor dem Bundesverfassungsgericht auf die 1,5-Grad-Schwelle des Pariser Klimaabkommens bezogen haben, die auch im deutschen Klimagesetz als maßgeblich genannt wird, will OCT die Konzentration von Kohlendioxid in der Atmosphäre dauerhaft auf 350 *parts per million* (ppm) begrenzen.

Das sei aus naturwissenschaftlichen Gründen geboten, sagt Julia Olson. »Wenn wir den Planeten um 1,5 oder 2 Grad Celsius aufheizen würden, wäre das für die Kinder katastrophal. Das sind politisch festgelegte Schwellenwerte. Und sie sind für die Gerichte auch leichter zu akzeptieren. Aber wir müssen unter 350 ppm kommen, wenn wir unsere Eisschilde schützen, die schlimmen Waldbrände stoppen und diesen Planeten für unsere Kinder bewohnbar erhalten wollen.« Wenn es das Ziel sei, die energetische Balance in der Atmosphäre wieder herzustellen, habe ihr kein Wissenschaftler, keine Wissenschaftlerin jemals eine höhere Zahl genannt.

OCT stützt sich dabei auf das Konzept der planetaren Grenzen, von dem in Kapitel 1 schon die Rede war, konkret auf die Arbeit des renommierten Klimaforschers James Hansen, und auch auf den 1,5-Grad-Sonderbericht des Weltklimarats IPCC. Danach, und das hatten wir auch in der Verfassungsbeschwerde aufgenommen, wird auch die Erwärmung von 1,5 Grad Celsius für die meisten Nationen, Gemeinden, Ökosysteme und Sektoren nicht als »sicher« angesehen, wenn man sie mit einer Erwärmung von einem Grad Celsius vergleicht, und sie setzt natürliche und menschliche Systeme mit hoher Wahrscheinlichkeit signifikanten Risiken aus. Eine Erwärmung von einem Grad Celsius entspricht dem IPCC-Bericht zufolge in etwa einem Kohlendioxidgehalt der Atmosphäre von höchstens 350 ppm.

Zur Einordnung: Vor der Industrialisierung lag der CO_2-Gehalt der Luft etwa bei 280 ppm. Gegenwärtig liegt er – jahreszeitliche Schwankungen berücksichtigt – um die 420 ppm.[19] Der Wert von 350 ppm entspricht etwa der CO_2-Konzentration des Jahres 1990 – das war das Jahr, in dem der erste IPCC-Bericht veröffentlicht wurde, den ich später in der Unibibliothek fand und der immer noch in meinem Büro im Regal steht.

Wie soll das gehen, die Konzentration wieder so weit zu senken? Und ist das überhaupt machbar? Julia sagt, OCT plädiere nicht für einen bestimmten Weg, für eine bestimmte Marschroute, sondern gebe das Ziel vor. »Wir befragen die Experten. Sie sagen uns, dass es möglich ist, bis zum Jahr 2100 wieder zurück auf 350 ppm zu kommen.« Zum Beispiel, wenn man bis zum Jahr 2050 keine fossilen Energien mehr nutze

und die Aufnahmekapazität von natürlichen Treibhausgassenken wie Wäldern, Mooren oder Böden stark verbessere.
Andere Experten hielten zusätzlich technische Lösungen für
notwendig.

»Kronzeuge« für die 350-ppm-Schwelle ist James Hansen, jener namhafte Klimaforscher, der im *Juliana*-Verfahren auf der
Seite der Kläger die künftigen Generationen vertritt. Hansen
war einst Direktor des Goddard Institute for Space Studies der
NASA und warnte schon in den 1980ern als einer der ersten
Klimaforscher eindringlich vor den Gefahren der Klimakrise.
2013 gab er schließlich seine Arbeit bei der Raumfahrtbehörde
auf, um sich fortan noch mehr der Kommunikation rund um
die Klimakrise zu widmen.[20] Er ist Professor für Erd- und
Umweltwissenschaften am Earth Institute der Columbia University in New York, und auch in dieser Position setzt er sich
dafür ein, dass mehr und mehr Menschen in den USA bewusst
wird, wie alarmierend die Erkenntnisse der Klimaforschung
sind und was gegen die heraufziehende Klimakatastrophe zu
tun wäre.

Großvater zu werden habe ihn dazu gebracht, seine Stimme
zu erheben, sagte Hansen einst dem US-Magazin *The Atlantic*.
»Ich wollte nicht, dass meine Enkel einmal sagen: Opa wusste,
was geschah, aber hat nichts dagegen getan.«[21] Da geht es ihm
also genau wie mir, Julia Olson und vielen anderen Menschen,
von denen dieses Buch erzählt.

Schon im Jahr 2008 hat er gemeinsam mit anderen Klima-
forscherinnen und -forschern darauf hingewiesen, wie wichtig
es ist, die 350-ppm-Schwelle einzuhalten. Damals schien das
noch leichter erreichbar zu sein als heute. In einem Fachaufsatz
schrieben sie: »Wenn die Menschheit einen Planeten erhalten
will, der jenem ähnelt, auf dem sich die Zivilisation entwickelt
hat und an den das Leben auf der Erde angepasst ist, dann
deuten die paläoklimatische Evidenz und der fortschreitende

Klimawandel darauf hin, dass das CO_2 (in der Atmosphäre) von den gegenwärtigen 385 ppm auf höchstens 350 ppm reduziert werden muss.«[22] In späteren Veröffentlichungen kam Hansen mehrfach auf die 350-ppm-Schwelle zurück.[23] Sein Grenzwert wurde in den Veröffentlichungen zu den planetaren Grenzen aufgenommen und bestätigt.

»Wir müssen unter die 350 ppm kommen, um die Energiebalance der Erde wieder ins Gleichgewicht zu bringen«, sagt Julia. »Solange uns das nicht gelingt, wird sie sich weiter aufheizen.« Zwar steht es den von OCT beklagten Behörden und Regierungen in Gerichtsverfahren in den USA frei, ebenfalls wissenschaftliche Evidenz beizubringen, um die 350 ppm in Zweifel zu ziehen – dann müsste das Gericht abwägen und entscheiden. Doch im Fall von *Juliana v. United States* habe die Regierung die ppm-Schwelle vor Gericht kein einziges Mal bestritten, bemerkt Julia. Nicht einmal unter dem früheren Präsidenten Donald Trump.

Die Form, in der in den USA in solchen Verfahren Beweise vor Gericht eingereicht werden, unterscheidet sich übrigens grundlegend von deutschen Gepflogenheiten. Man trennt dort zwischen sogenannten Laienzeugen, die aufgrund von persönlichem Wissen oder eigenen Erfahrungen vor Gericht Auskunft geben können – so wie beispielsweise die jungen Menschen, die im *Juliana*-Fall Klage erhoben haben –, und Sachverständigen. Letztere können Wissenschaftler sein. Damit sie als Zeugen aussagen können, muss ihre besondere Expertise in einem Fachgebiet belegt sein.

»Vor einem Prozess verfasst jeder einzelne Experte, jede einzelne Expertin einen Bericht, in dem sie ihre Erkenntnisse und Schlüsse zusammenfassen«, erklärt Julia. »Diese Reports werden der Gegenseite, also der Regierung, zur Verfügung gestellt. Die hat dann die Möglichkeit, die Sachverständigen unter Eid zu ihren Berichten zu befragen.«

Depositions werden solche eidlichen Befragungen in der juristischen Fachsprache genannt. Als das OCT-Team sich auf *Juliana* vorbereitete, musste es wegen der schieren Anzahl der Expertenberichte, die es vorgelegt hatte, innerhalb von 60 Tagen etwa 50 *depositions* im ganzen Land entgegennehmen und verteidigen. »Das war eine verrückte Zeit«, erinnert sich Julia. »Der Zeitplan war einfach unglaublich und sehr anstrengend. An einem Tag war ich in Sacramento, Kalifornien, mit der *deposition* eines Zeugen der Gegenseite beschäftigt, und gleichzeitig steckten Andrea und unser Kollege Phil in New York in anderen *depositions*. Oder Phil war an einem Tag in Michigan, um die *deposition* eines unserer Experten zu verteidigen, und am nächsten in Wisconsin, um die *deposition* eines der Kinder, die klagten, zu begleiten.«

Besonders bildhaft sind Julia noch die Momente in Erinnerung, in denen die Klägerinnen und Kläger unter Eid aussagen mussten. »Die Anwälte der Regierung stellten diesen Kindern komplexe wissenschaftliche Fragen, und die Kinder haben die ganze Zeit so gelassen und durchdacht geantwortet.« Das sei bewundernswert gewesen.

HARTNÄCKIGKEIT ZAHLT SICH AUS

Auch wenn die Regierung die 350-ppm-Schwelle in *Juliana* in keinem Moment anzweifelte – natürlich hat sie andere Mittel genutzt, um das Verfahren aufzuhalten. Seit fast sieben Jahren geht der Fall nun schon durch die Instanzen rauf und runter. Unter anderem wird um die alte Frage gestritten, ob die Gerichte überhaupt für klimapolitische Fragen zuständig seien – und falls ja, auf welcher Ebene: auf jener der einzelnen US-Bundesstaaten? Oder doch auf der übergeordneten, der föderalen Ebene?

Einen Erfolg erzielte Our Children's Trust gleich zu Beginn. In ihrem ersten Beschluss in dem Verfahren entschied die zuständige Richterin Ann Aiken vom Oregon District Court, dass die in der Klageschrift aufgeworfenen Fragen »mitten in den Zuständigkeitsbereich der Gerichte« fallen und nicht etwa – wie von der Regierung behauptet – ausschließlich die Politik über sie zu befinden habe.[24] Aiken hielt außerdem fest, dass sie keinen Zweifel habe, »dass das Recht auf ein Klimasystem, das in der Lage ist, menschliches Leben zu erhalten, für eine freie und geordnete Gesellschaft grundlegend ist«. Das ist ein ungemein wichtiger Baustein für Klimaklagen in den USA. Doch seither wanderte der Fall mehrmals vor das zuständige Berufungsgericht, den Ninth Circuit Court of Appeal, und selbst der Supreme Court hat sich schon zweimal mit *Juliana* befasst.

Ursprünglich war der erste Termin für eine Verhandlung in der Sache am District Court, Eugene, selbst auf den 5. Februar 2018 terminiert. Doch die Regierung legte ein extrem seltenes Rechtsmittel namens *writ of mandamus* ein, mit dem sie vor dem Ninth Circuit Court of Appeal beantragte, das zuständige Distriktgericht in Eugene »auf die gesetzesmäßige Ausübung seiner Gerichtsbarkeit zu beschränken (*to confine the district court to the lawful exercise of its jurisdiction*)«.[25] Es war offenkundig, man wollte dem Gericht einen Knebel anlegen.

Writ of mandamus ist in den USA eine Ultima Ratio, gedacht für außerordentliche Umstände, Notlagen oder Fälle von besonderer öffentlicher Bedeutung.[26] Im *Juliana*-Fall hat die US-Regierung den *writ of mandamus* schon sechs Mal angewandt – jedes Mal während der Amtszeit von Ex-Präsident Donald Trump. Wegen ihrer Verzögerungstaktik verstrich auch der zweite vom Gericht festgelegte Verhandlungstermin am Distriktgericht im Oktober 2018, ohne dass ein Prozess beginnen konnte.

Am 17. Januar 2020 folgte dann ein Rückschlag. Der Ninth Circuit Court of Appeal erließ ein Urteil, in dem das Berufungsgericht mit zwei zu einer Stimme befand: Es sei jenseits der Macht der Gerichte, einen Klimaschutzplan, wie ihn die Klagenden verlangten, »anzuordnen, zu entwerfen, zu überwachen oder umzusetzen«. Um ihre Rechte durchzusetzen, müssten die Jugendlichen sich ans Weiße Haus oder den US-Kongress wenden.

Nach all den Mühen klang das wie eine herbe Niederlage. Doch Julia Olson begreift das Urteil als Sieg. »Wir haben alles gewonnen, was wir in diesem Fall gewinnen mussten«, sagt sie. »Außer einer einzigen Sache« – eben der Forderung nach einem Klimaschutzplan.[27] Letztlich habe das Gericht nur diesen einen Punkt abgelehnt, OCT aber in allen anderen recht gegeben. »Das Gericht hat entschieden: Ja, diese jungen Leute haben tatsächlich ernsthafte Schäden erlitten. Ja, vermutlich ist die Regierung dafür die Ursache«, resümiert Julia. »Und wir reagieren nun, indem wir sagen: Wir stimmen Euch nicht zu. Dennoch werden wir den Mangel beheben und unsere Klage entsprechend ändern.«

Das ist kein Beinbruch, finde ich. Anträge formulieren, abändern, sie teilweise aufgeben – das ist Tagesgeschäft für jede Anwältin und jeden Anwalt, nicht nur in den USA, und in Form von Aufklärungshinweisen auch für jedes Gericht.

Mit dem Berufungsurteil bekamen die Klägerinnen und Kläger von *Juliana v. United States* auch zum ersten Mal in der Geschichte der USA im Rahmen eines außergerichtlichen Einigungstermins die Chance auf ernst zu nehmende Gespräche mit der beklagten Regierung. Doch die Gespräche mit der Regierung von Präsident Joe Biden verliefen ergebnislos – warum, ist vertraulich, aber man kann es sich denken, vergleicht man die Klimaschutzambition der US-Regierung mit den Anträgen der Klage.

Nun liegt der Fall wieder beim Distriktgericht in Eugene, wo abermals Richterin Ann Aiken für ihn zuständig ist. Julia hofft: Akzeptiert Aiken die geänderte Klage – und legt die jetzige US-Regierung nicht wieder einen *writ of mandamus* ein –, könnte das Verfahren in der Sache bald beginnen, fast fünf Jahre nach dem ursprünglich angesetzten Termin. Julia wartet ungeduldig darauf, und sie macht weiter Druck: Gemeinsam mit anderen Klimaschutzorganisationen ruft OCT die US-Regierung in einer Petition auf, ihren Widerstand gegen das Verfahren endlich aufzugeben. Währenddessen arbeiten Julia und ihr Team an anderen Fällen, sie befassen sich mit neuen klimawissenschaftlichen Erkenntnissen, die für ihre Zwecke von Nutzen sein könnten, verfolgen relevante Gerichtsurteile und -verfahren und prüfen regelmäßig, ob die Kinder, die sie in *Juliana* vertreten, inzwischen womöglich neue Rechtsverletzungen erlitten haben. Wenn die Verhandlungen in der Sache endlich losgehen sollten, wollen sie so gut wie möglich vorbereitet sein.

Im Kern wird es um eine bedeutungsvolle Frage gehen: Ist das US-Energiesystem verfassungswidrig oder nicht? Was Ersteres für die Klimapolitik der amerikanischen Regierung bedeuten könnte, wäre nicht abzusehen. Julia glaubt, dass ein solches Gerichtsurteil »einen entscheidenden ersten Schritt« darstellen würde. »In unserem Rechtssystem sagt das Gericht nicht einfach, dass das System verfassungswidrig ist. Es gibt ein Dokument heraus, das *Findings of Facts and Conclusions of Law* genannt wird und das im Detail genau beschreibt, wie und warum das Energiesystem verfassungswidrig ist.« Falls OCT also Erfolg hat, könnten die *Findings* also sehr konkret und detailliert darstellen, wie sich die Energiepolitik der USA ändern muss. »Deshalb sind die Beweise, die wir dem Gericht in Form von Expertenberichten vorlegen, so wichtig«, erklärt Julia.

Selbst wenn der Fall dann noch einmal bis vor den Supreme Court gehen sollte – sobald sie ihre inhaltlichen Argumente vorbringen können, rechnen sich die Anwältinnen von OCT gute Chancen aus, zu gewinnen. »Wir haben den Fall so aufgebaut, dass er bei konservativen und bei liberaleren Richtern und Richterinnen Anklang finden kann«, sagt Julia. Und Andrea Rodgers, die *Juliana* gemeinsam mit ihr betreut, ergänzt: »Sie mögen nicht an einem Recht auf ein stabiles Klimasystem interessiert sein« – gemeint sind die konservativen Mitglieder des Obersten Gerichts. »Aber sie sind interessiert am Recht auf Leben.« Und vielleicht auch an den Feststellungen des deutschen Bundesverfassungsgerichts, die genauso in das OCT-Verfahren Eingang finden werden wie die anderen Klimaurteile aus Europa.

Zugegeben, man kann sagen: Das dauert ja alles ewig. Aber die Erfahrung lehrt, dass es jetzt eben auch ganz schnell gehen kann. Und in ähnlich komplexen Verfahren, etwa in der Sache des Rauchverbots oder der Verwendungsverbote für Asbest, führten strategische Klagen in den USA zu absoluten Kehrtwenden in der Rechtsprechung weltweit.

Für mich ist OCT vor allem eines: eine Ermutigung. Denn auch wenn Joe Biden im April 2021 mit Macht wieder auf den Weg des gemeinsamen internationalen Klimaschutzes einschwenkte, seine Klimaziele für die USA sind – gemessen an der Klimawissenschaft und auch am Maßstab des Bundesverfassungsgerichts – kaum ausreichend. Seine Klimapolitik ist durch wechselnde Mehrheiten ohnehin in Gefahr und wegen der Energiepreiskrise infolge des russischen Angriffskriegs auf die Ukraine zusätzlich unter Druck. Den Gerichten in den Vereinigten Staaten kann deshalb gerade jetzt eine zentrale Rolle zukommen.

Saúl Luciano Lliuya an der Quebrada Cojup, Peru. Der Bergführer lebt mit seiner Familie in einem Bergdorf und in der Stadt Huaraz. Er ist weltweit der einzige Privatkläger, der auf Anpassungskosten klagt.

Laguna Palcacocha, 2017. Die Lagune ist eingefasst von den bereits erheblich zurückgebildeten Gletschern Palcaraju (6274 m) und Pucaranra (6147 m). Ein Paradebeispiel für Gletscherflutgefahr.

Saúl Luciano Lliuya, Roda Verheyen, Clara Goldman beim Verhandlungstermin am OLG Hamm am 17.11.2017 (v. r. n. l.). Saúl sagte danach: »Heute weinen die Berge nicht, heute ist ein Glückstag.«

Familie Backsen aus Pellworm beteiligte sich an der ersten deutschen Klimaklage gegen den Staat. Sie wollte, dass Deutschland das selbst gesetzte Klimaziel, den CO_2-Ausstoß um 40 Prozent bis 2020 zu senken, einhält.

Im Saal des Verwaltungsgerichts Berlin am 31.10.2019. Vorne die Anwälte und Greenpeace, dahinter die klagenden Familien Backsen, Lütke-Schwien-horst aus Brandenburg und Blohm aus dem Alten Land bei Hamburg.

Die Jugend der USA gegen die USA: Vor Gericht fordert sie eine Klimapolitik, die den Namen wert ist. Auf den Schildern steht: »Die Erde haben wir nur in Treuhand« und »Lasst die Jugend angehört werden«.

Kelsey Juliana bei einer Rede am 27.04.2017 vor dem US Supreme Court in Washington D. C. Sie klagt, seit sie 15 Jahre alt ist, und gibt der landesweit beachteten Klage auf mehr Klimaschutz ihren Namen.

In der Schweiz klagen Seniorinnen auf mehr Klimaschutz und Achtung ihrer Menschenrechte. Nach Niederlagen zuhause geben sie ihre Beschwerde beim Europäischen Menschengerichtshof in Straßburg persönlich ab.

KlimaSeniorinnen fordern im Oktober 2020 in Bern Klimagerechtigkeit. Vorne Elisabeth Stern, dahinter Pia Hollenstein – sie kämpfen nicht nur für sich, sondern auch für und mit der jungen Generation.

Paris, 03.02.2021. »L'Affaire du Siècle« hat gewonnen, und Frankreichs Justiz bestätigt, dass Klimaziele eingehalten werden müssen. Andernfalls löst die Regierung rechtswidrig ökologischen Schaden aus.

Der Anwalt Emmanuel Daoud bei Pressestatements nach der Urteils-verkündung zu »L'Affaire du Siècle«. Hinter ihm stehen Cécile Duflot von Oxfam (l.) und Célia Gautier (r.) von der Nicolas Hulot Foundation.

Am 19.12.2019 bestätigt der Hoge Raad, das höchste Gericht der Niederlande, dass Klimaschutz Menschenrecht ist. Links sind die Mitglieder des
Gerichts kurz vor der Verlesung des Urteils zu sehen.

Am 09.10.2018 entscheidet der Berufungsgerichtshof in Den Haag
für Urgenda. Der Anwalt Koos van den Berg (im Vordergrund)
und der Urgenda-Vorsitzende Pier Vellinga (links daneben) freuen sich.

Den Haag, 28.05.2018. Anwalt Koos van den Berg hält einen Umschlag mit den Anträgen, die er vor Gericht vortragen wird. Links neben ihm steht die Initiatorin und Urgenda-Chefin Marjan Minnesma.

September 2015: Eine Vertreterin der philippinischen Menschenrechtskommission erhält die Petition gegen die Carbon Majors. Rechts hinter ihr: die Anwältinnen Grizelda »Gerthie« Mayo-Anda (Mitte) und Zelda Soriano (rechts daneben).

WIE RICHTERLICHE MINDERHEITSVOTEN
DEN FORTSCHRITT WEITERBRINGEN

Es gibt noch einen weiteren Grund, weshalb Julia Olson das Urteil des Berufungsgerichts vom 17. Januar 2020 positiv bewertet: Eine Richterin erhob kraftvoll Widerspruch. Josephine L. Staton hielt, wie in den USA üblich, ihre abweichende Meinung in einem Sondervotum schriftlich fest. Sie schrieb: »Es ist, als ob ein Asteroid auf die Erde herunterkäme und die Regierung sich entschiede, unsere einzige Verteidigung aufzugeben. Indem sie versucht, dieses Verfahren zu unterdrücken, besteht die Regierung stumpf darauf, dass sie die absolute und nicht überprüfbare Macht hat, die Nation zu zerstören.« Sie fuhr fort: »Berücksichtigt man, dass die Klägerinnen und Kläger nicht weniger versuchen, als das Ableben der Nation zu verhindern, so wäre auch ein teilweiser und vorübergehender Rechtsschutz bedeutsam.«[28]

Durch solche abweichenden Meinungen entwickle sich das Verfassungsrecht fort, meint Julia. »Es sind Siege, die vielleicht gar nicht wie Siege aussehen. Doch sie sind wirklich wichtig. Und wir gewinnen immer mehr solcher starker Minderheitenvoten. Sogar an Orten, in denen wir die erste Runde der Verfahren verlieren.« Minderheitenvoten seien »wie Licht, das den Weg hin zur Gerechtigkeit beleuchtet. Sie zeigen, was möglich ist. Und es ist ein Teil unserer Arbeit, sie zu sammeln. Sie enthalten Hinweise, die wir nutzen können, um den nächsten Fall zu entwickeln.«

Auch in Bundesstaaten wie Oregon, Washington und Alaska hat OCT schon starke Minderheitenvoten für sich verbuchen können. Die jüngste abweichende Meinung kam Ende Januar 2022 vom Verfassungsgericht von Alaska. Dort wollte Our Children's Trust mit einer Klage erreichen, dass der Bundesstaat sich von seiner Energiepolitik verabschiedet, die vor allem auf der Förderung fossiler Brennstoffe basiert. Drei Richter des

Verfassungsgerichts wiesen die Klage mit ihrer Mehrheit zurück. Doch zwei weitere widersprachen engagiert. Das Gesetz verlange, »dass wir das verfassungsgemäße Recht auf ein lebenswertes Klima ausdrücklich anerkennen«, schrieben Susan Carey und Peter Maassen in ihrem Minderheitenvotum. »Das ist wohl das absolute Minimum, wenn es um die angeborenen Menschenrechte geht, denen die Verfassung Alaskas gewidmet ist.«

Für Julia Olson ist das Urteil natürlich frustrierend. Doch sie wertet die abweichende Meinung als »weiteres Signal dafür, dass unsere Gerichte sich in die richtige Richtung bewegen«.

In anderen Staaten kommen die Dinge noch viel stärker in Bewegung. Florida beispielsweise hat auf eine OCT-Petition hin gerade beschlossen, Vorschriften zur Reduktion der klimaschädlichen Emissionen in dem Bundesstaat zu erarbeiten.[29] Und in Montana steht bald ein besonderes Gerichtsverfahren an. Die Verfassung des Bundesstaates garantiert den Bürgerinnen und Bürgern des Staates das Recht auf eine saubere, gesunde Umwelt. Zugleich sehen Montanas Gesetze vor, dass die Regierung die fossilen Energiequellen des Staates entwickelt.

Die Energiepolitik des Staates verletze die verfassungsgemäßen Rechte der Kinder auf eine saubere und gesunde Umwelt, ihr Recht, nach Sicherheit, Gesundheit und Glück zu streben, und das Recht auf individuelle Würde und gleichen Schutz vor dem Gesetz, argumentiert OCT. Außerdem verschlechtere und vermindere sie die öffentlich geschützten Ressourcen Montanas, die Atmosphäre, Flüsse und Seen, Fische und Wildtiere eingeschlossen. Im August 2021 ließ das zuständige Gericht die Klage zu, und die Regierung legte keine Berufung dagegen ein.[30] Das heißt: Nun werden erstmals Zeugen geladen, Beweise gehört und abgewogen. Im Sommer 2023 könnte die Verhandlung beginnen. »Wir gehen in einem unserer produktivsten fossilen Bundesstaaten vor Gericht«, freut sich Andrea Rodgers. »Das hat das Potenzial, die Welt zu verändern.«

FÜNF

GERICHTSZUGANG IST
DIE HALBE MIETE

Warum kann nicht jeder vor Gericht ziehen, um eine verant-
wortungsvolle und nach wissenschaftlichen Maßstäben ausreichende Klimapolitik von Regierungen einzufordern? Für
viele Klimaklagen, die sich gegen Staaten richten, ist das eine
zentrale, vielleicht sogar die allerwichtigste Frage. Denn ein
großer Teil von ihnen scheitert wie schon in Kapitel 4 beschrieben an prozessualen Hürden, bevor es überhaupt zu einer Verhandlung über den eigentlichen Sachverhalt kommt.

Oft fällt es meinen Mandantinnen und Mandanten sehr
schwer, zu verstehen, dass der Staat gegen geschriebenes Recht
verstoßen kann, ohne dass es für ihn irgendwelche Konsequenzen hat – einfach weil keiner klagen kann. In meiner Arbeit kann
ich das oft kaum vermitteln. Warum, so fragen Menschen, die
die Umwelt schützen wollen, darf der Staat rechtswidrig handeln, und einfache Bürgerinnen und Bürger müssen behördliche
Sanktionen fürchten, selbst wenn sie nur falsch parken?

Das liegt an den Grundlagen des Rechtsschutzes, die in
Deutschland in Artikel 19 Absatz 4 Grundgesetz festgelegt werden: »Wird jemand durch die öffentliche Gewalt in seinen
Rechten verletzt, so steht ihm der Rechtsweg offen«, steht da.
Und es bedeutet: Nur dann, also nur, wenn diese Person in
ihren eigenen Rechten ganz persönlich verletzt wird, kann sie
vor Gericht ziehen. Klagen im Namen der Allgemeinheit sind
damit von vornherein ausgeschlossen.[1] Und die Natur selbst
kann ohnehin nicht klagen, denn sie hat in Deutschland keine

eigenen Rechte. Allerdings können inzwischen Umweltverbände im Namen der Allgemeinheit und der Natur wenigstens ansatzweise vorgehen – dazu später.

Hinter dem Grundsatz der persönlichen Betroffenheit steht der Gedanke, dass Unbeteiligte nicht befugt sein sollen, für andere zu klagen, die das vielleicht gar nicht möchten. Auch sollen die Gerichte vor Überlastung geschützt werden. Man könnte sagen, dass das noch eine gewisse Berechtigung hat. Doch ursprünglich ging es bei dem Prinzip der individuellen Betroffenheit vor allem um das Interesse der Obrigkeit, sich vor den Klagen ihrer Untertanen – auch vor berechtigten Ansprüchen – zu schützen. »Abwehr der Popularklage« wird das im juristischen Jargon genannt, und es ist immer noch das Ziel. Seine Wurzeln hat der Grundsatz im preußischen Recht und der damaligen autoritär geprägten Gesellschaft.

In der heutigen umweltjuristischen Praxis führt dieser Grundsatz in erster Linie zu einem riesigen Vollzugsdefizit, also zu verschmutzten Gewässern, verseuchten Böden und verpesteter Luft. Bis 2017 konnte in Deutschland praktisch niemand rechtliche Schritte unternehmen, um Behörden zu zwingen, gegen Verschmutzer einzuschreiten.[2] Der Sachverständigenrat für Umweltfragen brachte das 2005 auf den Punkt: »Das gegenwärtige System des verwaltungsgerichtlichen Rechtsschutzes in Deutschland begünstigt Umweltnutzungsinteressen auf Kosten von Umweltschutzinteressen.«[3] Das ist nicht nur in Deutschland ein Problem.

Hinzu kommt noch folgende grundsätzliche Frage: Welche Normen des geschriebenen Rechts schützen denn die Bürgerinnen und Bürger in Deutschland in Sachen Umwelt und Klima überhaupt, entfalten so subjektive Rechte und können deswegen als Anspruch vor Gericht geltend gemacht werden?

Hat der Einzelne ein Recht auf die Sanierung einer Altlast, beispielsweise eines schadstoffbelasteten Bodens, auf öffentlich zugänglichem Gelände? Nein, jedenfalls nicht, solange er nicht nachweisen kann, durch die Schadstoffe in seinen subjektiven Rechten verletzt, also etwa krank geworden zu sein. Kann eine Einzelperson darauf klagen, dass Nitratgrenzwerte im Grundwasser eingehalten werden? Nein, denn der Staat geht grundsätzlich davon aus, dass die Behörden schon für die korrekte Umsetzung der gesetzlichen Regeln sorgen werden – klagen dürfen hier seit 2017 allenfalls die Umweltverbände. Hat der Einzelne ein Recht auf Lärmschutz? Ja, aber nur bis zur gesetzlich vorgegebenen Grenze und wenn er selbst durch den Lärm dauerhaft betroffen ist, vor allem als Anwohner.

Der Gedanke, dass die Klagebefugnis einer subjektiven Betroffenheit bedarf, findet sich außer in Deutschland in vielen anderen Rechtssystemen. Gerade das Recht der Europäischen Union ist stark davon geprägt.

Eine Ausnahme davon ist jedoch die Umweltverbandsklage, die allerdings in Deutschland immer noch an enge rechtliche Voraussetzungen geknüpft ist. Ursprünglich war das Verbandsklagerecht im Bundesnaturschutzgesetz beschränkt auf große neue Projekte, etwa Autobahnen. Seit 2006 eröffnet das sogenannte Umwelt-Rechtsbehelfsgesetz weitere Klagemöglichkeiten, etwa gegen Bebauungspläne und seit 2017 endlich auch auf Vollzug von Recht, ohne dass ein Neubauprojekt vorliegen muss. Ähnliche Klagerechte gibt es (nach Landesrecht) im Tierschutz, im Verbraucherschutz und für Verbände, die sich für die Gleichstellung behinderter Menschen einsetzen. Doch trotz dieser Ausnahmeregeln ist der Gerichtszugang in Deutschland in Klima- und Umweltbelangen immer noch stark eingeschränkt.

Daher ist es nicht verwunderlich, dass auch wegen dieses Grundsatzes der subjektiven Betroffenheit so viele Klimaklagen inzwischen auf der Basis von Grund- oder Menschenrechtsverletzungen geführt werden (wie etwa die Klagen von

Our Children's Trust in den USA und unsere Verfassungsbeschwerde in Deutschland). Und er ist die Ursache dafür, dass
mittlerweile so viele Kinder und Jugendliche klagen. Denn sie
hoffen, vor Gericht nachvollziehbar darlegen zu können, dass
sie von der Klimakrise stärker betroffen sind als ältere Generationen, und deshalb ihre Klagen zugelassen werden. Das hatte
beim historischen Beschluss des Bundesverfassungsgerichts
im Frühjahr 2021 ja gut funktioniert. Das Gericht hatte die
Beschwerdebefugnis von Sophie Backsen und den anderen
Klagenden schlankweg anerkannt.

Einen bahnbrechenden Erfolg konnte auch die belgische
Klimaorganisation Klimaatzaak verbuchen. Ein Gericht hielt
sage und schreibe 58 000 Einzelpersonen für klagebefugt, die
sich ihrer Klage angeschlossen hatten. In seinem Urteil befand
es: Belgiens Klimapolitik verletzt die Grundrechte der Klagenden. Zwar legte das Gericht aus Gründen der Gewaltenteilung
keine konkreten Klimaschutzmaßnahmen fest. Aber allein,
dass es die Klagebefugnis so vieler Menschen anerkannt hat,
macht sein Urteil bedeutend.[4]

Fast immer gilt: Wenn es gelingt, mit einer Klimaklage einen
Zugang zum Gericht zu finden, wenn diese Klage also zur Verhandlung zugelassen wird – dann stehen die Chancen auf eine
bessere Klimapolitik gut. Der Zugang zum Gericht ist somit
schon die halbe Miete. Die Klagebefugnis gut zu begründen, ist
deshalb mindestens genauso wichtig wie die Argumentation in
der Sache selbst. Denn sobald man die dritte Gewalt einmal
dazu gebracht hat, sich mit dem Anliegen eines Klägers oder
einer Klägerin zu befassen, tut sie das diskriminierungsfrei,
objektiv und völlig ohne Ansehen der Person – zumindest trifft
das in Ländern mit rechtsstaatlichen Strukturen und einer unabhängigen, effektiven Gerichtsbarkeit zu.[5]

Wie schwer es manchmal sein kann, die Gerichte von der
Zulässigkeit einer Klimaklage zu überzeugen – oder wie leicht,

je nachdem, in welchem rechtlichen System man sich dabei bewegt, zeigen zwei Fälle ganz besonders eindrücklich.

Der Erste ist der *People's Climate Case*, der vom Jahr 2018 an auf europäischer Ebene geführt wurde, zunächst vor dem Gericht der Europäischen Union (EuG), dann vor dem Europäischen Gerichtshof (EuGH), der übergeordneten Instanz. Beide Gerichte wiesen die Klage wegen mangelnder Zulässigkeit vergleichsweise umstandslos ab.

Der zweite Fall ist die erfolgreiche Klimaklage der Umweltstiftung Urgenda in den Niederlanden, die über ein sehr liberales Klagerecht für gemeinnützige Organisationen verfügen. Solange es ihrer Satzung entspricht, dürfen diese Organisationen in allen möglichen Situationen Rechte für andere bzw. die Allgemeinheit einklagen. Im Jahr 2013 – zwei Jahre bevor das Pariser Klimaabkommen verabschiedet wurde – verklagte die Stiftung gemeinsam mit mehr als 800 Privatpersonen vor einem Gericht in Den Haag den niederländischen Staat auf mehr Klimaschutz und gewann in drei Instanzen. Seither ist der Fall auf der ganzen Welt zum Vorbild für viele weitere Klimaklagen geworden. Im Dezember 2019 bestätigte der Hohe Rat der Niederlande das Urteil in letzter Instanz.[6]

In der Frage des Gerichtszugangs sind der *People's Climate Case* (PCC) und Urgenda also wie zwei Extrempunkte auf einer Skala: Der PCC wurde vom EuGH besonders klar abgewiesen, und für Urgenda war es aufgrund der speziellen niederländischen Bestimmungen ausnehmend leicht, einen Zugang zu einem Gericht zu erhalten.

Man könnte noch an vielen weiteren Fällen beschreiben, wie wichtig die Frage des Gerichtszugangs für Klimaklagen ist, aber das würde den Rahmen dieses Buchs sprengen. Stellvertretend soll in diesem Kapitel nur die erfolgreiche Klage mehrerer französischer Umweltorganisationen aus dem Jahr 2015 gegen Frankreichs Regierung erwähnt werden.

DIE EU SCHÜTZT UNTERNEHMEN
MEHR ALS MENSCHEN

Am 24. Mai 2018 zogen zehn Familien aus acht Ländern – Portugal, Frankreich, Italien, Deutschland, Rumänien, Schweden, Kenia und Fidschi – vor das Europäische Gericht (EuG) in Luxemburg. Unter Berufung auf ihre Grundrechte verlangten sie und die schwedische Jugendorganisation der Sámi, das Gericht möge die Gesetzgeber der Europäischen Union, also das Parlament und den Rat, zu strengeren Klimazielen verpflichten.[7] Der Fall gehörte vor die EU-Gerichte, weil es in ihm konkret um drei Rechtsakte der EU ging. Es handelte sich um eine sogenannte »Nichtigkeitsklage« gegen die EU-Vorschriften zum Emissionshandel, zur Lastenteilung beim Klimaschutz und zur Landnutzung. Ich gehörte zu dem kleinen Anwaltsteam, das die Familien vertrat.[8] Unsere Klage, der *People's Climate Case* (PCC), wurde unter anderem von den Nichtregierungsorganisationen Germanwatch, CAN und Protect the Planet unterstützt.

Unsere Mandantinnen und Mandanten waren beruflich eine bunte Mischung: Sie arbeiten bis heute als Landwirte, Forstingenieure, Hotelierinnen oder Hirten. Sie alle spürten die Auswirkungen der Klimakrise schon damals, in ihrem Alltag und am eigenen Leib, durch Hitze, Trockenheit, Unwetter oder die Folgen des Meeresspiegelanstiegs. Ihre Lebensgrundlagen waren und sind heute noch in Gefahr, zumindest erlitten und erleiden sie wirtschaftliche Einbußen. Dennoch forderten sie im PCC keinen Schadenersatz von der EU, sondern verlangten einfach, diese möge ihre Traditionen, ihre Kultur, ihre Lebensgrundlagen schützen – so gut sie es eben kann. Denn das ist ja die ganz grundlegende Pflicht der europäischen Institutionen: die Rechte der Menschen zu bewahren, die ihrer Jurisdiktion unterliegen. Eigentlich sollte das selbstverständlich sein.

Unter den klagenden Familien waren Maike, Michael und Lüke Recktenwald von der Nordseeinsel Langeoog, die so wie Pellworm durch den Anstieg des Meeresspiegels besonders gefährdet ist. Die Recktenwalds betreiben auf Langeoog ein Hotel samt Restaurant, sie fürchten um dessen Erhalt und sorgen sich, dass ihr Sohn Lüke auf der Insel keine Zukunft mehr haben könnte. Lüke schloss sich später, nachdem der Europäische Gerichtshof die PCC-Klage in letzter Instanz abgewiesen hatte, unserer erfolgreichen Verfassungsbeschwerde in Deutschland an.

Zu den Klägerinnen vor dem Gericht der Europäischen Union gehörte auch die junge Samin Sanna Vannar aus Schweden, damals Vorsitzende des samischen Jugendverbands Sáminuorra. Sanna muss machtlos zusehen, wie in ihrer Heimat die Rentiere elend zugrunde gehen, weil es aufgrund des Klimawandels nicht mehr ausreichend Futter für sie gibt. Mit den Tieren verschwinden auch die Existenzgrundlage, die Kultur und die Traditionen ihres Volks. Der Forstingenieur Armando Carvalho aus Portugal klagte ebenfalls und gab der Klage als Erster auf der Liste seinen Namen. Er hatte 20 Jahre seines Lebens damit verbracht, gemeinsam mit seinem Sohn den Wald der Familie auf eine nachhaltigere Bewirtschaftung umzustellen. Die beiden pflanzten Eichen und Kastanien statt der schnell wachsenden Eukalyptusbäume und Kiefern, denn sie wollten beweisen, dass eine umweltfreundlichere Waldwirtschaft funktionieren könnte. Doch in den verheerenden Feuern des Jahres 2017 ging der ganze Wald der Carvalhos in Flammen auf. Stellvertretend für viele Menschen im globalen Süden hatten sich noch zwei Familien aus Fidschi und Kenia unserer Klage angeschlossen. Sie forderten, die EU müsse ihre Grundrechte gleichberechtigt schützen.[9]

Maßgeblich initiiert sowie finanziell und praktisch unterstützt wurde unsere Klage durch Dorothea Sick-Thies und die von ihr gegründete gemeinnützige Organisation Protect the Planet. Inspiriert von ihrem Vater, dem Unternehmensgründer Erwin Sick, engagiert sich Dorothea schon seit vielen Jahren für den Erhalt des Planeten und die Zukunft der kommenden Generationen. Wer sich mit ihr unterhält, merkt schnell, wie nahe ihr die allgegenwärtige Umweltzerstörung geht. »Wie können wir nur so irre sein, unsere Erde aufs Spiel zu setzen?«, fragt sie. »Manchmal packt mich da die pure Verzweiflung und natürlich auch Wut über die Lethargie und Gleichgültigkeit vieler Menschen.« Ihr Antrieb, etwas gegen die nahende Katastrophe zu unternehmen, ist seit der Geburt ihrer beiden Töchter noch stärker geworden. »Ich will mich später nicht fragen lassen, Mama, du hast es doch gewusst, warum hast du nichts dagegen getan?«

In unserer Klage beriefen wir uns nicht nur auf die maßgeblichen Verträge der EU und die EU-Grundrechtecharta, sondern auch auf das Pariser Abkommen. Das war zum Zeitpunkt der Klageerhebung schon drei Jahre alt, doch die EU hatte ihre Klimaziele noch nicht an jene aus Paris angepasst, sondern verfolgte immer noch ihr altes, viel zu niedriges Ziel aus dem Jahr 2014, mit dem sie sich verpflichtet hatte, ihre Emissionen bis 2030 um mindestens 40 Prozent unter das Niveau von 1990 zu senken. Wir argumentierten: In diesem Zeitraum sei mindestens eine Verringerung von 50 bis 60 Prozent erforderlich – und vor allem: auch möglich. Und das konnten wir auch belegen, in Tausenden von Seiten, die an das Gericht geschickt wurden.

Ich habe vorhin die Grundrechtecharta der EU erwähnt. Sie spielte in dem Verfahren eine wichtige Rolle. Verabschiedet am 7. Dezember 2000, ist sie ein Rechtsinstrument der Europäischen Union und gilt folglich bindend für alle EU-Institutionen, darunter das Parlament, den Rat und die Kommission.[10] Die Charta ist – zusammen mit dem EU-Vertrag und dem Vertrag über die Arbeitsweise der EU (AEUV) – gewissermaßen eine Art Grundgesetz der EU. Sie enthält die bereits beschriebenen Menschenrechte, etwa das Recht auf Leben (Artikel 2), körperliche Unversehrtheit (Artikel 3), Gleichbehandlung (Artikel 20 und 21) sowie die besonderen Rechte der Kinder (Artikel 24).[11] Wir sahen gerade diese Grundrechte durch die Klimapolitik der Europäischen Union verletzt.

Die größte Hürde für unsere Klage aber war die Frage des Gerichtszugangs. Eigentlich garantiert die EU-Grundrechtecharta in Artikel 47 jeder Person, deren »durch das Recht der Union garantierte Rechte oder Freiheiten verletzt worden sind«, dass sie »bei einem Gericht einen wirksamen Rechtsbehelf« einlegen kann. Darauf beriefen wir uns. Wir wussten, dass wir an dieser Stelle besonders präzise argumentieren mussten, denn das Gericht der Europäischen Union (EuG) und vor allem der ihm übergeordnete Europäische Gerichtshof (EuGH) sind dafür bekannt, die Bestimmungen zum Gerichtszugang, die im Vertrag über die Arbeitsweise der EU (AEUV) festgehalten sind, für Einzelpersonen traditionell sehr restriktiv auszulegen, und noch mal enger, wenn es um eine Überprüfung von Rechtsakten der EU geht. Ein wenig hat das sicherlich auch mit Selbstschutz zu tun. Denn die EU-Gerichte sind überlastet. Wenn sie schon Klagen annehmen, dann sollen diese bitte schön gut begründet sein. Und im Idealfall sollen sie zuvor die Instanzen der nationalen Gerichte durchlaufen haben, bevor der EuGH sich um sie kümmert.

Für die restriktive Haltung steht insbesondere die vom EuGH geprägte »Plaumann-Formel«, benannt nach einem gleichnamigen Fall aus dem Jahr 1963.[12] Sie legt in einer etwas umständlichen Sprache in Auslegung des heutigen Artikel 263 AEUV fest, dass einzelne Personen vor den Gerichten der EU nur dann klagebefugt sind, wenn die Entscheidung, gegen die sie vor Gericht ziehen, »sie aufgrund bestimmter ihnen eigentümlicher Eigenschaften« oder »aufgrund von Umständen, unter denen sie sich von allen anderen Personen unterscheiden«, betrifft.

Das war unsere Messlatte. In unserer Klageschrift argumentierten wir daher, dass die Familien gemäß der Plaumann-Formel sehr wohl ganz individuell betroffen seien, weil die Klimakrise sie einfach ganz unterschiedlich und auf jeweils einzigartige Weise schädige. Für den Bauern, dessen Ernte auf dem Feld verdorrt, bedeutet die Erderwärmung eben etwas anderes als für die Hotelierin, deren Insel in Gefahr ist, überschwemmt zu werden. Ersatzweise führten wir an, dass die Plaumann-Formel ohnehin unangebracht und überholt sei. Denn wenn man diese Formel zu Ende denkt, bedeutet sie in letzter Konsequenz: Je größer die Anzahl der Menschen wird, die durch den Klimawandel in ihren Rechten verletzt werden, desto weniger haben sie einen Anspruch darauf, dass ein Gericht ihnen zu ihrem rechtmäßigen Schutz verhilft. Das ist doch absurd. Mehr noch: Es stellt eine für mich unerträgliche Lücke im Rechtsschutz dar. Denn der ganze Sinn der EU-Grundrechtecharta besteht doch darin, Individuen zu schützen. Wenn die EU-Grundrechtecharta das ernsthaft tun soll, dann muss es Betroffenen möglich sein, ihre Grundrechte vor einem Gericht der EU auch einzufordern. Andernfalls verliert die Charta ihren Sinn, zumal der EuGH selbst mehrfach betont hat, er sei für die Anwendung der Charta zuständig.

Genau andersherum handhabt der EuGH den Gerichtszugang für Unternehmen. Zum Beispiel erkennt er eine individuelle Betroffenheit an, wenn eine Firma gerichtlich gegen EU-Rechtsakte vorgeht, unter denen sie ganz genauso leidet wie ihre Konkurrenz. Oder er beurteilt eine Schadenersatzklage von einem Unternehmen als zulässig, das durch EU-Recht wirtschaftliche Einbußen erlitten hat. Dahinter steckt, dass der Gerichtshof sich traditionell als ein Garant der wirtschaftlichen Freiheit versteht, der diese gegen staatliche Eingriffe verteidigt. Dass aber auch die persönlichen Rechte der Bürgerinnen und Bürger von der Charta geschützt werden und dass es dem Europäischen Gerichtshof obliegt, auch deren Freiheiten zu schützen, das mag er bislang nicht erkennen. Das System ist aus meiner Sicht dringend anzupassen an die Realitäten der heutigen EU, die ja die Unterstützung ihrer Bürgerinnen und Bürger braucht. Rechte auf dem Papier, die man nicht einfordern kann, helfen der EU nicht, sich als wirkungsvolle Demokratie in den Mitgliedstaaten darzustellen.

Doch es war vergebens: Das EuG ließ unsere Klage nicht zu, wir scheiterten trotz schlüssiger Argumentation an der Plaumann-Formel. Das Gericht hätte die Möglichkeit gehabt, den Artikel 263 des AEUV endlich einmal anders auszulegen, aber es wollte nicht.

Ironischerweise widersprach das EuG uns in der Sache nicht einmal. Ganz im Gegenteil, es erkannte in seinem Beschluss an, dass unsere Mandantinnen und Mandanten durchaus vom Klimawandel betroffen seien, allerdings nicht mehr als andere Menschen auch. Mit dieser enttäuschenden Begründung wies das EuG unsere Klage am 15. Mai 2019 als unzulässig ab. Wir legten Rechtsmittel ein. Vergeblich. Im Berufungsverfahren bestätigte der EuGH die Entscheidung. Als am 25. März 2021 sein Urteil erging, war der Rechtsweg ausgeschöpft.[13] Da die EU die Europäische Menschenrechtskonvention nicht unterzeichnet hat, stand uns der Weg nach Straßburg zum Europäischen Gerichtshof für Menschenrechte (EGMR) anders als den KlimaSeniorinnen nicht offen.[14] Angesichts der Not, in der sich die klagenden Familien damals schon befanden, war die Kürze der Entscheidung fast schon zynisch. Denn eine andere Option, die Klimaziele der EU an den EU-Grundrechten und den Vorschriften der EU-Verträge zu messen, zeigte weder das EuG noch der EuGH auf. Das ist ein böser Fehler im System.

Für unsere Mandanten und Mandantinnen war das kaum zu verstehen.

Dorothea Sick-Thies sagt, das Urteil habe sie fassungslos zurückgelassen. »Familie Guyo aus Kenia, eine der klagenden Familien, hat uns erzählt, wie schlimm die Situation jetzt schon für sie ist. Einer meiner Mitarbeiter hat sie zweimal besucht, er hat es selbst erlebt, Gespräche geführt, auch mit den Kindern gespielt. Es ist dort so heiß wie nie. Die Wasserlöcher versiegen, und die Menschen flehen: Wenn ihr irgendetwas gegen diese Hitze tun könnt, bitte tut es. Unser Ziel ist, die nächste Dürre zu überstehen, sonst können wir hier nur noch sterben. Das ist doch furchtbar!« – zumal die Familie selbst rein gar nichts für ihre Lage kann, während die Europäische Union mit ihren Emissionen zu den größten Verursachern der Klimakrise gehört. Das Urteil treffe sie wirklich ins Herz, sagt Dorothea. »Und ich empfinde es als einen absoluten Skandal, dass das Recht da nicht hilft.«

WIE ES SEIN SOLLTE: DIE AARHUS-KONVENTION

Mit dem *People's Climate Case* hatten wir gegen drei Gesetze der EU geklagt. Was wäre gewesen, wenn wir nicht gegen gesetzliche Regelungen, sondern behördliche Entscheidungen vor Gericht gezogen wären? Hätten wir dann bessere Chancen gehabt, zu gewinnen? Denn zu Behördenentscheidungen gibt es im internationalen Recht schon lange etablierte, grundlegende Regelwerke, die es viel einfacher machen müssten, in Umweltfragen Gehör zu finden. Die Aarhus-Konvention ist ein solches Regelwerk: ein internationales Übereinkommen unter dem Dach der UN-Wirtschaftskommission für Europa, benannt nach der dänischen Stadt, in der sie am 25. Juni 1998 beschlossen wurde. Am 30. Oktober 2001 trat die Konvention in Kraft.[15] Inzwischen haben sie 47 Vertragsparteien ratifiziert, darunter die EU und sämtliche EU-Mitgliedsstaaten – also auch Deutschland.[16]

Die Aarhus-Konvention ist der erste völkerrechtliche Vertrag, der jeder Person Rechte im Umweltschutz zuschreibt, darunter auch den Anspruch, vor Gericht Klage zu erheben. Heute ist sie ein zentraler Bestandteil unseres Umweltrechts. Als sie ausgehandelt wurde, verstanden nur sehr wenige Diplomaten überhaupt die Bedeutung eines solchen Vertrags. Vor dem Hintergrund der Öffnung des Ostblocks liefen die Gespräche über die Konvention bereits 1996 in Genf an, und ausgerechnet die damalige deutsche Bundesregierung unter Helmut Kohl mit der Umweltministerin Angela Merkel hat die Verhandlungen lange behindert.

Zu jener Zeit war ich noch im Studium. In Genf sprachen die Abgesandten der Regierungen im Wesentlichen über drei Dinge, die später zu den drei Säulen der Aarhus-Konvention werden sollten: Alle Menschen (und ihre Zusammenschlüsse, also Vereine und Verbände) sollten das Recht erhalten, Informationen zur Lage der Natur und Umwelt einzusehen und einzufordern – also beispielsweise zur Verschmutzung von Wasser, Böden, Luft oder zum Zustand der menschlichen Gesundheit. Die Öffentlichkeit sollte an Genehmigungsverfahren teilnehmen dürfen (Artikel 6 bis 8) und für die Umwelt vor Gericht ziehen dürfen (Artikel 9).[17]

Nicht nur die Regierungen hatten ihre Delegationen entsandt. Glücklicherweise nahmen auch europäische Umweltschutzorganisationen mit einer kleinen Gruppe an den offiziellen Verhandlungen teil. Aus dieser Gruppe kam im Herbst 1996 ein Hilferuf – damals noch revolutionär – per E-Mail, weil sie dringend einen deutschen NGO-Vertreter brauchten, um den Unterhändlern aus Deutschland Paroli zu bieten. Der Hilferuf erreichte mich in meiner kleinen WG in Hamburg-Eppendorf über die Geschäftsstelle des Bund für Umwelt und Naturschutz (BUND) Deutschland. Nach ein paar Telefonaten mit Brüssel, London und Bonn und einem Blick auf meinen Studienkalender stieg ich in den Zug in die Schweiz. Ich konnte gar nicht absehen, welche Tragweite das Ganze haben und wie wichtig diese Konvention einmal für alle Menschen werden würde, denen es ein Anliegen ist, die Umwelt zu schützen. Aber es hat sich mehr als gelohnt, mich zu trauen. Wäre ich nicht gefahren, wäre vor allem Artikel 9 vielleicht nicht in der heutigen Form zustande gekommen.

Ich weiß noch, wie gründlich ich mich damals trotz dieser spontanen Aktion auf meinen Auftritt in Genf vorbereitet habe. Ich hatte viel gelesen, Schriftstücke gewälzt, Argumente notiert. Klar war, dass Deutschland definitiv kein anspruchsvolles Abkommen wollte. Das Land war noch in der Phase des Aufbau Ost, überall wurden Autobahnen und Industrieanlagen gebaut und Braunkohletagebaue erweitert, ohne großen Wert auf Umweltbelange zu legen. Das würde hart werden. Meine Aufregung war riesig – schließlich hatte ich noch nie zuvor gestandenen Diplomaten während offizieller UN-Verhandlungen die Stirn geboten. Doch die Anwesenden scheinen von meiner Nervosität nicht viel bemerkt zu haben. Peter Roderick, damals eines der vier ständigen Mitglieder der NGO-Delegation und heute einer meiner besten Freunde, mit dem ich das Netzwerk Climate Justice Programme gegründet habe, erzählt jedenfalls noch heute jedem, der es hören will, wie die Gesichter der deutschen Unterhändler nach meiner Rede versteinerten. Er saß ihnen gegenüber. Die Szene sehe er noch ganz genau vor sich: Wie ich mir das Mikro zu mir zog, anfing zu reden und die Argumente der deutschen Delegation sorgfältig zerpflückte, eins nach dem anderen.

Deutschland sperrte sich vor allem bei der Frage des Gerichtszugangs bis zum Ende der Genfer Gespräche. Die Umweltschützer am Tisch forderten außerdem, die Regierungen zu verpflichten, ihre Erkenntnisse über Emissionen und Verschmutzung zu sammeln und in Online-Datenbanken zu veröffentlichen. Doch der deutsche Delegierte beharrte darauf, dass dies für Deutschland wegen der verschiedenen Zuständigkeiten von Bund und Ländern unmöglich zu akzeptieren sei.

»Dann sprach Roda. Ich weiß noch, wie sie die Sachlage erklärte und dann am Ende ihrer Ausführungen die Deutschen ganz direkt adressierte: ›Was Sie behaupten, ist also *falsch*‹«, erinnert sich Peter und imitiert meinen energischen Tonfall von damals, »›und Sie *wissen*, dass es falsch ist!‹« Dann muss ich mit einer sehr entschlossenen Geste auf den Knopf vor mir gedrückt haben, um das Mikrofon auf dem Tisch auszuschalten. »Es machte *boom*«, lacht Peter heute, »und das Gesicht dieses Delegierten entgleiste. Das war ein großartiger Moment. Alle konnten sehen, dass er einfach Unsinn geredet hatte.«

Die Informationsrechte, um die wir damals kämpften, sind heute in der Aarhus-Konvention verankert, genauso wie die Öffentlichkeitsbeteiligung und der Zugang zu Gericht. Die Aarhus-Konvention ist der erste internationale Vertrag, der Umwelt- und Naturschutz mit den Rechten der Bürgerinnen und Bürger verknüpft. Sie schafft, vereinfacht gesagt, neue verfahrensrechtliche Menschenrechte. Jeder Mensch sollte sich fortan einbringen können, eben weil die Umwelt selbst in den meisten Rechtssystemen keine eigenen Rechte hat.

Deutschland unterschrieb die Aarhus-Konvention am 21. Dezember 1998 – und gab zugleich seine Vorbehalte zu Protokoll, denn aufgegeben hatte auch die neue Regierung unter Gerhard Schröder diese natürlich nicht. Die Bedenken sind öffentlich einsehbar bei den Vereinten Nationen registriert. Im Wortlaut heißt es da etwas geschraubt: »Der Text der Konvention wirft eine Anzahl schwieriger Fragen bezüglich ihrer praktischen Implementierung innerhalb des deutschen Rechtssystems auf (…) Wenn die Konvention durch deutsche Verwaltungsanstrengungen implementiert wird, so nimmt die Bundesrepublik Deutschland an, dass dies nicht zu Entwicklungen führen wird, die Anstrengungen hin zu Deregulierung und der Beschleunigung von Prozessen konterkarieren.«

Im Klartext: Man wollte die Konvention erst einmal nicht ins deutsche Recht umsetzen, weil man fürchtete, die Beteiligung der Öffentlichkeit und die Verpflichtung des Staates, den Bürgerinnen und Bürgern Rechenschaft über potenziell umweltschädliche Projekte und den Vollzug von Umweltrecht abzulegen, würden die Genehmigung und Umsetzung eben dieser Vorhaben verlangsamen. Die Projekte der deutschen Einheit und die Interessen der Wirtschaft wogen für die deutsche Regierung schwerer als die Rechte ihres Volkes. Und diesen vermeintlichen Gegensatz sehen wir immer wieder in der Bundespolitik aufflackern, etwa aktuell im Konflikt um den Windkraftanlagenausbau. Und das, obwohl wissenschaftlich bewiesen ist: Nicht Beteiligungs- und Klagerechte sind das Problem, sondern mangelhafte beziehungsweise unklare Rechtsetzung, Vollzugsdefizite und die unzureichende Ausstattung von Genehmigungsbehörden.

Die EU nahm die Aarhus-Konvention am 17. Februar 2005 an, Deutschland selbst ratifizierte sie knapp zwei Jahre später, am 15. Januar 2007, und erst mit diesem Akt wurde die Konvention hierzulande zu Recht. Zuvor waren es »nur« die Aarhus-Konvention und die sie umsetzende EU-Richtlinie von 2003, die Deutschland zwangen, wenigstens Umweltverbänden umfassendere Klagerechte einzuräumen.[18] Denn diese gab es bis dahin nur in sehr geringem Umfang auf Grundlage des Bundesnaturschutzgesetzes. Ansonsten konnten wirklich nur persönlich Betroffene gegen Umweltverschmutzung klagen – der Gerichtszugang war also viel stärker eingeschränkt als heute.

Geändert hat sich das erst durch das bereits erwähnte Umwelt-Rechtsbehelfsgesetz, das 2006 in Kraft trat.[19] Allerdings in nur sehr geringem Umfang. Auch heute noch legt das Gesetz vor allem fest, an welche engen Voraussetzungen die Klagebefugnis geknüpft ist: Verbände sollen nämlich nur gegen ausgesuchte behördliche Entscheidungen rechtlich vorgehen (Paragraf 1) können, und nicht alle Verbände sind dazu befugt (Paragraf 2 und 3). Greenpeace, ein gemeinnütziger Verein mit über eine halben Million Mitgliedern, darf es bis heute nicht, und auch nicht die Stiftung World Wide Fund of Nature, kurz WWF.

Anders gesagt: Aus dem ganzen Gesetz spricht das Bestreben, dem Klagerecht Grenzen zu setzen, statt es zu ermöglichen. Es gestattet nur das Unumgängliche.

Aus diesem Grund ist es für mich folgerichtig, dass der Deutsche Naturschutzring (DNR), die Dachorganisation der deutschen Umweltschutzorganisationen, und das Unabhängige Institut für Umweltfragen e. V. (UfU) in einer Bestandsaufnahme aus dem Jahr 2020 zu dem Schluss kommen, dass die Aarhus-Konvention in Deutschland in allen drei Säulen – Gerichtszugang, Informationsrechte und Öffentlichkeitsbeteiligung – immer noch nicht vollständig umgesetzt werde.[20] Über den Gerichtszugang schreiben sie: Innerhalb der Regierungsparteien der Großen Koalition (die noch im Amt war, als die Bestandsaufnahme erstellt wurde) gebe es »Initiativen, die Klagerechte für anerkannte Umweltverbände drastisch einzuschränken«. Zugleich gewährleiste der »unübersichtliche deutsche Rechtsrahmen« in Umweltdingen noch immer keinen umfassenden Zugang zu Gericht.

Gegen die fehlende Anerkennung von WWF und Greenpeace etwa versuche ich seit Jahren vorzugehen. Das entsprechende Verfahren beim zuständigen Beschwerdeausschuss in Genf dauerte sechs Jahre. Wie erwartet gewannen wir es. Die internationalen Richter des Ausschusses sagten: Wenn Deutschland schon für den Einzelnen die Rechte vor Gericht nicht ausweitet, muss das wenigstens effektiv für Verbände passieren.[21]

Trotz der Aarhus-Konvention bleibt es nicht nur in Deutschland schwierig, mit Klagen für den Umweltschutz zu kämpfen, sondern auch in Großbritannien. Dort seien die Regeln zum Gerichtszugang zwar vergleichsweise liberal, erklärt mein Freund Peter. Es gebe aber einen anderen Haken. »Vor Gericht zu ziehen ist unglaublich teuer. Sie wollen einfach nicht, dass jeder klagen kann.« Es gebe eben unterschiedliche Arten, den Zugang zu Gericht zu begrenzen, sagt er, »bei uns geschieht das durch die Kosten, in Deutschland durch restriktivere Regeln«. Und die gegenwärtige britische Regierung arbeite gerade daran, dass die Möglichkeiten, ihr Handeln juristisch überprüfen zu lassen, noch weiter eingeschränkt würden.

Es ist bitter. Seit die Aarhus-Konvention 1998 verabschiedet wurde, hat sich der Zustand der Umwelt in ganz Europa immer weiter verschlechtert. Das muss nicht heißen, dass das Vertragswerk wirkungslos geblieben ist: Ohne es wäre die Lage womöglich noch viel schlimmer. Die Konvention sei »so etwas wie ein demokratischer Versuch, in einem kapitalistischen System dessen Übertreibungen zu mindern«, tröstet sich Peter. »Politiker und andere mächtige Leute betrachten sie deshalb als ein Ärgernis. Sie wollen sich nicht gerichtlich kontrollieren lassen.«

Aus meiner Sicht ist es deshalb umso wichtiger, weiter für dieses demokratische Recht zu kämpfen: dass die Regierenden vor Gericht Rechenschaft ablegen müssen für ihr Tun – nicht nur in Umweltschutzbelangen.

URGENDA ZEIGT, WIE ES
GELINGEN KANN

Wie sehr sich dieser Kampf lohnen kann, beweist die weltweit erste erfolgreiche Klimaklage gegen einen Staat, der Fall Urgenda in den Niederlanden. Im Juni 2015 bestätigte ein Gericht dort in erster Instanz: Ja, die niederländische Regierung ist von Gesetzes wegen verpflichtet, die Menschen im Land vor gefährlichem Klimawandel zu schützen, und deshalb muss sie ihre Klimapolitik verschärfen.[22] Und obwohl die Urgenda-Klage durch Besonderheiten des niederländischen Rechtssystems begünstigt worden war, wirkte sie über die Grenzen des Landes hinaus. Das Bundesverfassungsgericht bezog sich in seiner historischen Klima-Entscheidung auf sie, und in Frankreich (und in vielen anderen Ländern) nahmen sich mehrere NGOs Urgenda zum Vorbild und verklagten ihre Regierung ebenso erfolgreich – mehr dazu später.

Urgenda ist der Name einer Umweltstiftung, gegründet im Jahr 2007 von der Juristin, Betriebswirtin und Philosophin Marjan Minnesma und Jan Rotmans, Professor für Transition und deren Management an der Erasmus-Universität in Rotterdam. Marjan sagt, sie habe damals weg von der rein theoretischen Arbeit gewollt, um etwas zu bewegen. »Ich sagte zu Jan: All diese Bücher, die Doktorarbeiten – gut und schön, aber kaum jemand liest sie. Was ändern wir damit im wirklichen Leben? Das hat ihn herausgefordert.« Seither arbeiten die beiden mit Urgenda auf das Ziel hin, den Wandel der Niederlande hin zu einer klimafreundlichen Gesellschaft zu beschleunigen. Denn die Sache drängt, sagt Marjan: »Je mehr ich über den Klimawandel weiß, desto mehr Sorgen mache ich mir. Ich habe Kinder, sie könnten im Jahr 2100 noch leben. Und die zweite Hälfte dieses Jahrhunderts wird nicht sehr schön werden.« Die Dringlichkeit, die sie spürt, drückt auch der Name ihrer Stiftung aus: Urgenda setzt sich zusammen aus den beiden Wörtern *urgent*, niederländisch für »dringend«, und Agenda.

Ursprünglich ging es Marjan und Jan mit Urgenda gar nicht um Klagen. Stattdessen wollten sie sich mit Unternehmen, lokalen Verwaltungen und zivilgesellschaftlichen Organisationen verbünden, um praktische, alltagstaugliche Veränderungen zu bewirken. Marjan selbst sieht das ganz pragmatisch: Sie sei der Typ, der nach Lösungen für Probleme suche, statt lange darüber zu sprechen, sagt die 56-Jährige. Auch in der Arbeit von Urgenda gehe es »mehr um Lösungen als darum, den Leuten zu sagen, was sie tun sollen«. Das bedeutete zunächst: Die Stiftung kaufte im Jahr 2008 Elektrofahrzeuge aus Norwegen in großer Zahl und verkaufte sie an Städte wie Amsterdam, die daraufhin ein eigenes Ladenetzwerk aufbauten. 2010 organisierte Urgenda eine kollektive Kaufaktion für Photovoltaikpaneele. 50 000 Stück habe man damals aus China importiert, erinnert Marjan sich, »und der Marktpreis in den Niederlanden fiel daraufhin um 30 Prozent«.[23]

Doch unterdessen gingen die Treibhausgasemissionen im Land so gut wie nicht zurück, trotz aller Versprechen der Regierung. Selbst im Jahr 2018 war der CO_2-Ausstoß nahezu auf dem Niveau von 1990, so Marjan, und der Ausstoß anderer klimaschädlicher Gase nur leicht darunter. Dabei sind die Niederlande besonders existenziell durch den Meeresspiegelanstieg in der Nordsee gefährdet. Das Land liegt schon heute zu einem großen Teil unter dem Meeresspiegel und muss sich mit viel baulichem und technischem Aufwand vor dem Wasser schützen.

Die niederländische Politik blieb aber untätig. Also entschloss sich Urgenda zur Klage. Man habe die Regierung zwingen wollen, ihrer Schutzpflicht nachzukommen, erklärt Marjan, und endlich ihre selbst gesetzten, Jahr für Jahr immer neu erklärten klimapolitischen Pläne in die Tat umzusetzen.

Deshalb erhob die Stiftung am 20. November 2013 vor dem Distriktgericht in Den Haag Klage gegen das Königreich der Niederlande. Es ging um das Klimaschutzziel für das Jahr 2020. Zu dritt seien sie damals gewesen, erinnert sich Marjan, sie und zwei Rechtsanwälte. Der Fall sollte sie in den kommenden Jahren Tag und Nacht beanspruchen. Urgenda entschied sich dabei ganz bewusst, vor ein Zivilgericht zu ziehen statt vor ein Verwaltungsgericht. »Die niederländischen Verwaltungsgerichte fragen in der Regel: Ist es unmöglich zu verstehen, warum die Regierung so gehandelt hat? Und wenn es nicht unmöglich ist, dann geben sie der Regierung recht. Die Zivilgerichte hingegen schauen sich das Gesamtbild an und wägen wirklich ab.«

886 Privatpersonen schlossen sich der Klage an – obwohl das rein rechtlich gar nicht nötig gewesen wäre. Denn Urgenda hatte einen ganz besonderen Vorteil. Laut niederländischem Recht ist die Stiftung als NGO ausdrücklich befugt, sogenannte öffentliche Interessen *(public interests)* vor Gericht zu vertreten. Dennoch rief Urgenda auch einzelne Bürgerinnen und Bürger auf, sich an der Klage zu beteiligen. Marjan war das ein Anliegen. Denn die Klimakrise treffe Menschen aus allen Teilen der Gesellschaft.

Tatsächlich bestätigte das Gericht in seinem ersten Urteil relativ umstandslos, dass Urgenda als Stiftung klagebefugt war, und gründete darauf die inhaltliche Prüfung des Falls. Die Frage, ob die Privatpersonen auch klagebefugt seien, betrachtete es nicht weiter. Für das Urteil an sich war das am Ende glücklicherweise unerheblich.

Mit dem Verfahren betrat Urgenda gleich in mehrfacher Hinsicht Neuland – einmal ganz abgesehen von der Tatsache, dass eine solche Klage noch nie zuvor erfolgreich gewesen war. Das Pariser Abkommen war zum Zeitpunkt der Klageerhebung in Den Haag noch lange nicht verabschiedet. Die Möglichkeit, die Erderwärmung auf 1,5 Grad zu begrenzen, klang zwar in den Dokumenten der Klimagipfel an, aber von einer rechtlichen Verpflichtung war noch keine Rede. Stattdessen galten die 2 Grad als die entscheidende Grenze, um einen gefährlichen Klimawandel zu verhindern. Bis der Sonderbericht des IPCC zum 1,5-Grad-Ziel veröffentlicht wurde, sollten noch fünf Jahre vergehen.

Dennoch berief sich die Stiftung in der Klageschrift auf die damals aktuellen Erkenntnisse der Klimaforschung. Hätte es diese nicht gegeben, wäre der Fall nicht zustande gekommen, sagt Marjan. Die Klage stützte sich insbesondere auf den im Jahr 2007 erschienenen vierten Sachstandsbericht des IPCC. Eine einzige Tabelle daraus sollte später das Verfahren entscheiden, erschienen in jenem Teil des IPCC-Berichts, der sich ausschließlich mit der Reduktion von Emissionen befasst, im UN-Jargon *mitigation* genannt. Sie trug die Nummer 13-7.[24] Aus ihr ging hervor: Wenn die CO_2-Konzentration der Luft bei 450 ppm stabilisiert werden sollte, dann müssten die alten Industriestaaten, unter Bezug auf ihre Stellung im UNFCCC-Regelwerk auch »Annex-I-Staaten« genannt, ihre Emissionen bis 2020 um 25 bis 40 Prozent unter das Niveau von 1990 senken und bis 2050 sogar um 80 bis 95 Prozent. Das betraf auch die Niederlande. Urgenda forderte deshalb vor Gericht, die Regierung möge verpflichtet werden, die niederländischen Emissionen bis 2020 um 40 Prozent zu reduzieren – und wenn das nicht möglich sei, mindestens um 25 Prozent.

Heute weiß man, dass das nicht ausreichen wird, um einen gefährlichen Klimawandel zu verhindern. Doch damals glaubte man noch, dass kleinere Schritte reichen könnten.

Die Tabelle im IPCC-Bericht ging auf die Dissertation von Niklas Höhne zurück, der sich als einer der ersten Klimawissenschaftler daran gemacht hatte, zu berechnen, wie viel einzelne Länder zum globalen Klimaschutz beitragen müssten.

Niklas ist Physiker. Nach seinem Studium arbeitete er für das UN-Klimasekretariat in Bonn, doch dann entschied er sich, zurück in die Wissenschaft zu gehen. »Ich hatte den UN-Prozess kennengelernt«, erinnert er sich, »und dann überlegt: Was brauchen die überhaupt, um die richtigen Entscheidungen zu fällen? Und ein wichtiges Thema war eben: Wo stehen wir, wo müssen wir hin, was fehlt noch? Das muss man wissen. Klimaschutz braucht klare, rationale Informationen.« Diese liefert er mit seinen Berechnungen nun schon seit mehr als 20 Jahren.

Ich selbst habe Niklas am Rande einer Vertragsstaatenkonferenz in Den Haag im Jahr 2000 kennengelernt, damals hatten wir über die Rolle von Treibhausgassenken unter dem Kyoto-Protokoll diskutiert. Ich war der Ansicht, dass es doch letztlich auf die Reduktionsanstrengungen im Inland ankomme – alles andere seien nur Zahlen auf geduldigem Papier. Er hatte mir daraufhin die Bedeutung der Wälder und Böden für die Temperaturgrenzen erklärt. Ohne Senkenschutz kein effektiver Klimaschutz. Das war damals noch gar nicht auf meinem Radar.

Niklas schaute sich für seine Dissertation verschiedene Pfade zur Emissionsminderung an und überlegte, wie die Reduktionspflichten auf einzelne Staaten zu verteilen wären. Was wäre gerecht? Was praktikabel? Natürlich gab es dabei Unsicherheiten. Es ging um Gerechtigkeitsprinzipien und Werturteile, und es gab Forscher, die ganz grundsätzlich bezweifelten, dass eine angemessene Verteilung überhaupt berechenbar sei. Doch er ließ sich davon nicht abschrecken und rechnete. Am Ende erhielt er eine recht große Bandbreite, was die Höhe der CO_2-Reduktion betraf – in seiner Dissertation lag sie für die Industrieländer noch bei 25 bis 50 Prozent Reduktion bis 2020, verglichen mit dem Niveau von 1990. Ziemlich ungenau, könnte man einwenden. Aber Niklas sagt: »Wir wissen ziemlich genau: Wenn ein Land weniger reduziert, als in dieser Bandbreite angegeben ist, dann reicht es sicherlich nicht aus.

Und das ist eine wichtige Information.« Das Urteil in Sachen Urgenda gibt ihm recht.

Da Niklas als Autor am vierten Sachstandsbericht des IPCC beteilig war, fand seine Tabelle Eingang in den Report – allerdings mit überarbeiteten und deshalb genaueren Zahlen. Aus den 25 bis 50 Prozent waren jene 25 bis 40 Prozent geworden, die später im Urgenda-Prozess so wichtig werden sollten. Zunächst aber benutzten die Vertragsstaaten der UN-Klimarahmenkonvention auf dem Klimagipfel von Cancún, der 2010 stattfand, die Tabelle aus dem IPCC-Bericht als Vorlage, und die Industrieländer erkannten an, dass sie ihre Emissionen bis 2020 um 25 bis 40 Prozent unter das Niveau von 1990 senken müssten. Manche Staaten machten daraus dann auch ihre nationalen Klimaziele.

Für die Niederlande schien es zunächst kein Problem zu sein, die Beschlüsse von Cancún umzusetzen. Doch das änderte sich bald. Marjan erinnert sich: Die damalige Regierung habe bereits im Jahr 2007 das Ziel ausgegeben, die Emissionen des Landes bis 2020 um 30 Prozent zu senken – dann aber nichts unternommen, um das auch zu erreichen. »Und drei Jahre später gab eine neu gewählte Regierung das Ziel aus politischer Bequemlichkeit auf, ohne dass es dafür irgendeine wissenschaftliche Begründung gegeben hätte«, sagt sie. Damit fielen die Niederlande hinter die Vereinbarung von Cancún und ebenso hinter die Erkenntnisse des IPCC-Berichts zurück. Darauf baute Urgenda die Klage auf.

In der Klageschrift vertrat die Stiftung die Auffassung, dass die Regierung durch ihre Untätigkeit ihre Schutzpflicht gegenüber Urgenda und den niederländischen Bürgerinnen und Bürgern verletze und ebenso ihre von der Europäischen Menschenrechtskonvention (EMRK) garantierten grundlegenden Rechte. Urgenda forderte: Das Gericht solle den niederländischen Staat verpflichten, die Emissionen des Landes bis 2020

154

um jene 25 bis 40 Prozent zu senken, die in Niklas Höhnes Tabelle verzeichnet und wissenschaftlich begründbar waren. Die Regierung hielt mit den inzwischen üblichen Argumenten dagegen: Klimaschutz sei nicht justiziabel. Ohnehin erwachse aus nationalen oder internationalen Regelwerken keine juristisch bindende Verpflichtung, die Emissionen tatsächlich um 25 Prozent zu reduzieren. Und schließlich seien die Niederlande so klein, dass sie die globale Erderwärmung kaum beeinflussen könnten – hier ist es wieder, das schon erwähnte »drop in the ocean«-Argument.

Als am 24. Juni 2015 das Urteil fiel, wies das Gericht jedes einzelne Argument der Regierung zurück. Urgenda hatte gewonnen. »Das war wirklich ein großer Schritt«, sagt Marjan. »Niemand hatte geglaubt, dass wir gewinnen würden, nur wir selbst.« Alle anderen hätten die Klage für eine reine PR-Aktion gehalten. »Wir waren ganz aus dem Häuschen, wir haben sogar ein paar Tränen vergossen. Aber dann wurden sofort die TV-Kameras auf uns gerichtet, und wir mussten das Urteil vernünftig einschätzen. Da blieb keine Zeit für Aufregung.«

Zu den juristischen Feinheiten des Falls gehört, dass die Richterinnen und Richter die Verpflichtung des Staates zum Klimaschutz nicht unmittelbar aus den Menschenrechten der EMRK herleiteten, sondern sich auf eine haftungsrechtliche Bestimmung aus dem niederländischen Zivilrecht bezogen. Darin sahen sie die Schutzpflicht des Staates gegenüber seinen Bürgerinnen und Bürgern verankert. Doch das Gericht sagte auch: Was genau diese Schutzpflicht bedeute, müsse im Lichte internationaler Regelwerke festgelegt werden, beispielsweise der EU-Menschenrechtskonvention, der UN-Klimarahmenkonvention oder der Europäischen Verträge. Damit waren die Menschenrechte indirekt eben doch maßgeblich, und die Regierung wurde verpflichtet, die Emissionen des Landes bis

2020 um mindestens 25 Prozent zu senken, wie von Urgenda gefordert.

Die Regierung wollte das nicht auf sich sitzen lassen und legte Rechtsmittel ein – und verlor abermals. Am 9. Oktober 2018 wies das Berufungsgericht ihren Antrag in allen Punkten zurück. Und im Gegensatz zur ersten Instanz billigte es Urgenda zu, als NGO vor Gericht eben doch auch Menschenrechtsverletzungen direkt geltend machen zu können. Am 20. Dezember 2019 bestätigte das Oberste Gericht der Niederlande das Urteil. Erst dann, betont Marjan, habe die Regierung endlich begriffen, dass sie tatsächlich etwas tun müsse.

Seit dem Urgenda-Urteil hat sich die niederländische Klimapolitik sehr verändert. In einem ersten Schritt nahm die Regierung ein Kohlekraftwerk vom Netz, erließ Regeln zur Energieeffizienz für Industrie und Verbraucher und verstärkte den Ausbau der erneuerbaren Energien. Mittlerweile ist gesetzlich beschlossen, dass die Niederlande bis 2030 aus der Kohle aussteigen wollen. Außerdem schreibt ein Klimaschutzgesetz vor, dass die Emissionen des Landes bis 2030 um 49, bis 2050 um 95 Prozent sinken sollen.

Und Marjan widmet sich wieder der Suche nach Lösungen. Gemeinsam mit 800 weiteren Organisationen legte Urgenda einen Plan vor, der 54 Schritte beschreibt, um das Urteil innerhalb eines Jahres zu erfüllen. »Damit die Regierung nicht behaupten kann, das ginge nicht.« Sie sagt, viele lokale und regionale Verwaltungen benutzten den Plan, um klimafreundliche Veränderungen zu erreichen. Und auch die niederländische Regierung arbeite damit. »Wir haben die Dinge beschleunigt«, sagt sie. »Es hätte schneller gehen können – und müssen. Aber letztlich haben wir eine große Wirkung erzielt.«

Niklas Höhne rechnet derweil damit, dass künftig nicht nur die Politik Zahlen brauchen wird, wie er sie berechnet. Mit der steigenden Anzahl von Gerichtsverfahren werde wohl auch die

Nachfrage von juristischer Seite steigen, glaubt er. So ist es. Nicht nur ich telefoniere mit Niklas. Mittlerweile machen große Anwaltskanzleien weltweit Werbung mit rechtlicher und fachlicher Beratung bei Klimaklagen.

In Den Haag hat das Bezirksgericht unterdessen ein weiteres Präzedenzurteil erlassen – diesmal nicht gegen einen Staat, sondern gegen ein Unternehmen. Im Juni 2021 verurteilte es den Ölkonzern Shell, seinen globalen CO_2-Ausstoß bis 2030 um 45 Prozent zu reduzieren, verglichen mit dem Niveau von 2019. Das Unternehmen legte Berufung ein. Den Fall greifen wir im folgenden Kapitel auf.

URGENDA ZIEHT KREISE: ›DER FALL DES JAHRHUNDERTS‹

Im Herbst 2018 gingen in Frankreich Zehntausende für eine stärkere Klimapolitik auf die Straße. Nie zuvor habe es im Land eine größere Klimademonstration gegeben, meint meine Freundin und Kollegin Marie Toussaint. Marie ist Umweltanwältin, Aktivistin und inzwischen Europaabgeordnete der Grünen. Kennengelernt haben wir uns 2019, als wir gemeinsam über der EU-Klimaklage grübelten.

Um sich für mehr Klimagerechtigkeit einzusetzen, gründete Marie im Jahr 2015 zusammen mit anderen die Organisation Notre Affaire à Tous (auf Deutsch: Unsere gemeinsame Sache oder auch »Fall« im Sinne des Gerichtsverfahrens). Ihr Ziel ist es, die Interessen der Allgemeinheit gegen jene zu verteidigen, die den Planeten zerstören. Notre Affaire à Tous betreute meinen Mandanten im *People's Climate Case*, Maurice Feschet, einen Lavendelbauer aus der Provence. Marie und ich sprechen oft über Klimapolitik, unsere Fälle und Ideen – und inzwischen über ihre Gesetzesvorhaben für die EU. Auch für sie ist der

Schritt, für das Klima vor Gericht zu ziehen, ein letzter Versuch, »um endlich eine friedliche Antwort zu erhalten, bevor die Welt ins Chaos stürzt«.[25]

Am 18. Dezember 2018 – nur zwei Monate nach meiner Klimaklage vor dem Verwaltungsgericht Berlin – erhob Notre Affaire à Tous zusammen mit Greenpeace Frankreich, Oxfam Frankreich und der Umweltschutzorganisation Fondation pour la Nature et l'Homme vor dem Pariser Verwaltungsgericht eine Klimaklage gegen den französischen Staat.[26] Sie nannten sie den »Fall des Jahrhunderts« und forderten, der französische Staat müsse seine Klimaziele der 1,5-Grad-Schwelle aus dem Pariser Klimaabkommen anpassen. Wenigstens aber sollte die Regierung eine Politik betreiben, mit der sie ihre bisherigen gesetzlich festgeschrieben Ziele auch erreichen könne. Denn das war bis dato nicht der Fall, wie die französischen Emissionsdaten ganz klar zeigten (so wie bis heute ja auch in Deutschland).

Mehr als zwei Millionen Menschen unterzeichneten eine Petition, um die Klage zu unterstützen. Schauspielerinnen, unter ihnen Juliette Binoche und Marion Cotillard, Musiker und Influencer solidarisierten sich. Die Stimmung im Land war aufgeheizt. Das politische Klima schien nicht günstig für Notre Affaire à Tous, denn erst wenige Wochen, bevor die NGOs die Klage erhoben, hatte eine Steuererhöhung auf fossile Kraftstoffe anhaltende Proteste in der Bevölkerung ausgelöst. Es wurde versucht, die Gelbwestenbewegung und die Klimaklage gegeneinander auszuspielen. Notre Affaire à Tous reagierte, indem die Verantwortlichen der Organisation immer wieder betonten, wie sehr soziale und ökologische Themen zusammengehören und dass die Regierung ihre Energiepreisreform auch sozial gerecht und umweltfreundlich hätte gestalten können. So hätte sie beispielsweise die Steuer vom persönlichen Lohn- oder Gehaltsniveau der Menschen abhängig machen können. Aber das tat sie nicht.

Notre Affaire à Tous und die drei anderen Verbände klagten als Organisationen. Zwar sei es in Frankreich nicht ausgeschlossen, dass Einzelpersonen Klimaschäden juristisch geltend machen, erklärt Paul Mougeolle, der Notre Affaire à Tous als Jurist vertritt. »Aber es wurde bisher noch von keinem Gericht ausdrücklich anerkannt.« Umweltorganisationen aber dürfen im Fall von ökologischen Schäden klagen, »das ist in Frankreich üblich und wird auch seit Längerem schon so praktiziert«. Der Klimawandel stelle einen ökologischen Schaden dar, argumentierten die Kläger, und der französische Staat trage zu seiner Verursachung bei.

Vor Gericht kamen sie damit durch. Am 3. Februar 2021 ließ das Verwaltungsgericht von Paris die Klage zu und befand, dass der französische Staat tatsächlich nicht genug tue, um seine selbst gesetzten Klimaziele zu erreichen.[27] Den Antrag, diese Klimaziele zu verschärfen, um das Pariser Abkommen zu erfüllen, wies es allerdings ab. »Das Gericht meinte, wir hätten nicht ausreichend dargelegt, dass die unzureichenden französischen Ziele unmittelbar für den ökologischen Klimaschaden verantwortlich sind«, erklärt Paul. Er hätte persönlich gerne Berufung dagegen eingelegt. Doch am Ende entschieden die vier Verbände im Konsens, das nicht zu tun. Lieber wollten sie sich auf den zugelassenen Teil der Klage konzentrieren. Für mich belegt die Entscheidung zur Zulässigkeit aber schon meine These, dass Schäden durch den Klimawandel einzelnen Verursachern zurechenbar und auch ökologische Schäden sind – und diese sind aufgrund europäischen Rechts überall in der EU einklagbar.

Das Gericht bat die Streitparteien, ergänzende Argumente und Beweisanträge beizubringen. Der Fall wurde verhandelt, und am 14. Oktober 2021 wurde das Urteil verkündet: Das Verwaltungsgericht wies die Regierung an, unverzüglich konkrete Maßnahmen zu ergreifen, um die – gemessen an den selbst gesetzten Zielen – zu hohen Emissionen der Jahre 2015 bis 2018 auszugleichen. »Politisch gesehen bleibt das Urteil ein deutlicher Erfolg«, meint Paul. »Dem Präsidenten wird es schwerfallen, die Gerichtsverfügung einzuhalten, da Frankreich seine selbst gesetzten Ziele schwer verfehlt hat.«

Ich freue mich über diese Entscheidung, denn damit wurde der Budgetgedanke in der Rechtsprechung klar umgesetzt. Genau das hatten wir eigentlich auch vor dem Verwaltungsgericht Berlin beantragt – und waren damals noch gescheitert. Doch das nur nebenbei bemerkt.

Doch der französische Staat ist noch durch ein weiteres Klimaurteil unter Druck geraten. Es war von der Gemeinde Grande-Synthe angestrengt worden, einer 23 000-Einwohner-Stadt am Ärmelkanal, die sich durch den Anstieg des Meeresspiegels bedroht sieht. Der ehemalige Bürgermeister von Grande-Synthe hatte sich deshalb an die französische Regierung gewandt und verlangt, alle notwendigen Maßnahmen zu treffen, um die Treibhausgasemissionen im Land zu senken. Doch er erhielt nie eine Antwort. Also zog er mit der Gemeinde vor das oberste Verwaltungsgericht, den Conseil d'État, und bat um eine Prüfung des Sachverhalts.

Das Gericht ließ die Klage der Gemeinde zu, denn Grande-Synthe konnte die Gefahr des Meeresspiegelanstiegs sowie die damit einhergehende Bedrohung der Stadt und auf diese Weise ihr direktes und bestimmtes Interesse an einer gerichtlichen Überprüfung hinreichend belegen. Nicht nur Umweltorganisationen können also in Frankreich vor Gericht etwas für den Klimaschutz erreichen. Auch betroffene Kommunen haben gute Chancen. Am 19. November 2020 entschied sodann der Conseil d'État, dass die Regierung sich mehr anstrengen müsse, um ihre für das Jahr 2030 selbst gesetzten Klimaziele zu erreichen.[28] Die Klage des Bürgermeisters hingegen war mangels persönlicher Betroffenheit nicht zugelassen worden. Der Politiker legte dagegen Beschwerde beim Europäischen Gerichtshof für Menschenrechte ein. Mittlerweile liegt auch dieser Fall bei der Großen Kammer des EGMR.

Im Klartext heißt das: Die französischen Klimaziele haben Gesetzeskraft und sind gerichtlich durchsetzbar, auch wenn der Staat im Moment noch keinen besonderen Ehrgeiz zeigt, seinen Verpflichtungen aus den beiden Urteilen nachzukommen. Am 31. Dezember 2022 können die Umweltorganisationen erneut Bilanz ziehen. Für den Fall, dass der Staat seine Klimaziele dann immer noch verfehlt, bereiten sie sich jetzt schon darauf vor, wieder vor Gericht zu ziehen. Und wir in Deutschland werden die Verfahren genau beobachten – steht uns doch auch hier eine Verfehlung der Ziele unter dem deutschen Klimaschutzgesetz vor Augen.

SECHS
HOFFNUNG AUF
GLOBALE GERECHTIGKEIT

Bis hierher lag der Schwerpunkt dieses Buchs überwiegend auf Klimaklagen gegen Staaten, denn die meisten Klimaklagen werden eben gegen Staaten oder deren Organe erhoben. In den USA waren es einem kürzlich veröffentlichten Report zufolge bislang 90 Prozent, davon 73 Prozent gegen die föderale Regierung in Washington, D. C., und 17 Prozent gegen Bundesstaaten. Im Rest der Welt richteten sich bisher 76 Prozent der Klagen gegen Regierungen.[1]

Doch Klagen gegen Unternehmen gewinnen zahlenmäßig an Bedeutung, und juristisch stützen sie sich auf immer kreativere und vielfältigere Argumente. Das Feld entwickelt sich rasant, auch weil immer mehr Gerichtsprozesse gegen Staaten erfolgreich sind – und darauf können Unternehmensklagen aufbauen. Deshalb soll es in diesem und dem folgenden Kapitel um Verfahren gegen Unternehmen gehen.

Sie sind gleich aus mehreren Gründen verzwickt. Sie betreffen die Geschäftstätigkeit von global tätigen Konzernen, doch zuständig sind mangels internationaler Gerichtsbarkeit die Gerichte eines einzigen Landes. Globale Wertschöpfungsketten sind aber weitverzweigt und komplex. Wo endet da die Zuständigkeit (»Jurisdiktion«) eines Gerichts?[2] Lässt sich die Verantwortung für klimaschädliche Emissionen oder andere Umweltschäden entlang einer Lieferkette verorten? Ist ein Unternehmen für die Emissionen verantwortlich, die Kunden mit seinen Produkten erzeugen wie im Falle von Autos? Kann man

Unternehmen für Emissionen belangen, wenn diese doch gleichzeitig nach geltendem Völkerrecht auch den Staaten zugeordnet werden müssen, in deren Hoheitsbereich sie entstehen? Und wie ist mit dem Problem umzugehen, das wir in Kapitel 3 schon angesprochen haben: RWE, Shell und andere Firmen verfügen ja meistens über gültige Konzessionen oder Genehmigungen, die ihnen die klimabelastende Produktion erlauben – sind sie deshalb nicht zur Verantwortung zu ziehen?

Auf keine dieser Fragen gibt es eine im Gesetz eindeutig geregelte Antwort. Das macht die Sache kompliziert. Zugleich eröffnet es aber Chancen, auf juristischem Weg gegen große Emittenten vorzugehen.

Meinen Standpunkt zur Frage, inwieweit Unternehmen in einem staatlich gesetzten Rahmen eine eigene Verantwortung für die Auswirkungen der Klimakrise tragen, habe ich bereits erklärt: Solange ein Staat nicht per Gesetz dafür sorgt, dass die Emissionen (global) im Einklang mit dem Pariser Abkommen auf null sinken, oder regelt, wie mit bereits entstandenen Schäden und Kosten für Anpassungsmaßnahmen zu verfahren ist – so lange steht es jedem offen, gegen Unternehmen als Verursacher rechtlich vorzugehen. Und je mehr Gerichte sich dieser Auffassung anschließen und das Recht anwenden, desto wahrscheinlicher wird es, dass sich immer mehr Firmen juristisch verantworten müssen; desto größer sind die Aussichten auf erfolgreiche Klimaklagen und irgendwann vielleicht auch auf entsprechende spezielle Gesetze, die ein bisschen Gerechtigkeit schaffen.

Die Ziele der Klimaklagen gegen Unternehmen können unterschiedlich sein. Manche wollen Firmen dazu verpflichten, ihre Emissionen zu reduzieren und so zum globalen Klimaschutz beizutragen. Andere fordern einen Ausgleich für die Schäden und Verluste, die aufgrund der Erdüberhitzung bereits entstanden sind, oder eben – wie Saúls Klage – die Übernahme von Schutzmaßnahmen. Um sie wird es in diesem Kapitel gehen. Innerhalb einer global agierenden Wirtschaft, deren Regeln Menschenrechte und Natur allzu oft nicht schützen, geben solche Klagen den Menschen, die jetzt schon am meisten unter der Klimakrise leiden, zumindest eine Chance auf Gerechtigkeit.

Genau wegen dieser Chance verfolgen weltweit so viele das Verfahren von Saúl gegen RWE. Und deswegen ist auch eines der meistzitierten Verfahren unter den Klimaklagen die in den USA schon 2008 gescheiterte Klage des Dorfes Kivalina. Ein anderer Fall, der eine Grundlage für weitere, konkrete Klimaklagen gegen Unternehmen schaffen könnte – also neue für die Überquerung des Flusses hilfreiche Steine liefern könnte –, kommt von den Philippinen.[3]

EIN FRÜHER VERSUCH MIT FOLGEN

Kivalina ist eine kleine Siedlung an der Westküste Alaskas, sie liegt ganz am Ende einer flachen, schmalen, lang gestreckten Landzunge am Rand des Nordpolarmeers. Etwa 400 Menschen leben hier. Die meisten gehören der indigenen Volksgruppe der Inupiat an. Sie fischen, jagen, arbeiten für die Schule, die Stadtverwaltung oder die örtliche Klinik. Ihre Heimatinsel wird auch als Barriereinsel bezeichnet, weil sie der eigentlichen Küste wie ein Riff vorgelagert ist und diese so vor der Naturgewalt des Meeres schützt.[4]

Doch der Klimawandel lässt die Barriere selbst erodieren. Der Boden unter Kivalina, der früher permanent gefroren war, taut auf, das Riff zerbröckelt. Mit dem arktischen Eis schmilzt der Schutz des Dorfes vor dem Meer. Das Wasser steigt, kommt immer näher an die Siedlung heran; heftige Stürme verursachen immer wieder zerstörerische Überflutungen. In Kivalina zeigt sich die Klimakatastrophe in ihrem ganzen existenzbedrohenden Ausmaß. Mit Schutzwällen und Evakuierungsstraßen versuchen die Bewohnerinnen und Bewohner, sich mehr Zeit auf ihrer Insel zu erkaufen. Aber alle sind sich einig: Die Menschen müssen umsiedeln.[5]

Um die Mittel für eine Umsiedlung und Schutzmaßnahmen einzufordern, erhoben sie am 26. Februar 2008 eine Klage gegen den US-Ölkonzern ExxonMobil und 23 weitere Unternehmen aus der Öl-, Energie- und Versorgungswirtschaft. Die Rechtsgrundlage gleicht vereinfacht dem Paragraf 1004 BGB (siehe Kapitel 3). Die Menschen von Kivalina argumentierten, dass die Unternehmen aufgrund der von ihnen verursachten Emissionen für die Klimakrise verantwortlich seien. Zudem hätten sie sich unter der Führung von ExxonMobil verschworen, um die Erderwärmung und ihre Auswirkungen zu leugnen und die Öffentlichkeit so in die Irre zu führen – dass dem tatsächlich so war, ist detailliert belegt.[6] Deshalb müssten die Firmen nun Verantwortung übernehmen für die von Kivalina erlittenen Schäden, konkret für das Verschwinden des Eises und die Erosion. Und sie müssten die Kosten der deshalb nötigen Umsiedlung tragen, die damals auf einen Betrag zwischen 95 und 400 Millionen Dollar geschätzt wurde.[7]

Seither ist die Geschichte des untergehenden Dorfes vielfach erzählt worden: in Reportagen, juristischen Fachaufsätzen, einem Buch, einem Dokumentarfilm. Doch all die Aufmerksamkeit brachte den Menschen Kivalinas keine Hilfe. Das Gericht nahm ihre Klage gar nicht erst zur Verhandlung an. Seine Begründung: Die Klagenden könnten nicht beweisen, dass die Unternehmen ihnen tatsächlich einen Schaden zugefügt hätten. Vor allem aber sei die Frage, was am besten gegen den Klimawandel zu tun sei, eine politische Angelegenheit, die nicht von einem Bundesgericht entschieden werden könne. Kurzum: Die Klage war unzulässig. Ein Berufungsgericht bestätigte diese Entscheidung, und im Mai 2013 lehnte der

Supreme Court dann einen Revisionsantrag des Dorfes in letzter Instanz kommentarlos ab.[8]

Kivalina v. ExxonMobil ist eine sehr frühe Klimaklage, und nach *Connecticut v. American Electric Power Co.* wohl die zweite überhaupt gegen private Emittenten.[9] Der Anwalt, der sie beide vertrat, war Matt Pawa, mit Leib und Seele Prozessanwalt und einer der ersten Anwälte weltweit, die schon 2002 mit uns über Klimaklagen ganz praktisch diskutieren konnten. Peter Roderick und ich hatten ihn damals nach London zum Gründungstreffen unseres Climate Justice Programme eingeladen. Wir sind bis heute in Kontakt.

Matt wusste 2008, im Jahr seiner Klageerhebung, natürlich, dass die Attributionswissenschaft noch jung war, dass also der Kausalzusammenhang zwischen Klimawandel und den Verhältnissen vor Ort nur sehr schwer zu beweisen sein würde. Aber auch damals stand der Beitrag von Exxon zum Klimawandel bereits fest. Und Kivalina hatte keine Zeit zu verlieren.

Das viel größere Problem, mit dem sich Matt in diesem Fall herumschlagen musste, hatte mit Fragen der Gewaltenteilung zu tun. Es hindert bis heute Gerichte in den USA daran, eine aktive Rolle zu übernehmen. Dort herrscht nämlich die Rechtsauffassung vor, dass Bundesgerichte in Zivilklagen in Klimafragen nichts zu entscheiden hätten. Oder wie es das für *Kivalina* zuständige Berufungsgericht in seiner Entscheidung formuliert hat: »Natürlich hilft unser Beschluss (den Menschen von) Kivalina nicht, die durch das ansteigende Meer vertrieben werden. Aber die Lösung für Kivalinas schlimme Lage muss in den Händen des gesetzgebenden und exekutiven Zweigs unserer Regierung liegen, nicht in den auf Bundesebene relevanten Präzedenzurteilen von Gerichten.«[10]

Diese Auffassung wird oft *political doctrine* genannt. Wegen ihr sind in den USA bisher so gut wie alle relevanten Klimaklagen vor Gericht gescheitert – und wegen ihr verfolgen Julia

Olson und ihre Mitstreiterinnen und Mitstreiter von Our Children's Trust nun den Weg über die grundlegenden Bürger- und Menschenrechte, um den juristischen Kampf gegen die Klimakatastrophe endlich voranzubringen. Ihre Arbeit zeigt: Das kann ein gangbarer Weg sein, trotz der *political doctrine* Fortschritte zu erzielen.

Hinter der Doktrin stecken zwei Urteile des Supreme Court. Im Jahr 2007 entschied das Oberste Gericht der USA auf eine (gewonnene!) Klage mehrerer Bundesstaaten hin, dass Treibhausgase als Schadstoffe *(air pollutants)* einzuordnen seien.[11] Darauf aufbauend urteilte es im Falle *Connecticut v. American Electric Power Co.* im Jahr 2011[12] einstimmig: Auf der Bundesebene habe allein die Umweltbehörde EPA die Befugnis, den Ausstoß von Treibhausgasen zu regulieren. Die Gerichte dürften deshalb keine konkurrierenden eigenen Regeln erlassen.

Küstenstädte und -staaten verklagen derzeit trotzdem vor mehreren Gerichten Energieunternehmen wegen Störung der öffentlichen Ordnung *(public nuisance)*, wie zum Beispiel der kalifornische Ort Imperial Beach, der von drei Seiten vom Meer begrenzt wird.[13] Imperial Beach möchte sich mit einer Barriere gegen das Wasser schützen, doch das Budget, das der Stadt zur Verfügung steht, ist übersichtlich – es liegt wohl unter dem Jahresgehalt leitender Exxon-Angestellter. Also fordert Imperial Beach vor Gericht die Erstattung der Summe, die es kosten würde, Schäden zu reparieren und sich Schutzanlagen zu bauen. Andere Kläger, etwa der Bundesstaat Minnesota, werfen den Ölkonzernen betrügerische Praktiken vor.[14]

Wie erfolgreich das sein kann? Darauf gibt es bisher keine eindeutige Antwort.[15] Erst recht nicht, nachdem im Sommer 2022 die klimapolitischen Karten in den USA neu gemischt wurden: Der Supreme Court entzog der EPA die Regulierungskompetenz für Klimafragen und hob damit de facto sein elf Jahre altes Urteil zum Fall *Connecticut v. American Electric*

Power Co. auf. Für die US-Klimapolitik war das ein herber Rückschlag. Die derzeitige konservative Mehrheit des Gerichts entschied, dass Bundesbehörden ganz generell keine konkreten, im ganzen Land verbindlichen Vorschriften mehr erlassen dürfen, sei es in der Umwelt- und Klimapolitik oder in anderen Bereichen, beispielsweise in der Gesundheitspolitik.[16] Dafür zuständig sollten nur noch die einzelnen Bundesstaaten sein – oder eben das Parlament in Washington, D. C.. Bei einem gespaltenen Kongress, wie ihn die USA aktuell erleben, schränkt das die Handlungsspielräume für den US-Präsidenten in allen möglichen Politikbereichen stark ein.

Doch Joe Bidens Regierung konterte mit einem unerwarteten Schachzug: Im neuen Inflation Reduction Act, der einen Großteil von Bidens klimapolitischen Vorhaben gesetzlich verankert und im Sommer 2022 nach langen Verhandlungen das Parlament passierte, definierte sie Treibhausgase als Schadstoff (*air pollutant*). Rechtsexperten der Demokratischen Partei gehen nun davon aus, dass dieser Passus der EPA doch wieder das Recht eröffnet, Emissionen zu regulieren.[17] Zugleich starteten Klimaaktivisten eine Petition an die EPA, in der sie forderten, dass die Behörde die Grenzwerte für Treibausgasemissionen in den USA nach und nach auf null führen möge.[18] Zwar könnten zivilrechtliche Klimaklagen durch die Entscheidung des Supreme Court höhere Erfolgsaussichten bekommen. Aber politisch, so sehen das auch die Aktiven bei Our Children's Trust, wird es in den USA durch den Richterspruch nicht leichter, das Klima zu schützen.[19]

MENSCHENRECHTE GELTEN
AUCH FÜR UNTERNEHMEN

Im September 2009 traf der Taifun Ketsana die Philippinen. Er brachte so starken Regen, dass die Hauptstadt Manila und angrenzende Gebiete innerhalb kürzester Zeit von Sturzfluten überschwemmt wurden. Hunderte Menschen starben in den schlammigen Wassermassen. Veronika »Derek« Cabe saß an ihrem Arbeitsplatz in Manila fest, während ihre gesamte Familie in ihrem Haus in Marikina, nördlich der Hauptstadt, von der Flut eingeschlossen wurde. Das Wasser stieg immer weiter. Derek konnte nichts tun – außer die Lage ihrer Angehörigen aus der Ferne über die Textnachrichten ihrer Schwester zu verfolgen.»Sie schrieb: Das Wasser ist jetzt im zweiten Stock. Dann schrieb sie: Wir müssen die Mauer durchbrechen und aufs Dach klettern. Das Wasser kommt, es hört nicht auf.« Stundenlang saßen sie auf dem Dach, durchnässt und hungrig, und warteten auf Hilfe. Sie überlebten. Aber das Haus war unbewohnbar.

»Wir mussten Freunde bitten, uns aufzunehmen«, erinnert sich Derek. »Das war so schwer. Wir hatten nur noch die Kleider, die wir am Leib trugen, mussten um alles bitten, wir hingen von Nothilfe ab, um zu überleben. Wir hatten keine Würde. Es fühlte sich an, als ob wir als Menschen weniger wert wären.« Dereks Vater infizierte sich mit Leptospirose, einer Infektionskrankheit mit grippeähnlichen Symptomen, die von Nagetieren übertragen wird, und erkrankte dann auch noch an Tetanus, weil er sich an einem schmutzigen Nagel verletzt hatte. Er musste ins Krankenhaus. Im Haus der Familie stand der Schlamm nach der Flut kniehoch. Es dauerte drei Monate, bis sie es wenigstens notdürftig wieder instand gesetzt hatten und zurückkehren konnten.

Die Philippinen werden mehrmals jährlich von Taifunen heimgesucht. In den letzten Jahren würden die Stürme immer heftiger, sagt Derek. »Es ist, als kämen sie jedes Mal mit noch mehr Macht zurück.« Das bestätigt auch die Wissenschaft.

Rund 110 Millionen Menschen leben in dem Inselstaat im westpazifischen Meer, in einer durch die Klimakrise besonders hart getroffenen Weltgegend. Zugleich sind die Philippinen schlechter als andere Länder in der Lage, sich gegen die daraus resultierenden Risiken zu wappnen.[20] Mit dem Meeresspiegel steigt auch die Gefahr von Überschwemmungen, und weil Asiens Küsten sehr dicht besiedelt sind, bringt das dort besonders viele Menschen in existenzielle Nöte.[21]

Anfang Dezember 2012 tagte in Doha gerade der jährliche UN-Klimagipfel, als Bopha die Philippinen traf, einer der bis dato stärksten Taifune. Mehr als tausend Menschen kamen durch ihn um. Und schon elf Monate später wiederholte sich die Katastrophe – nur dass sie dieses Mal viel, viel schlimmer ausfiel. Im November 2013 zog der Taifun Haiyan über die philippinischen Inseln Leyte und Samar hinweg, löste eine Sturmflut aus und verwüstete die Städte Tacloban und Guiuan, in denen zu der Zeit insgesamt etwa 270 000 Menschen lebten. In der Katastrophenregion starben Tausende. Millionen wurden obdachlos. Ein Jahr später wurden immer noch mehr als tausend Menschen vermisst.[22]

Wie Bopha wütete Haiyan auf den Philippinen, als anderswo gerade ein UN-Klimagipfel stattfand. Diesmal tagten die Delegationen in Warschau.

Als die Konferenz begann, war Haiyans Landfall gerade einmal drei Tage her, und das Ausmaß der Zerstörungen war noch gar nicht absehbar. Aber dass sie schrecklich sein würden, wusste man auch in Warschau. Die Stimmung war gedrückt, denn allen auf dem Gipfel war klar, dass diese Katastrophe unmittelbar ihre Arbeit betraf. Erst 2012 war ein Sonderbericht des IPCC zu extremen Wetterereignissen und Klimaanpassung veröffentlicht worden. Dass der Klimawandel sowohl Intensität als auch Häufigkeit von solchen verheerenden Ereignissen verstärkt, war nicht mehr zu leugnen.[23] Haiyan führte den Delegierten vor Augen, wie unzureichend die Ergebnisse der UN-Klimaverhandlungen bisher gewesen waren. Der polnische Umweltminister Marcin Korolec, der das Gipfeltreffen leitete, sprach von einem Weckruf.

Am ersten Tag des Warschauer Klimagipfels ergriff Naderev »Yeb« Saño das Wort, der Delegationschef der Philippinen, und hob zu einer eindringlichen Rede an. »Die ersten Schätzungen zeigen, dass Haiyan nie da gewesene, unvorstellbare und schreckliche Zerstörungen hinterlassen hat«, sagte er und beschrieb »Szenen, die an die Nachwirkungen eines Tsunami erinnern, mit einem riesigen verwüsteten Gebiet voller Schlamm, Schutt und Toten«. Und schon wieder ziehe ein neuer Sturm auf. Für Yeb war das kaum zu ertragen: dass die Menschen in seinem Heimatland, die noch nicht einmal angefangen hatten, sich nach Haiyan wieder aufzuraffen, so schnell der Gefahr einer neuerlichen Katastrophe ausgesetzt werden sollten.

Yeb rang um Fassung, denn er wartete just in diesem Moment immer noch auf Nachrichten von Angehörigen, von denen er nicht wusste, ob sie den Taifun überlebt hatten. Immerhin: Sein Bruder lebte. Aber das Schicksal anderer war noch ungewiss. Der philippinische Chefdiplomat appellierte eindringlich an die Anwesenden, »diesen Wahnsinn« zu beenden. Dann kündigte er an, in den Hungerstreik zu treten, »in Solidarität mit meinen Landsleuten, die zuhause darum kämpfen, Nahrung zu finden, und mit meinem Bruder, der in den vergangenen drei Tagen nicht gegessen hat«. Er werde so lange keine Nahrung zu sich nehmen, bis der Klimagipfel ein sinnvolles Ergebnis erzielt habe, sagte Yeb.[24]

Als er seine Ansprache beendet hatte, weinte er. Die Menschen im Saal erhoben sich und applaudierten.

Vielleicht trug Yebs Rede dazu bei, dass damals auf dem

Gipfel der »Warsaw International Mechanism for Loss and Damage« eingerichtet wurde: ein Mechanismus unter dem Dach der Vereinten Nationen, der dazu dienen sollte, mit den durch die Klimakrise verursachten Schäden und Zerstörungen im globalen Süden besser umzugehen.[25] Mit viel Mühe waren in den Monaten vor dem Gipfel Entwürfe geschrieben und die völkerrechtlichen Anforderungen definiert worden – auch von mir. Aber jenseits des klangvollen Namens blieb dieser Mechanismus eine leere Hülle. Nüchtern betrachtet, erreichte auch dieser Klimagipfel nicht viel – so auch das Fazit der Delegierten, die ich damals von Hamburg aus bei den Verhandlungen um »Loss and Damage« unterstützte. Bis heute haben die Industriestaaten nicht einmal ihre Finanzversprechen an die Entwicklungsländer gehalten, die diese dabei unterstützen sollen, sich an die Auswirkungen des Klimawandels anzupassen – von einer Entschädigung für Schäden und Verluste ganz zu schweigen.[26]

Derek Cabe macht das wütend. »Wir tragen sehr wenig zu dieser Klimakrise bei. Aber wir verlieren unsere Lieben und unseren Lebensunterhalt. Das ist nicht fair. Und jedes Mal, wenn ein Taifun erneut die Philippinen trifft, bringt er wieder die gleichen Zerstörungen.«

Heute lebt Derek in der Provinz Bataan, auf der gleichnamigen Halbinsel nicht weit von der philippinischen Hauptstadt Manila entfernt, und engagiert sich dort in der Bewegung für ein Bataan ohne Atomkraft und Kohle. Die Graswurzelorganisation kämpft gegen Kohlekraftwerke und offene Kohlelager, die die Menschen von Bataan krank machen, gegen das örtliche Atomkraftwerk, das nie in Betrieb genommen wurde, und gegen den Bau neuer Industrieanlagen, für die immer wieder Menschen vertrieben werden. Es ist ein gefährlicher Einsatz. Bis zum 1. Juli 2016 führte Gloria Capitan die Bewegung an, eine Freundin Dereks. Wie Derek trommelte sie gegen Kohlekraftwerke und offene Lagerstätte, organisierte Petitionen, reichte

Beschwerden ein. Dann wurde sie von zwei unbekannten Männern erschossen.[27] »Viele von uns werden eingeschüchtert, bedroht, belästigt, weil wir uns engagieren«, sagt Derek.

Yeb Saño ist heute kein Diplomat mehr. Stattdessen engagiert er sich als Geschäftsführer von Greenpeace Südostasien im Kampf gegen die Klimakatastrophe. Mit Derek Cabe und weiteren Überlebenden wandte er sich zwei Jahre nach Haiyan mit einer Petition an die philippinische Menschenrechtskommission. Unterstützt von Greenpeace und vielen Basisgruppen, darunter Menschenrechtsorganisationen, Gewerkschaften, Gemeindeinitiativen und kirchliche Hilfswerke, forderten sie die Kommission auf, die Verantwortung der großen globalen Öl- und Gaskonzerne für den Klimawandel und die daraus folgenden Verletzungen ihrer grundlegenden Rechte, beispielsweise auf Leben, Gesundheit, Nahrung und Selbstbestimmung, zu untersuchen.[28] Eine Grundlage ihrer Beschwerde war der Carbon Majors Report, der auch in Saúls Klage gegen RWE eine wichtige Rolle spielt. In ihrer Petition warfen sie den Konzernen vor, die Erderwärmung durch ihre Geschäftstätigkeit und ihre Produkte seit Jahren wissentlich zu befeuern – und vor allem daraus finanziellen Profit zu schlagen, während andere unter den Folgen litten.

DIE UNGEWÖHNLICHE ENTSCHEIDUNG EINES BESONDEREN GREMIUMS

Grizelda »Gerthie« Mayo-Anda nennt die Untersuchung vor der philippinischen Menschenrechtskommission »den Fall ihres Lebens«. Sie ist Anwältin in Palawan, einer philippinischen Provinz, die berühmt ist für die Schönheit und Vielfalt ihrer Natur. Hier findet man zahlreiche Tier- und Pflanzenarten, die nirgendwo sonst auf der Welt leben. Es gibt noch alte Wälder,

Mangroven und Korallenriffe, große Teile der Provinz stehen unter Schutz. Viele Menschen in Palawan leben von dem, was die Natur ihnen bereitstellt, sagt Gerthie: »Die Indigenen brauchen die Wälder, um dort Honig zu finden. Der Lebensunterhalt der Bauern hängt davon ab, dass sie genügend Wasser haben für ihre Felder. Und viele Menschen in Palawan ernähren sich von Fisch. Sie – und die Fischer selbst – brauchen die Korallenriffe und die Mangroven.«

Doch aufgrund des Klimawandels wird das Meer saurer, und das Wasser erwärmt sich, was die Korallen und die Fischbestände in Gefahr bringt. Und zu Land wollen Bergbauunternehmen in Palawan Bodenschätze abbauen und Stromversorger Kohlekraftwerke errichten. Gerthie geht dagegen auf die Barrikaden. Mit all ihrer Kraft hilft sie den Menschen in den Gemeinden dabei, sich gegen die Ausbeutung zu organisieren. Zu diesem Zweck hat sie ihre eigene Umweltorganisation gegründet, das Environmental Legal Assistance Center (ELAC). Sie sagt, sie sei Anwältin geworden, um die Natur von Palawan und die Menschen, die von ihr leben, zu schützen.

Gerthie ist eine Frau, der man allein aufgrund ihrer Energie, ihrer Fröhlichkeit und Entschlossenheit einfach zuhören muss. So ging es auch mir, als sie mir und einigen anderen Anwältinnen und Anwälten 2014 in einem Skype-Call das erste Mal von der Idee erzählte, Menschenrechte direkt gegenüber Unternehmen anzuwenden.

Die Petition vor der Menschenrechtskommission begleitet sie von Anfang an. Gerade in einem Land wie den Philippinen, wo die Achtung der Menschenrechte keine Selbstverständlichkeit ist, kommt dieser Kommission eine besonders wichtige Rolle zu. Zu ihren Aufgaben gehört es, auf eigene Initiative hin oder aufgrund von Beschwerden »alle Arten von Menschenrechtsverletzungen zu untersuchen, die bürgerliche und politische Rechte betreffen«. Ihr Auftrag ist in der Verfassung des

Landes aus dem Jahr 1987 verankert; im Mai 1987 rief die damalige Präsidentin Corazón Aquino sie ins Leben. Die Kommission arbeitet unabhängig und hat mehreren Versuchen des Ex-Präsidenten Rodrigo Duterte widerstanden, sie außer Gefecht zu setzen. Ihre fünf Mitglieder müssen mehrheitlich Anwälte sein. Deren Amtszeit läuft automatisch nach sieben Jahren aus – die der Kommission, die sich mit der Klimapetition befasst hat, ging im Juni 2022 zu Ende.

Rein juristisch betrachtet war die Klimabeschwerde an die Kommission eine ungewöhnliche Idee. Denn zunächst einmal gilt die Pflicht, Menschenrechte zu schützen, nur für Staaten. Private Einrichtungen wie Unternehmen sind nach der bisher herrschenden Meinung in der Rechtswissenschaft nur über Umwege an die Menschenrechte gebunden. Selbstverständlich wird immer wieder und in verschiedensten Ländern auch gegen Firmen der Vorwurf erhoben, sie würden die Menschenrechte nicht achten. Doch juristisch relevant ist das in den meisten Fällen nur, wenn sich dies in straf- oder zivilrechtliche Ansprüche einbauen lässt.[29] In Deutschland nennt man das die mittelbare Drittwirkung der Grundrechte. Gerthie und die anderen Beschwerdeführenden ignorierten das komplett. Sie sagten ganz einfach: Das, was die Unternehmen tun, ist so relevant, ihr Ausstoß an klimaschädlichen Gasen ist so groß, dass sie die Menschenrechte ebenso achten und schützen müssen wie Staaten. Sie unterliegen genau der gleichen Verpflichtung.

Gerthie erinnert sich noch gut daran, wie sie damals mit vielen anderen nach dem besten Weg suchte, eine Klimaklage auf den Philippinen erfolgreich auf den Weg zu bringen. Der reguläre Rechtsweg schien ihnen zu ungewiss. Sie fürchteten, die Klage würde aus technischen Gründen abgelehnt werden, etwa wegen mangelnder Zulässigkeit. »Es als Menschenrechtsfall zu formulieren und vor die Menschenrechtskommission zu bringen, war eine Herausforderung«, gibt Gerthie offen zu. »So etwas war völlig neu. Es bedeutete viel Arbeit.« Aber es gab eine Reihe internationaler Verträge und Abkommen, auf die sie sich berufen konnten, dazu den Carbon Majors Report. Und Wirbelsturm Haiyan hatte gerade deutlich die große Verwundbarkeit der Philippinen gegenüber dem Klimawandel demonstriert. »Wir glaubten, dass wir Experten und Menschen aus den Gemeinden dazu bringen könnten, vor der Kommission auszusagen. Um ihre Geschichten zu erzählen und zu zeigen, welche Auswirkungen Taifune auf den Philippinen haben.«

Für Derek und die anderen Engagierten der Anti-Kohle-Bewegung von Bataan war die Petition tatsächlich eine wichtige Gelegenheit, auf ihre Arbeit aufmerksam zu machen. »Uns kennen nicht so viele Leute«, sagt Derek. »Aber wir sind darauf angewiesen, dass die Menschen von unserem Widerstand erfahren. Wir kämpfen gegen Riesen, alleine können wir nicht genügend Druck erzeugen.«

Es war gewagt. Aber es funktionierte. Im September 2015 übergaben sie ihre Petition. Und während die Beschwerde in einem Land wie Deutschland oder Frankreich vor einem Gericht vermutlich gar nicht erst angenommen worden wäre, hatte sie auf den Philippinen Erfolg. Im Dezember 2015 entschied die dortige Menschenrechtskommission, eine Untersuchung einzuleiten.

Dass sie das tun würde, war nicht selbstverständlich gewesen, denn einen solchen Fall hatte es noch nie zuvor gegeben. Hinzu kamen formelle Schwierigkeiten. Das Mandat der Kommission war laut Verfassung auf die bürgerlichen und politischen Rechte beschränkt – doch das Gremium sagte: Menschenrechte sind universell und unteilbar, und sie stehen miteinander in Zusammenhang. Ein anderes Problem war, dass die meisten Carbon Majors gar nicht in den Philippinen ansässig waren. Dem begegnete die Kommission mit dem Argument, sie sei befugt, »alle Angelegenheiten [zu] untersuchen und [zu] beobachten (…), die die Rechte der philippinischen Bevölkerungen betreffen, besonders die der marginalisierten und verletzlichsten Gruppen«. Die Kohle-, Öl- und Gasunternehmen aber würden nicht gezwungen, sich zu äußern, sondern vielmehr dazu eingeladen. Die Untersuchung sei kein Gerichtsverfahren, sondern ein »inklusiver Dialog«.[30]

Im Jahr 2017 begann die Kommission mit ihrer Untersuchung. Sie sammelte Daten zum Klimawandel und führte Gespräche mit Menschen aus besonders betroffenen Gemeinden.[31] Die Petition fand großen Rückhalt in der Bevölkerung, vor allem bei Frauen. Sogar Strickklubs schlossen sich ihr an. Auch deshalb hat sie mich so sehr beeindruckt. All diese Menschen engagierten sich und nutzten das Recht für ihre Sache, obwohl zivilgesellschaftliches Aufbegehren auf den Philippinen extrem gefährlich sein kann, wie der Mord an Gloria Capitan zeigt. Proteste werden auf den Philippinen häufig mit Gewalt unterdrückt, Umweltvergehen kaum geahndet, denn oft sind die zuständigen Behörden korrupt oder die Interessen der wirtschaftlichen Akteure übermächtig. Anwältinnen und Anwälte, Richterinnen und Richter, im Journalismus und Umweltschutz Tätige sowie Angehörige indigener Gemeinschaften werden bedroht und getötet, und ihre Mörder kommen sehr oft ohne Strafe davon. Menschenrechtsgruppen berichten, dass zuletzt sogar Menschen umgebracht wurden, die einfach nur ihre Corona-Quarantäne nicht eingehalten hatten.[32]

In diesem schwierigen Umfeld eröffnete das Verfahren vor der Menschenrechtskommission einen Weg, die dramatischen Folgen des Klimawandels und die dahinter liegenden Interessen der Carbon Majors mit der gebotenen juristischen Distanz objektiv untersuchen zu lassen. Es gab Überlebenden wie Derek eine Stimme. Und es erzeugte weltweite Resonanz.

Von März bis Dezember 2018 hielt die philippinische Menschenrechtskommission eine Reihe von Anhörungen ab, nicht nur in Manila, sondern auch in London und New York. Sie befragte die Petitenten und andere Menschen, die über die Auswirkungen des Klimawandels auf den Philippinen Auskunft geben konnten. Da war Rica Diamzon Cahilig, eine junge Frau aus dem indigenen Volk der Aeta Ambala, die um ihre alte Kultur fürchtet, weil die Wälder und Gewässer ihrer Heimat die Menschen nicht mehr ernähren. Oder Reisbauer Felix »Ka Jhun« Pascua, der seine Felder kaum noch bewirtschaften kann, weil extreme Regenfälle sie häufig unter Wasser setzen, die Jahreszeiten sich verschieben und auch ungewöhnliche Trockenheit öfter auftritt als zuvor. Und da war der Gesundheitsexperte Jonathan Jadloc, dessen Frau, eine Chirurgin und Gynäkologin, nach Haiyan an Chikungunya-Fieber erkrankte und kaum noch mit ihren Händen arbeiten konnte. Richard Heede, der Autor des Carbon Majors Report, gab Auskunft über seine Erkenntnisse, und Carroll Muffett, Präsident des Center of Environmental Law, sprach darüber, wie die Ölkonzerne jahrelang die Gefahren des Klimawandels bestritten, obwohl sie es besser wussten.[33] Die Kommission bat auch die Carbon Majors selbst um Stellungnahmen. Doch die Unternehmen schickten niemanden, um persönlich auszusagen. Sie reichten ihre Statements lediglich schriftlich ein.

Die Geschichten der Betroffenen zu hören, sei sehr bewegend gewesen, sagt Gerthie. »Die Kommission, die anfangs vielleicht nur eine ungefähre Vorstellung vom Klimawandel hatte, verstand durch sie, was er wirklich bedeutet.«

Ich selbst durfte ebenfalls vor der Kommission aussagen. Im November 2018 flog ich dafür nach London. Vorher hatte ich noch mit Gerthie telefoniert. Sprich einfach über das, was du tust, hatte sie mir erklärt: Ich sollte der Kommission darlegen, inwieweit Menschenrechte und Klimawandel aus meiner Sicht zusammenhingen, und aufzeigen, dass Unternehmen auch in anderen Verfahren belangt werden. Ich sprach also über Saúls

Fall, über unsere Klage vor dem Berliner Verwaltungsgericht und den *People's Climate Case*; und weil die Menschenrechte auch im Fall Urgenda eine so wichtige Rolle gespielt hatten, berichtete ich auch über ihn. Ich legte dar, dass man einzelnen Unternehmen auch nach Maßstäben des Zivilrechts einen Anteil an den Folgen des Klimawandels zurechnen könne. Und dass man nationale Gesetze heranziehen müsse, um die Verantwortung der Unternehmen zu regulieren.[34]

Ich kann mich noch an die Atmosphäre dort in London erinnern. Die Anhörungen fanden in einem Universitätsgebäude statt, die Räume waren klein und eng, alles andere als angemessen und einladend. Aber die Ernsthaftigkeit, mit der die Kommissionsmitglieder dort arbeiteten, wie sie ihre Fragen stellten, und dass sie für diese Anhörung um die halbe Welt gereist waren, das hat mich wirklich berührt. Sie hörten sich alle Facetten von Meinungen und Perspektiven an: von mir als Klimaanwältin, von Versicherungs- und Fondsmanagern, die über die interne Risikoeinstufung bei den Carbon Majors sprechen sollten, von Klimawissenschaftlern und Psychologen und Werbefachleuten.

Und natürlich war nicht nur die Kommission nach London gekommen. Auch Gerthie und die vielen anderen Frauen und Männer, die hinter der Petition standen, waren vor Ort. Wir saßen nach der Anhörung bei Tee und Wasser zusammen, und ich weiß noch, wie sehr mich ihre Energie, ihre Weltsicht und ihr Mut beeindruckt haben. Sie wussten genau, dass sie auf dem sonst üblichen Rechtsweg kaum eine Chance gehabt hätten, sich Gehör zu verschaffen. Sie konnten nicht wie ich in einem Rechtsstaat, der Sicherheit garantiert, kontroverse Klagen erheben. Sie mussten einen anderen Weg gehen und hatten ihn gefunden. Ich war einfach nur dankbar, dass ich ihnen vielleicht ein bisschen helfen konnte.

Die Anhörungen zogen sich bis in den Dezember 2018 hin. Etwas später wurde ich noch im Rahmen einer Online-Anhörung gebeten, die vorläufigen Untersuchungsergebnisse erneut zu kommentieren. Dann, am 9. Dezember 2019 – in Madrid fand gerade erneut ein Klimagipfel statt –, gab die Kommission endlich ihre Entscheidung bekannt: Sie war zu dem Ergebnis gekommen, dass die Carbon Majors durchaus für die von der Klimakrise verursachte Menschenrechtsverletzungen verantwortlich seien – und dass man sie deshalb juristisch zur Rechenschaft ziehen könne.[35]

WER WEITER ›BUSINESS AS USUAL‹ BETREIBT, HANDELT BÖSWILLIG

Damit hat die Kommission in der Öffentlichkeit ein Zeichen gesetzt: Aus ihrer Sicht gelten menschenrechtliche Maßstäbe auch direkt für Unternehmen. Die großen Kohle-, Öl- und Gasunternehmen haben eine Schlüsselrolle für den Klimawandel gespielt. Aber die Kommission hat keinerlei Befugnis, die Konzerne darauf aufbauend zu belangen, indem sie beispielsweise für Betroffene Schadensersatzforderungen geltend macht oder diese mit Bußgeldern belegt. Man müsste daher selbst ein Gericht finden, das bereit und in der Lage wäre, so etwas durchzusetzen – aber da kommt eine schon bekannte Schwierigkeit ins Spiel: Die Konzerne sitzen nicht auf den Philippinen, sondern anderswo. Welches Gericht könnte also überhaupt zuständig sein?

Im Fall von Saúl, in dem es ja auch um die Auswirkungen des Klimawandels geht, verhält es sich ein wenig anders, was die Durchschlagskraft einer Entscheidung anbelangt: Wenn wir diese Klage gegen RWE gewinnen, und zwar vor einem regulären Zivilgericht am Sitz des emittierenden Unternehmens, dann könnten andere Betroffene aus dem globalen Süden die Feststellungen aus dem Urteil nutzen, um juristisch gegen große Emittenten vorzugehen. Auch wenn es natürlich immer um den Einzelfall ginge, um Beweise und konkrete Ansprüche.

Erst im Mai 2022, kurz vor der philippinischen Präsidentschaftswahl, die der Sohn des ehemaligen Diktators Ferdinand »Bongbong« Marcos Junior gewann, legte die Menschenrechtskommission ihren Bericht der Öffentlichkeit vor. »Die Ergebnisse sind viel besser, als wir erwartet haben«, freute sich Gerthie auf meine Glückwunschnachricht hin. Die wichtigste Botschaft des Berichts, so waren wir uns nach dem Telefonat einig, ist die Erkenntnis, dass Unternehmen, die in neue fossile Projekte investieren, wissentlich Menschenrechtsverstöße begehen. Der Bericht ist eine starke juristische Grundlage dafür, sie haftbar zu machen, und das kann in vielen Rechtssystemen der Welt noch zum Tragen kommen. Gerthie und ihre Kolleginnen denken jetzt gemeinsam mit Gemeinden in diese Richtung weiter. Und werden dabei bestärkt von dem Bericht der Internationalen Energieagentur von 2021, der besagt, dass zur Einhaltung der 1,5-Grad-Grenze keine Investitionen in neue fossile Projekte mehr erfolgen dürfen.

Eines hat das Verfahren Gerthie, Derek und den anderen schon heute gebracht: Sie sind gehört worden, in ihrer Heimat und sogar weltweit. Und alle Unternehmen, gegen die sich ihre Beschwerde gerichtet hat, müssen ganz grundsätzlich ab sofort damit rechnen, dass sie früher oder später einmal doch wegen Menschenrechtsverletzungen rechtlich belangt werden. Sie können sich nicht mehr in Sicherheit wiegen, sie sind formal vorgewarnt. Das ist schon ein Fortschritt.

Derek Cabe sagt, sie habe Hoffnung, dass etwas Gutes aus der Arbeit der Menschenrechtskommission erwächst. »Für uns ist das nicht nur eine Petition, nicht nur eine Kampagne. Es geht um unser Leben. Um unsere Rechte. Wir haben sonst keinen Zugang zu Gerichten, wir können uns keine Anwälte leisten. Das ist wirklich wichtig! Und es ist auch eine persönliche Angelegenheit. Gloria Capitan war ein Teil dieser Petition, sie hat gemeinsam mit uns für sie demonstriert, und sie wurde umgebracht.« Auch der Abschlussbericht schaffe noch keine Gerechtigkeit. Aber er sei immerhin ein erster Schritt.

Unterdessen kehren die Wirbelstürme wieder und wieder. Die Katastrophen hören nicht auf, sagt Derek. »Wie können wir den Menschen helfen, wenn sich an diesem System nichts ändert?«

Eine Sache ist mir an dieser Stelle wichtig zu betonen: Was für privatwirtschaftliche Großemittenten wie die Carbon Majors hinsichtlich der Menschenrechte gilt, trifft natürlich auch auf Staatenebene zu: Globale Gerechtigkeit kann nur dann erreicht werden, wenn auch die Industriestaaten endlich Verantwortung für die Zerstörungen durch den Klimawandel übernehmen. Sie – und wir – sind mithilfe ihres jahrzehntelangen ungebremsten Treibhausgasausstoßes reich geworden und lassen die Leidtragenden nun mit den verheerenden Folgen im Stich. Ich finde das unerträglich.

Diese Frage nach Gerechtigkeit zieht sich wie ein roter Faden durch mein ganzes Berufsleben. Seit Jahren kämpfen die Delegationen des Südens auf den UN-Klimagipfeln darum, dass die Industriestaaten ihre Verantwortung für klimabedingte Schäden und Verluste, also *loss and damage*, endlich anerkennen. Erst 2022 wurde das Thema überhaupt ein echter Tagesordnungspunkt bei den Klimaverhandlungen. Umso wichtiger wäre es, dass hier endlich auch Gerichte in die Bresche springen.

Zugegeben, gerichtliche Verfahren sind immer nur eine Momentaufnahme, bieten keine allgemein anwendbare Lösung, sondern behandeln Einzelfälle. Aber Gerichtsurteile – oder Berichte wie die der Kommission – leisten Wertvolles. Sie schärfen die Konturen von Recht und Unrecht – und können nicht nur neues Recht anstoßen, sondern auch direkt dazu beitragen, dass Unternehmen sich besinnen und umsteuern.

Der Bericht der philippinischen Menschenrechtskommission jedenfalls ist inzwischen in viele Sprachen übersetzt worden und dient in aktuellen Fällen wie etwa gegen HOLCIM in der Schweiz als Beweismittel. Gut so.

SIEBEN
EIN CO$_2$-BUDGET
FÜR UNTERNEHMEN

Eine solche Gerichtsentscheidung gab es noch nie: Am 26. Mai 2021 verurteilte ein Distriktgericht in Den Haag den Ölkonzern Royal Dutch Shell dazu, seinen globalen Ausstoß von Treibhausgasen bis zum Jahr 2030 um 45 Prozent unter das Niveau von 2019 zu senken.[1] Diese Pflicht basiert inhaltlich unter anderem auf dem IPCC-Bericht von 2018, und es war das erste Mal weltweit, dass einem Unternehmen und nicht einem Staat direkt eine Verpflichtung zur Emissionsminderung auferlegt wurde. Eine Sensation. Denn nach dem Richterspruch beziehen sich Shells Reduktionspflichten auch auf jene Treibhausgase, die entstehen, wenn Autos mit Shell-Benzin angetrieben oder Gebäude mit Shell-Öl beheizt werden. Und sie betreffen ebenso die Emissionen der Zulieferbetriebe, die zur globalen Shell-Unternehmensgruppe gehören. Das Urteil bezieht somit alle Emissionsebenen ein, die sogenannten Scope 1-, 2- und 3-Emissionen, Letztere sind solche, die zum Beispiel durch die Nutzung von Produkten entstehen. Das Urteil ist ein Wendepunkt für die ganze Energiewirtschaft, ein Signal an Finanzmärkte und Investoren, den Klimawandel endlich ernst zu nehmen.

»Auch andere Öl- und Gaskonzerne werden sich erklären müssen«, kommentierte Roger Cox, der Anwalt, der die Klage vor Gericht vertreten hatte, die Entscheidung. »Wenn sie weiterhin in klimaschädliche Öl- und Gasfelder oder neue Kohleminen investieren wollen, werden sie künftig ihre Aktionäre davon überzeugen müssen. Wenn die Gefahr einer Klimaklage droht, ist es für Anleger und Unternehmen riskanter, zu investieren.«[2]

Für mich ist Roger Cox einer der umsetzungsstärksten Umweltanwälte der Welt. Dabei hat er ursprünglich gar keinen umweltrechtlichen Hintergrund. Doch irgendwann ist ihm aufgegangen, wie ernst die Klimakrise wirklich ist – gerade für die Niederlande. Seither kämpft er mit allen ihm zur Verfügung stehenden juristischen Mitteln gegen die Erderwärmung. Ich habe ihn als einen Menschen voller Energie und mit vielen Lachfalten erlebt, der das Recht gezielt, geplant und effektiv zu nutzen weiß.[3] Seit bald einem Jahrzehnt, als wir uns das erste Mal auf einer Tagung begegneten, sind wir in Kontakt. Roger hat den Klimaklagen in den Niederlanden – und weit darüber hinaus – neue Wege gebahnt; und er war es auch, der sich gemeinsam mit Marjan Minnesma die Urgenda-Klage ausgedacht und in der ersten Instanz durchgefochten hat. Als das erste Urgenda-Urteil 2015 als die weltweit erste erfolgreiche Klimaklage durch die Medien ging, habe ich gratuliert. Sein Sieg stellte für uns alle wichtige Weichen für die zukünftige Arbeit. Wenn ich meine eigenen Klagen vorbereite, frage ich ihn und sein Team gerne um Rat und Input.

Jetzt haben Roger und sein Team also auf Grundlage der Rechtssätze im Urgenda-Urteil auch gegen den Energieriesen Shell vor Gericht gewonnen, jedenfalls in der ersten Instanz. Das Urteil ist deutlich: Auch Unternehmen haben die grundlegenden Menschenrechte im Rahmen ihrer zivilrechtlichen Pflichten zu achten und schützen. Sie genießen keine Sonderrechte, auch und gerade was ihre klimaschädlichen Emissionen betrifft; ganz im Gegenteil, sie müssen als besondere, klimabezogene Sorgfaltspflicht ebenfalls die Einhaltung eines CO_2-Budgets sicherstellen. Das trifft zumindest auf große, wirtschaftlich einflussreiche und global tätige Konzerne wie Shell zu, die in der Lage sind, anderen Unternehmen und so manchem Staat ihre Bedingungen zu diktieren – und deren Emissionen größer sind als die vieler Länder.

Ölkonzerne in der Größenordnung von Shell operieren weltumspannend. Doch das heißt noch lange nicht, dass sich die Folgen ihres Handelns im weltweiten Strom von Waren und Dienstleistungen verflüchtigen oder in Luft auflösen. Sie sind nicht abstrakt, sondern durchaus real und konkret. Sie betreffen den Alltag leibhaftiger Menschen an ganz bestimmten Orten, zum Beispiel in den Niederlanden, wo Shells Emissionen die Gefahren der Klimakrise erhöhen, oder in Nigeria, wo das Öl aus Shells geschäftlichen Aktivitäten Grund und Boden verseucht.[4]

Das Urteil aus Den Haag macht in diesem Zusammenhang noch etwas sehr Wichtiges klar. Indem das Gericht Shell auferlegt, sämtliche Emissionen entlang seiner gesamten Wertschöpfungskette zu reduzieren, sagt es auch: Weltweit tätige Konzerne können ihre umweltschädlichen Aktivitäten nicht mehr einfach so in Staaten mit laxen Umweltgesetzen verlagern. Das Gericht tut damit einen gewaltigen Schritt, um die außer Kontrolle geratenen Folgen der Globalisierung wieder einzufangen. Denn so, wie der Freihandel und die Globalisierung der Finanzströme bisher funktionieren, kann es nicht weitergehen. Möglichst niedrige Handelsbarrieren, die im Rahmen der Welthandelsorganisation WTO und aufgrund bilateraler Vereinbarungen stetig weiter gesenkt werden, und das Fehlen von gemeinsamen Mindeststandards zum Schutz von Umwelt und Menschen richten enorme Schäden an. Gerade weil der freie Handel eben nicht durch ausreichend Umweltschutz- und Menschrechtsschutzregeln im Zaum gehalten wird, sind unsere Ökosysteme weltweit heute trotz aller lokaler Schutzbestrebungen in einem derart miserablen Zustand.

Dass diese Art der Globalisierung nicht im Einklang steht mit den natürlichen Grenzen des Planeten und diesen weiter außer Balance bringen würde, war eigentlich schon 1994 absehbar, als die WTO ins Leben gerufen wurde. Doch damals interessierte das nur wenige. Während meines Masterstudiums des internationalen Wirtschafts- und Entwicklungsrechts beschäftigte mich diese Frage: Wohin soll das führen, wenn der Handel und die globalen Finanzströme sich vervielfachen, ohne dass wirksame Regeln die ökologischen oder sozialen Folgen absichern? Schon damals dachte ich, dass grenzenloses Wachstum unmöglich ist – denn der Planet setzt eben seine eigenen Grenzen. So wie es der berühmte Bericht »Die Grenzen des Wachstums« des Club of Rome schon 1972 aufgezeigt hatte. Ich weiß noch, wie mein Londoner Professor mir damals in einer Vorlesung sagte: Sie werden sehen, das Umweltvölkerrecht wird es regeln, auch wenn es vielleicht lange dauern wird. Und wenn die Gerichte in anderen Ländern nicht dazu in der Lage sind, die Umwelt zu schützen, dann müssen das eben die hiesigen Gerichte übernehmen. Damals war das eine faszinierend optimistische, fast utopische Ansicht. Doch mit dem Shell-Urteil hat das Den Haager Distriktgericht das Versprechen meines Professors jetzt endlich eingelöst: Global tätige Konzerne müssen Verantwortung für die Folgen ihres Handelns übernehmen, und zwar entlang ihrer gesamten Wertschöpfungskette, weltweit.

An drei Fällen möchte ich zeigen, wie Unternehmen durch Klimaklagen unter Druck geraten: am Verfahren gegen Shell, einer französischen Klage gegen den Energiekonzern TotalEnergies und einer Klage in Deutschland gegen den Autohersteller Volkswagen, die ich selbst vor Gericht vertrete. Ihre zentrale Botschaft ist immer die gleiche: Das CO_2-Budget gilt auch für Unternehmen. Unternehmen haben die Pflicht, das Klima zu schützen – ganz unabhängig von Emissionshandel und anderen konkreten Gesetzen, die sie im Detail betreffen. Unverbindliche Selbstverpflichtungen und nicht-quantifizierte Versprechungen reichen nicht mehr.

188

SHELL MUSS SEINE
EMISSIONEN SENKEN

Wenige Monate nach dem ersten erfolgreichen Urgenda-Urteil
bat Donald Pols, Direktor der Umweltorganisation Milieudefensie, dem niederländischen Ableger von Friends of the
Earth[5], meinen niederländischen Kollegen Roger Cox um ein
Gespräch. Der erinnert sich noch gut an die Anfrage: Es sei
gegen Ende 2015 oder Anfang 2016 gewesen, also deutlich vor
der finalen Bestätigung des Erfolgs von Urgenda durch das
höchste Gericht 2019, da habe Pols von ihm wissen wollen, ob
eine Klage gegen ein Unternehmen, einen großen Emittenten,
ebenso erfolgreich sein könnte wie die laufende Klage gegen
den niederländischen Staat.

Das war auch deshalb ein guter Gedanke, weil auch die
Klage von Urgenda auf einer zivilrechtlichen Norm beruht: der
unerlaubten Handlung. Sie ist festgehalten in Artikel 162 des
niederländischen Zivilgesetzbuchs. Zusammengefasst besagt
er – sehr ähnlich zu Paragraf 823 BGB in Deutschland: Wer
einem anderen unerlaubt einen Schaden zufügt, ist verpflichtet,
den aus dieser unerlaubten Handlung entstehenden Schaden
zu ersetzen, sofern die Handlung schuldhaft erfolgt »oder aus
einer Ursache resultiert, für die er (der Schädiger) nach dem
Gesetz oder nach allgemein anerkannten Grundsätzen einzustehen hat«. Als unerlaubt gelten die Verletzung eines Rechts
und Handlungen oder Unterlassungen, die gegen eine gesetzliche Pflicht oder gegen das, »was nach ungeschriebenem Recht
als ordnungsgemäßes soziales« Verhalten anzusehen ist«, verstoßen – es sei denn, es gibt eine Rechtfertigung für das Verhalten.

Die Frage war nun: Könnte sich daraus eine Sorgfaltspflicht
zum Klimaschutz nicht nur des Staates, sondern auch eines
einzelnen Unternehmens ergeben? Konkret nahmen Roger

und Donald Pols sich vor, einen Anspruch gegen Royal Dutch Shell zu prüfen – der komplette Name ist an dieser Stelle wichtig, denn es ging gegen den global operierenden Konzern, nicht etwa nur gegen eine Tochterfirma wie beispielsweise die ebenfalls in den Niederlanden ansässige Shell Nederland.[6] Immer, wenn in diesem Kapitel von »Shell« die Rede ist, ist damit das weltweit tätige Unternehmenskonglomerat Royal Dutch Shell gemeint.

Milieudefensie hatte sich nicht irgendeinen Gegner ausgesucht. Shell gehört zu den größten Treibhausgasemittenten der Welt. Laut der jüngsten Ausgabe des Carbon Majors Report ist der Konzern für 2,3 Prozent des globalen Treibhausgasausstoßes seit dem Jahr 1965 verantwortlich.[7] Rick Heede, der auch die neuen Zahlen berechnet hat, wählte dieses Jahr als Wasserscheide, weil die großen Öl- und Gaskonzerne spätestens Mitte der 1960er-Jahre über die schädlichen Auswirkungen ihrer Geschäfte Bescheid wussten – und die Öffentlichkeit darüber in die Irre führten, statt etwas zu ändern. Mit seinen 2,3 Prozent Emissionsanteil belegt Shell im Ranking Platz sieben. Zum Vergleich: Auf den Staatskonzern Saudi Aramco, den größten Emittenten unter den Carbon Majors, entfallen 4,1 Prozent; gefolgt vom börsennotierten US-Konzern Chevron mit 3,2 Prozent.

Die Ölindustrie ist nicht nur in Bezug auf den Klimawandel eine extrem umweltschädliche Branche. Gegen ihre Unternehmen wurden deshalb schon viele Gerichtsprozesse geführt – auch gegen Shell.[8] In Nigeria beispielsweise ist es eine gängige Praxis, bei der Ölförderung auftretende Gase einfach abzufackeln. Der Schaden für das Klima ist riesig, denn es geht um große Mengen: Die resultierenden klimaschädlichen Emissionen werden mit rund 75 Millionen Tonnen CO_2 pro Jahr beziffert.[9] Hinzu kommen Abgase und Ruß, welche die Gesundheit der Menschen gefährden und Böden, Luft und Gewässer verseuchen.

Im Jahr 2005 strengten deshalb Anwohner und Gemeinden aus dem Nigerdelta – auch unterstützt durch das Climate Justice Programme – Klagen gegen mehrere Firmen an, unter ihnen auch eine Tochterfirma von Royal Dutch Shell. Das Unternehmen wurde in zwei Instanzen von nigerianischen Gerichten dazu verurteilt, diese Praxis zu beenden. Im Dezember 2021 hat es erneut Berufung dagegen eingelegt. Inzwischen plant die nigerianische Regierung allerdings, das Abfackeln von Gas bis 2030 komplett gesetzlich zu verbieten.[10]

In einem anderen Fall gab ein Berufungsgericht in Den Haag im Januar 2021 vier nigerianischen Bauern recht, die seit 2008 gegen den Konzern geklagt hatten, weil Öl aus undichten Shell-Pipelines ihr Land verseucht hatte. Royal Dutch Shell hatte argumentiert, die Leckagen seien durch Sabotage entstanden. Das Gericht folgte dem nicht. Nun muss Shell knapp 95 Millionen Entschädigung zahlen. Auch diese Klage hatte Milieudefensie unterstützt,[11] und sie brachte das Recht damit auch insofern voran, als dass Betroffene nicht mehr auf die vielleicht ineffektiven Gerichte im Heimatland angewiesen sind, um ihre Rechte zu erstreiten.

Nun brachte Milieudefensie Royal Dutch Shell also für das Klima in Den Haag vor Gericht. Die Klage ist nicht nur ein gutes Beispiel dafür, wie man in Klimaprozessen auf vorherigen Urteilen aufbauen und damit, um in meinem Bild zu bleiben, den Pfad durch den Fluss um einen Stein verlängern kann. Nein, auch die Wissenschaft hatte erneut eine zentrale Rolle: Die Klageschrift legt mit den Berechnungen aus dem Carbon Majors Report dar, welch enorm große Verantwortung Royal Dutch Shell für die Klimakrise trägt.[12]

Eine methodische Anmerkung ist mir an dieser Stelle wichtig: Richard Heede berücksichtigt in seiner Kalkulation auf Basis von statistischen Daten zur Extrahierung, also Förderung von Öl, Gas und Kohle, alle Emissionen, die direkt in der Industrie, in Kraftwerken oder in der Ölförderung selbst anfallen. Hinzu rechnet er den Treibhausgasausstoß, der erst am Ende der Wertschöpfungskette entsteht, wenn also die Verbraucher und Verbraucherinnen Benzin, Erdgas, Kohle oder Heizöl verbrennen (Scope 3). Diese konsumbezogenen Emissionen alleine machen bei den 20 größten Carbon Majors etwa sieben Achtel des gesamten Ausstoßes klimaschädlicher Gase aus, wie Rick in einem Artikel für die Tageszeitung *The Guardian* schreibt.[13]

Die Konzerne sind mit seiner Art der Berechnung nicht glücklich. Als Journalisten des *Guardian* 20 von ihnen im Zuge ihrer Berichterstattung mit Ricks neuen Zahlen konfrontierten, antworteten manche: Dafür, was ihre Kunden mit dem von ihnen geförderten Öl, dem Gas und der Kohle täten, seien sie nun wirklich nicht verantwortlich. Ganz so, als sei es plausibel, fossile Brennstoffe zu fördern, nur damit diese dann doch nicht verbrannt würden, als könnten sie rein gar nichts für ihr klimaschädliches Geschäftsmodell. Richard Heede ist da anderer Ansicht. Und das Gericht in Den Haag sah das in seinem Urteil gegen Shell glücklicherweise ähnlich.

Sjoukje van Oosterhout gehört zu dem Milieudefensie-Team, das die Klage vorbereitete. Sie sagt: »Wir sind so etwas wie die letzte Generation, die noch etwas unternehmen kann. Und ich denke, Klimaklagen sind ein entscheidendes Werkzeug.« Es sind nur wenige Menschen, die mit Sjoukje zusammen an dem Verfahren arbeiteten. Beim Nachzählen kommt sie auf nicht einmal zehn Personen, juristische Fachleute und Umwelt-Campaignerinnen zusammengenommen. So wie bei meinen Klagen auch. Der Personalstand ist nicht zu vergleichen mit den Ressourcen von Shell. Aber, so Sjoukje: »Wir glauben an das, was wir tun, das muss uns doch helfen!« Die meisten in ihrem Team seien jünger als 30 Jahre, fügt sie noch an.

Sie gaben sich zwei Jahre für die Vorbereitungsarbeit – immer im Bewusstsein, dass das Ergebnis ihrer Recherchen nach dieser Zeit auch lauten könnte: Die Erfolgschancen sind zu klein, um eine Klage tatsächlich zu wagen. Glücklicherweise kam es dann anders. »Wir schauten uns Shell genau an. Seine Emissionen und Klimaziele, seine Investitionspläne. Wir wollten wissen, ob es Veränderungen gab, und untersuchten, wie das Unternehmen sich in öffentliche Debatten einmischte«, erinnert Sjoukje sich heute. Außerdem befassten sie sich mit dem Stand der Klimawissenschaft und der Rolle, welche die Öl- und Gaskonzerne spielen müssten, damit der Planet die 1,5-Grad-Grenze aus dem Pariser Klimaabkommen nicht überschreitet. Die akribische Vorbereitung sei der Schlüssel gewesen, um den Fall zu gewinnen.

Als sie die nötigen Informationen beisammenhatten, schrieb Milieudefensie am 4. April 2018 einen Brief an den damaligen Chef von Royal Dutch Shell, Ben van Beurden. Das war einige Monate, bevor in Deutschland die erste Klimaklage gegen den Staat überhaupt eingereicht wurde: die Klage der Backsens vor dem Verwaltungsgericht Berlin, aber ein halbes Jahr nach dem Zwischenerfolg von Saúl beim OLG Hamm. In dem Schreiben legte die Organisation sehr höflich, aber bestimmt dar, warum der Konzern nach niederländischem Recht in Anspruch genommen werden könne für die Schäden der Klimakrise und warum er durch sein Geschäftshandeln grundlegende Menschenrechte verletze.

»Lieber Mr Van Beurden«, stand da, »in diesem Brief wird Milieudefensie erklären, warum es der Ansicht ist, dass Shell durch seine unternehmerischen Aktivitäten und seine geschäftliche Strategie seine gesetzlich verankerte Schutzpflicht bricht, indem es weltweit Klimaschäden verursacht und so die Bestrebungen des Pariser Abkommens unterminiert.« Das stelle »ein unrechtmäßiges Verhalten« gegenüber Milieudefensie und den von der Organisation repräsentierten öffentlichen Interessen dar. Deshalb ziehe man den Konzern nun zur Verantwortung. Die Vorwürfe untermauerte Milieudefensie mit mehr als 80 Fußnoten, die auf klimapolitische Strategiepapiere der EU, rechtswissenschaftliche Analysen, Konzerndokumente und natürlich auf klimawissenschaftliche Veröffentlichungen vor allem des IPCC verwiesen. Royal Dutch Shell wisse schon lange, dass fossile Brennstoffe den Klimawandel verursachen, schrieben sie. Der Konzern kenne die Gefahren, die daraus entstünden, und trage dennoch substanziell zur Erderwärmung bei. Statt sein Geschäft zu verändern, investiere er weiterhin in die Ausbeutung und Erschließung neuer fossiler Ressourcen. Er habe die Öffentlichkeit über die Gefahren des Klimawandels absichtlich getäuscht, nehme die globalen Klimaziele nicht ernst und halte die dringend nötige Energiewende auf.

Am 28. Mai 2018 antwortete Royal Dutch Shell auf zwei Seiten in aller Kürze (und ganz ohne Fußnoten): Die Vorwürfe seien unbegründet und die Gerichte nicht der richtige Ort, um den Wandel zu einer klimafreundlichen Zukunft voranzutreiben. Shell erkenne das Pariser Klimaabkommen an und investiere hohe Beträge in erneuerbare Energien.

Natürlich gab sich Milieudefensie damit nicht zufrieden. In den folgenden Monaten schlossen sich sechs weitere Organisationen, unter ihnen auch Greenpeace, und 17 000 Einzelpersonen dem Klagevorhaben an. Am 5. April 2019 reichten sie die angekündigte Klageschrift bei Gericht ein. Ihre zentralen Argumente gingen über die im Brief an Ben van Beurden geschilderten hinaus: Aus dem Pariser Klimaabkommen und dem daraus folgenden globalen CO_2-Budget ergebe sich eine Pflicht des Konzerns, seine Emissionen zu reduzieren; aus Artikel 162 des niederländischen Zivilgesetzbuchs im Zusammenhang mit der Europäischen Menschenrechtskonvention und vielen weiteren rechtlichen Prinzipien ergebe sich eine konkrete »social duty of care«, schrieb Milieudefensie.

Ich lernte die Menschen, die außer Roger Cox noch hinter der Shell-Klage steckten, ein paar Monate später persönlich kennen. Milieudefensie hatte Klimaanwältinnen und -anwälte aus mehreren europäischen Ländern in ein trendiges kleines Seminarhaus am Hafen von Amsterdam eingeladen. Die Idee des Treffens war vor allem, uns über die Rolle von Wissenschaft in unseren verschiedenen Klagen auszutauschen, uns zu vernetzen und gemeinsam über neue Möglichkeiten für Klimaklagen zu diskutieren. Ich hielt einen Vortrag über meinen Fall gegen RWE und über die damals ganz neue EU-Klimaklage, den *People's Climate Case*. Marie Toussaint sprach über die Arbeit von Notre Affaire à Tous. Nine de Pater von Milieudefensie stellte die Klage gegen Shell vor. In ihrem Team waren lauter kluge, energiegeladene, inspirierende junge Frauen, die eine aus deutscher Sicht waghalsige Klage gegen einen Ölgiganten führten und sehr zuversichtlich waren, gegen ihn auch zu gewinnen.

In einem Punkt konnte ich damals helfen: Es ging um die Frage, ob Unternehmen auch für die Konsequenzen von Emissionen verantwortlich seien, die gesetzlich nicht verboten sind. Zu dem Zeitpunkt hatte das Oberlandesgericht im Fall von Saúl gegen RWE in Deutschland das bereits geklärt und (im Hinweisbeschluss) entschieden, dass man auch für die Konsequenzen von erlaubten Emissionen verantwortlich sein kann. Wir diskutierten lange den Beschluss aus Hamm, die Parallelen zwischen den in verschiedenen Ländern geltenden Rechtsgrundlagen und die Unterschiede zwischen den Verfahren. Und die sind durchaus groß: Der Antrag gegen RWE bezieht sich auf Anpassungskosten für vergangene und fortlaufende Emissionen, der Antrag gegen Shell ist allein auf zukünftiges Verhalten gerichtet. Denn verlangt wird ein Unterlassen von Emissionen, keine Kostenbeteiligung.

Am Abend des Seminars gab es eine Talkshow mit Live-Übertragung aus dem Kultur- und Medienzentrum Pakhuis de Zwijger. Wir saßen uns auf Barhockern gegenüber, und die Moderatorin fragte mich genau danach: ob nicht das EU-Emissionshandelssystem und die Betriebsgenehmigungen beziehungsweise Förderkonzessionen für Öl und Kohle solche Ansprüche ausschließen würden. Und ich konnte der niederländischen Öffentlichkeit in aller Ruhe erklären, dass das Recht eben das laut OLG Hamm nicht ausschließt.

Vor Gericht hielten die Shell-Anwälte dagegen und argumentierten: Das Pariser Abkommen binde nur Staaten, keine Unternehmen, also könne aus der Temperaturschwelle des Pariser Abkommens auch nicht indirekt eine Pflicht für Unternehmen folgen. Außerdem könne Shell als globaler Konzern nicht in den Niederlanden für Emissionen aus seinen Geschäften anderswo haftbar gemacht werden. Man verfolge bereits einen Klimaschutzplan. Und selbst wenn Shell seinen Treibhausgasausstoß derart drastisch reduzieren würde wie in der Klageschrift gefordert, hätte das Klima nichts davon, weil eben andere Ölkonzerne die schädlichen Aktivitäten übernehmen würden – zum Nachteil von Shell.

Doch das Gericht folgte all dem nicht. Gestützt auf das Urgenda-Urteil des Hoge Raad von 2019, wandte es Menschenrechte an und erkannte auf eine besondere unternehmerische Schutzpflicht. Es gebe einen »weitverbreiteten internationalen Konsens« darüber, dass Menschenrechte »einen Schutz vor den Auswirkungen des gefährlichen Klimawandels bieten und dass Unternehmen verpflichtet sind, die Menschenrechte zu respektieren«. Die Quintessenz des Urteils: Auch Unternehmen müssten ihre Emissionen senken, um die Ziele des Pariser Abkommens zu erreichen, basierend auf dem kleinen noch existierenden globalen Budget. Und weil Royal Dutch Shell als großer Konzern in der Position sei, die Geschäftsbedingungen entlang seiner gesamten Wertschöpfungskette zu setzen, müsse er eben auch seinen Treibhausgasausstoß entlang der ganzen Kette reduzieren – die Emissionen von Lieferanten und Endverbrauchern eingeschlossen.

Allerdings machte das Gericht eine Einschränkung – und gegen diese will auch Roger Cox am liebsten in Berufung gehen. Es meinte, dass eine absolute Pflicht zur Senkung von Emissionen, juristisch »Erfolgspflicht«, nur bei den eigenen Emissionen bestehe, aber bei den Emissionen, die durch den Betrieb der Produkte entstehen, den Scope-3-Emissionen, nur eine »Bemühenspflicht« gelte. Shell müsse also in diesem Bereich die Reduktion von Treibhausgasen nicht garantieren, sondern sich nur anstrengen, dass diese erreicht werde.

Was daraus nun folgt, wie genau Shell seine Emissionen senken soll, ließ das Gericht offen. Aber im Grunde genommen laufe das Urteil auf eine einzige wichtige Botschaft hinaus, fasst Sjoukje zusammen: Shell müsse schnellstens aufhören, in neue Öl- und Gasprojekte zu investieren. »Dann würden sie sehr nahe an das Ziel von minus 45 Prozent herankommen, denn ihre Reserven sind nicht so groß.« Was jedenfalls nicht gehe, sei, einfach weiterzumachen wie bisher und parallel einen neuen Geschäftszweig mit erneuerbaren Energien aufzubauen. Zwar habe der Konzern bereits angekündigt, seine Emissionen ein wenig stärker reduzieren zu wollen als bislang geplant, doch genug sei das noch lange nicht.

Milieudefensie will jetzt erreichen, dass die Lehre aus dem Shell-Verfahren, das großen Emittenten die Beachtung eines CO_2-Budgets auferlegt, auch über diesen einen Fall hinaus in die Praxis umgesetzt wird. Im Januar 2022 verschickte die Organisation erneut Briefe, diesmal an 29 Unternehmen, mit einer klaren Botschaft: Entweder die Firmen legen Pläne vor, die nachvollziehbar zeigen, wie sie ihren Ausstoß an klimaschädlichen Gasen ebenfalls um 45 Prozent reduzieren wollen, oder Milieudefensie verklagt auch sie.[14] Sjoukje sagt, viele der angeschriebenen Unternehmen nähmen den Vorgang sehr ernst. Sobald sie ihre Klimapläne vorlegen, wird das von Niklas Höhne geleitete New Climate Institute abschätzen, wie groß die Emissionsminderung der Unternehmen tatsächlich ausfällt. Im Frühsommer 2022 erwartet Milieudefensie die Ergebnisse. Dann wird über die nächsten Schritte entschieden.

Schon im Februar 2022 hat das New Climate Institute eine erste Studie veröffentlicht, die zeigt, wie (wenig) ernst große Unternehmen ihre eigenen Klimaschutzversprechen nehmen. Das Institut untersucht darin auch viele Firmen, die in den Niederlanden Briefe von Milieudefensie bekommen haben. Diese Studie kann zur Grundlage neuer Verfahren werden, denn ihr zufolge hat kaum ein global tätiges Unternehmen außer Slogans seriöse Pläne, wie sie zur Treibhausneutralität kommen wollen.[15]

Der Fall Shell macht deutlich, wie viel sich in der Rechtsprechung getan hat, seit in den USA die Klage von Kivalina gegen ExxonMobil abgewiesen wurde – der US-amerikanische Konzern ist laut dem neuesten Carbon-Major-Report verantwortlich für 3,1 Prozent der globalen Emissionen seit 1965. Damals, im Kivalina-Verfahren, meinte ein Richter sinngemäß: Würde man der Klage stattgeben, dann könnte wegen des Klimawandels praktisch jeder noch so kleine Emittent, beispielsweise jeder Autofahrer, verklagt werden, und das könne ja wohl nicht wünschenswert sein. Ich bin froh, dass Gerichte das mittlerweile mit anderen Augen sehen.

Shell ist übrigens wie angekündigt gegen das Urteil in Berufung gegangen. Außerdem hat der Konzern seinen Hauptsitz nach Großbritannien verlegt, allerdings nicht wegen des Urteils, sondern vor allem aus steuerlichen Gründen, und heißt seit Januar 2022 statt Royal Dutch Shell nur mehr Shell plc. Im Berufungsverfahren bleiben aber die niederländischen

Gerichte zuständig. Bis sie eine Entscheidung fällen, müsste Shell streng genommen seine Emissionen bereits reduzieren, um dem erstinstanzlichen Urteil Folge zu leisten. Stattdessen hat der Konzern neue Ölbohrprojekte angekündigt. Doch auch gegen diese wird geklagt, beispielsweise in Südafrika, wo ein Gericht im September 2022 eine bereits von der Regierung erteilte Explorationslizenz für Shell aufhob. Milieudefensie hat nun die Mitglieder des Shell-Vorstands persönlich angeschrieben und aufgefordert, sich an das erstinstanzliche Urteil zu halten – also den Konzern wirklich in Richtung Klimaneutralität auszurichten. Tun sie das nicht, will Milieudefensie sie persönlich haftbar machen. Eine Gerichtsentscheidung im Berufungsverfahren wird laut Sjoukje van Oosterhout wohl frühestens Ende 2023 fallen.

TOTALENERGIES STEHT IN FRANKREICH VOR GERICHT

Ölkonzerne kommen nicht nur in den Niederlanden in Bedrängnis. Ungefähr zu der Zeit, zu der Milieudefensie gegen Shell klagte, prüfte in Frankreich Marie Toussaints Organisation Notre Affaire à Tous die Möglichkeit einer Klimaklage gegen den heimischen Ölkonzern TotalEnergies. Das Unternehmen gehört mit 0,9 Prozent der globalen Emissionen ebenfalls zu den Carbon Majors – und wie Shell lässt auch TotalEnergies bisher keine angemessenen Anstrengungen zum Klimaschutz erkennen.

Notre Affaire à Tous nutzten das Prinzip, dass multinationale Unternehmen einer unternehmerischen Sorgfaltspflicht unterliegen und sicherstellen müssen, dass entlang ihrer Lieferketten keine grundlegenden Menschenrechte verletzt werden. Derart allgemein beschrieben klingt das nach einem recht vagen Grundsatz. Aber in Frankreich hat diese Sorgfaltspflicht eine starke Stellung. 2017 wurde sie – damals weltweit einzigartig – in einem Gesetz verankert, dem *Loi relative au devoir de vigilance des sociétés mères et des entreprises donneuses d'ordre*, das die Unternehmen dazu verpflichtet, Risiken für die Menschenrechte oder die Umwelt zu identifizieren, ihnen vorzubeugen beziehungsweise diese Gefahren abzustellen und die Öffentlichkeit darüber zu informieren. Tun sie das nicht, können sie mit einem Bußgeld belegt werden. Betroffene können auch vor Zivilgerichten auf Schadenersatz klagen. Rein rechtlich ist das eine etwas andere Pflicht als jene, die aus der »unerlaubten Handlung« des niederländischen Zivilrechts folgt. Aber in der Praxis kann die französische Sorgfaltspflicht entlang von Lieferketten in Klimaklagen für das gleiche Ziel eingesetzt werden: um global tätige Konzerne dazu zu verpflichten, ihre klimaschädlichen Emissionen nicht nur im Heimatland zu senken, sondern überall auf der Welt, und auf das CO_2-Budget zu achten.

Einen ähnlichen Ansatz verfolgt jetzt auch ein deutsches Gesetz, das »Gesetz über die unternehmerischen Sorgfaltspflichten in Lieferketten« vom Juli 2021. Und ab dem 1. Januar 2023 wird eine Bundesbehörde überprüfen, ob Unternehmen diesen Pflichten auch nachkommen. Auch die EU arbeitet an einem solchen Gesetz. Das französische Gesetz und seine Anwendung werden dafür wichtige Anhaltspunkte liefern.

2018 mussten französische multinationale Firmen erstmals über ihren Umgang mit der Sorgfaltspflicht Bericht erstatten. Paul Mougeolle, der bei Notre Affaire à Tous die Klage gegen TotalEnergies betreut, erinnert sich: Der Konzern mit den höchsten Emissionen Frankreichs habe die globalen Klimarisiken in seinem Sorgfaltsbericht komplett ignoriert. »Das hat uns die Möglichkeit gegeben, TotalEnergies zunächst eine Aufforderung zur Einhaltung der Pflicht zu schicken. Denn bevor man Klage erhebt, muss man grundsätzlich versuchen, den möglichen Streit außergerichtlich zu schlichten.« Gemeinsam mit anderen NGOs und 13 französischen Städten und Regionen schrieb Notre Affaire à Tous also im Oktober 2018 an das Unternehmen und bemängelte, dass über den Beitrag des Konzerns zum Klimawandel trotz der offensichtlichen Gefahren für Menschenrechte und Umwelt nicht berichtet worden war.[16] Sage und schreibe drei Monate später antwortete der Konzern und kündigte an, das Klima im kommenden Sorgfaltsbericht zu adressieren. Doch auch dieser Bericht blieb vage. Er habe nichts Neues enthalten und nichts geändert, sagt Paul.

Was folgte, war ein Treffen mit dem TotalEnergies-Vorstandsvorsitzenden Patrick Pouyanné. »Das war ein spannendes Meeting, bei dem viel auf dem Spiel stand«, erzählt Paul. Denn es ging immer noch um die Frage, ob man sich vielleicht doch außergerichtlich würde einigen können – und die NGOs mussten signalisieren, dass sie auch wirklich bestrebt waren, das zu tun.

»Weil TotalEnergies nicht wollte, dass unsere Anwälte an dem Treffen teilnehmen, war ich auf unserer Seite der einzige Teilnehmer, der sich mit der möglichen Klimaklage überhaupt juristisch auseinandergesetzt hatte. Nur weil wir das akzeptierten, kam das Treffen überhaupt zustande.« Die anwesenden Bürgermeister aber hatten sich zu diesem Zeitpunkt noch nicht endgültig entschieden, zu klagen. Sie waren unsicher: Vielleicht wäre ein juristisches Vorgehen zu riskant, die Erfolgsaussichten zu gering? Sie und Pouyanné seien sehr respektvoll miteinander umgegangen, sagt Paul. »Pouyanné hat ihnen angeboten, in ihre Städte zu investieren, um die lokale Wirtschaft voranzubringen. Das war schon hart an der Grenze zur Korruption. Aber er hat durch nichts erkennen lassen, dass sein Unternehmen den Klimawandel wirklich ernst nimmt.«

Dann habe er, Paul, das Wort ergriffen. »Ich habe eigentlich nur noch einmal die Sach- und Rechtslage dargestellt und einen

Text von TotalEnergies zitiert, der explizit zeigt, dass das Unternehmen keine mit den Pariser Klimazielen kompatible Strategie hat. Pouyanné wurde sehr unfreundlich, er hat mich der Lüge beschuldigt. Ich denke, das hat den Vertretern der Kommunen gezeigt, dass da etwas verkehrt läuft.«

Am Ende des Treffens entschlossen sich die Bürgermeister, gemeinsam mit den NGOs rechtliche Schritte einzuleiten, und zwar mit einer ersten Abmahnung im Juni 2018. Nach einer erneuten Absage vonseiten des Unternehmens reichten sie am 28. Januar 2020 ihre Klageschrift bei einem Gericht in Nanterre ein. Unter Berufung auf das Pariser Klimaabkommen und die maßgeblichen Szenarien aus den Berichten des Weltklimarats und der Internationalen Energieagentur forderten sie, TotalEnergies müsse bis 2030 seine Erdöl- und Erdgasproduktion um etwa 30 Prozent reduzieren. »Das wäre mit dem Pariser Abkommen noch vereinbar«, sagt Paul. »Zugleich lassen wir dem Gericht aber die Möglichkeit, dem Unternehmen eine allgemeinere Pflicht aufzuerlegen mit mehr Spielraum, damit TotalEnergies sich andere Ziele setzen kann, die seiner Meinung nach kompatibel mit dem Abkommen sind. Falls es das tut, müsste es allerdings vor Gericht genau darlegen, warum sie kompatibel sind. Das ist unsere Strategie.«

Leider hat sich seither kaum etwas getan. Denn statt inhaltlich zu reagieren, zweifelte TotalEnergies die Zuständigkeit des Zivilgerichts in Nanterre an und forderte ein Verfahren vor einem Handelsgericht. Am Ende verlor der Konzern, aber es dauerte fast zwei Jahre und ein Verfahren durch zwei Instanzen, bis das geklärt war. »Wir haben zwei Jahre verloren«, bedauert Paul, »zwei Jahre, die fürs Klima wirklich wichtig gewesen wären.« Er glaubt, dass die Chancen gut stehen, den Fall in der Sache zu gewinnen, sobald es nun zu einer Verhandlung kommt. Doch weil juristische Verfahren ihre eigene Zeit benötigen, werde ein erstes Urteil wohl frühestens in zwei Jahren fallen, und bis der Fall letztinstanzlich entschieden sei, könnten auch zehn Jahre ins Land ziehen.

»Im Klimanotstand ist das viel zu viel Zeit«, kritisiert Paul. Notre Affaire à Tous und die anderen NGOs machen deshalb auch auf anderen Wegen Druck. Sie weisen auf finanzielle Risiken hin, die Investitionen in fossile Energien in Zeiten der Klimakrise bedeuten. Sie suchen das Gespräch mit Investoren und Gesetzgebern, vernetzen sich mit anderen Organisationen und informieren die Öffentlichkeit. Und Anfang März 2022 wurde TotalEnergies von mehreren Umweltorganisationen erneut verklagt, diesmal vor dem Justiztribunal in Paris. Sie werfen dem Konzern Greenwashing vor und den Verstoß gegen Gesetze zum Verbraucherschutz, denn TotalEnergies wirbt damit, bis 2050 »carbon neutral« zu werden, also keine CO_2-Emissionen mehr zu verursachen – doch statt seinen Treibhausgasausstoß wirklich zu senken, investiert er weiterhin hohe Summen in fossile Energien, beispielsweise in Uganda. Ein Urteil in diesem Fall wird wohl frühestens 2023 fallen. Paul ist jedenfalls entschlossen, das Unternehmen weiter unter Druck zu setzen: »Wir werden alle Wege nutzen, die uns nur einfallen«, sagt er. »Damit Total sich endlich bewegt.« Und das muss Total nun vielleicht auch deshalb, weil es für irreführende Slogans vor Gericht steht: Umwelt- und Verbraucherschutzverbände reichten im März 2022 Klage wegen Greenwashings ein.

EINE KLAGE GEGEN VOLKSWAGEN

Was Shell in den Niederlanden ist, ist in Deutschland die Automobilindustrie. Sie ist – ausgehend von Deutschland – der größte Verursacher von Treibhausgasen, wenn man die Emissionen mitrechnet, die von den verkauften Autos verursacht werden, also Scope 3.

Als ich am Morgen nach dem Treffen in Amsterdam auf Roger Cox im Frühstücksraum traf und wir uns noch mal zwei Stunden Zeit für einen Austausch über Rechtsfragen nahmen, wurde mir klar, dass wir die Erfüllung der Klimasorgfaltspflicht auch von Volkswagen und anderen einfordern müssten. Denn Pflichten zur Sicherung des Lebens und der Rechte anderer haben auch Unternehmen in Deutschland; auch hierzulande gibt es den Rechtssatz der »unerlaubten Handlung«. Das heißt, nicht nur die Ölkonzerne sind verpflichtet, mögliche Schäden ihres Tuns für andere bestmöglich zu vermeiden. Die großen Automobilhersteller unterliegen ganz genau der gleichen Pflicht. Wie im Fall von Shell stellt sich bei ihnen das Problem, dass die von ihnen hergestellten und vertriebenen Produkte letztlich von anderen betankt und betrieben und damit Treibstoffe verbrannt werden. Und es ergibt sich wie bei Shell damit die Chance, mittels der Rechtsprechung einen Schritt zur Einhaltung des CO_2-Budgets seitens der Unternehmen voranzutreiben.

Nach der erfolgreichen Verfassungsbeschwerde war für mich der Zeitpunkt gekommen, in diesem Sinne aktiv zu werden. Ich holte die Akte zu VW und Klimasorgfaltspflichten, die ich nach dem Treffen in Amsterdam 2019 angelegt hatte, aus dem Schrank. Mehrere Umweltverbände sprachen sich ab. Die Deutsche Umwelthilfe nahm sich Daimler und BMW vor, während wir in der Kanzlei mit Greenpeace zusammen die Volkswagen AG ins Visier nahmen, zumal Greenpeace schon seit Längerem versucht, VW schnell auf Transformationskurs zu bringen. Einen großen Teil der Recherchen, für die Milieudefensie zwei Jahre gebraucht hatte, hatte Greenpeace deswegen schon erledigt. Im September 2021 schrieben wir an den Vorstand der Volkswagen AG in Wolfsburg, im Namen der Fridays-for-Future-Aktivistin Clara Mayer und der beiden Geschäftsführer von Greenpeace Deutschland, Martin Kaiser und Roland Hipp. Wir gingen ähnlich vor wie Milieudefensie und Notre Affaire à

Tous: In dem Schreiben forderten wir das Unternehmen auf, seine Geschäftstätigkeit an die Ziele des Pariser Klimaabkommens anzupassen und uns nachvollziehbar darzulegen, wie es das tun werde, wie es sich also an sein CO_2-Budget halten wolle.[17]

Global betrachtet ist der Verkehrssektor für etwa ein Viertel aller Kohlendioxidemissionen verantwortlich. Allein auf den Pkw-Verkehr entfallen 8,5 Prozent, wie Daten der Internationalen Energieagentur zeigen. In Deutschland sind die Verkehrsemissionen heute praktisch genauso hoch wie im Jahr 1990 – alle gesetzlichen Effizienzsteigerungen wurden schlicht durch mehr Kilometer und schwerere Autos aufgewogen. Weltweit sind sie seitdem um mehr als 40 Prozent gestiegen. Als zweitgrößter Autohersteller des Planeten, der seine Produkte in aller Welt verkauft, trägt der Volkswagen-Konzern dazu ganz erheblich bei. Sein weltweiter Marktanteil für Pkw und leichte Nutzfahrzeuge liegt bei etwa zwölf Prozent. Die von ihm produzierten Benziner und Dieselfahrzeuge verursachen – ihr Gebrauch und ihre Entsorgung mit eingerechnet – jährlich etwa so viele Emissionen wie Australien.

Diese Tatsachen liegen schon lange klar und deutlich auf dem Tisch. Schon im Jahr 2007 hatte ich für Germanwatch und einige kritische Aktionäre an einer Beschwerde gegen VW mitgearbeitet, weil der Konzern zu wenig auf effiziente Fahrzeuge wie etwa das Drei-Liter-Auto setzte.[18] Wir reichten damals die Beschwerde unter den OECD-Leitlinien für multinationale Unternehmen bei der zuständigen deutschen Kontaktstelle ein, die beim Bundeswirtschaftsministerium angesiedelt ist. Sie wurde nie verhandelt – das Ministerium lehnte sie ab. Seitdem aber ist in meinem Kopf verankert, welche erhebliche Macht die Volkswagen AG hätte, das globale Klima zu schützen. Fatalerweise wurden aber die unternehmerischen Entscheidungen ganz anders getroffen.

An dieser Stelle mögen manche fragen: Wie kann es sein,

dass der Treibhausgasausstoß von Autos in der einen Klage Shell zugerechnet wird (über das Produkt Öl) und in der anderen einem Automobilkonzern (über das Produkt Auto)? Oder in einer Verfassungsbeschwerde einerseits einem Staat und in einer zivilrechtlichen Klage andererseits einem Unternehmen? Denn es geht ja in den verschiedenen Verfahren zumindest teilweise um dieselben physischen Emissionen. Die Zurechnungen – und damit auch die Minderungspflichten – überlappen sich. Zugegeben, das lässt die Sache kompliziert erscheinen. Aber sie ist es nicht.

Nur weil mehreren Akteuren ein Molekül CO_2 rechtlich zuzurechnen ist, entbindet es diese nicht von ihrer jeweiligen Pflicht, ihren angemessenen Anteil an der Minderung beizutragen – also das CO_2-Budget zu achten. Das Recht und die Verantwortung treffen die Akteure lediglich in unterschiedlicher rechtlicher Konstruktion: Staaten direkt aufgrund des Pariser Abkommens und der Menschenrechte, die Unternehmen über den Umweg des Zivilrechts, das genau dazu da ist, die Interessen verschiedener Akteure auszubalancieren und Rechte gegenseitig zu schützen.

Die Maßstäbe, an denen die Wirtschaftsakteure gemessen werden, setzen dabei schlüssige Methoden, die die Unternehmen standardmäßig Sektoren zuordnen und den für sie angemessenen Reduktionspfad in den Grenzen des globalen Emissionsbudget nach Machbarkeit und Substituierbarkeit von fossilen Energieträgern aufteilen. Warum – so frage ich mich schon seit Jahren – soll ein Wirtschaftsakteur das Recht auf ein »Weiter so« haben, wenn das Staaten verboten ist?

Anders als in den Niederlanden hat das Bundesverfassungsgericht uns mit seinem Urteil 2021 noch einen weiteren Rechtsgedanken an die Hand gegeben: Wer heute zu viel emittiert, verletzt andere in ihren Rechten, weil ihnen mit Treibhausgasemissionen zusammenhängende Freiheitschancen genommen werden. Gilt das nur für einen Staat? Oder kann das auch für einen Emittenten wie VW gelten?

Wir argumentieren in unserem Anspruchsschreiben so: Volkswagen entlässt kontinuierlich klimaschädliche Emissionen in die Atmosphäre, ohne das noch verbleibende CO_2-Budget zu beachten. Dadurch bedroht der Konzern das Recht auf Eigentum, Gesundheit und Leben von einzelnen Menschen und auch ihre Freiheitsrechte, wie das Bundesverfassungsgericht sie versteht. Wir verwiesen auf das kurz zuvor ergangene Urteil gegen Royal Dutch Shell und die Verkehrssicherungspflicht aus den schon erwähnten Paragrafen 823 und 1004 des BGB. Aus Paragraf 823 folgt: Wer eine Gefahrenquelle schafft oder unterhält, hat die Pflicht, alle notwendigen und zumutbaren Vorkehrungen zu treffen, damit andere nicht geschädigt werden. Die Gefahrenquellen sind in unserem Fall die Autos, die VW produziert, und die damit zusammenhängenden Emissionen. Und Paragraf 1004, der vom Oberlandesgericht Hamm im Verfahren gegen RWE schon angewendet wird, besagt: Wenn jemand das Eigentum eines anderen beeinträchtigt, so ist er verpflichtet, die Beeinträchtigung zu beseitigen und künftig zu unterlassen. Damit war unsere Forderung an VW rechtlich klar formuliert. Die Deutsche Umwelthilfe (DUH) richtete ähnliche Schreiben an Mercedes-Benz, BMW sowie den Öl- und Gaskonzern Wintershall.

Doch anders als in den Niederlanden, wo die angeschriebenen Unternehmen nach dem Shell-Urteil den Kontakt zu Milieudefensie suchten, lehnten in Deutschland alle vier Adressaten das Ansinnen der Verbände ohne viele Worte ab. Deshalb reichten wir am 9. November 2021 beim Landgericht Braunschweig Klage gegen die Volkswagen AG ein.[19] Zeitgleich klagten wir für einen Biolandwirt, der seinen Hof und seine Zukunft durch den Klimawandel bedroht sieht, in Detmold – am Ort des Schadens. Die Deutsche Umwelthilfe klagte ebenfalls.[20]

Grob gesagt, verlangen wir drei Dinge von Volkswagen: Der Konzern soll die von ihm verursachten Emissionen bis zum Ende des Jahres 2029 um 65 Prozent senken, verglichen mit dem Niveau von 2018 – und zwar über seine gesamte Wertschöpfungskette hinweg, möglichst auch in gemeinsamen Unternehmungen mit anderen Firmen. Ab 2030 soll er keine Fahrzeuge mit Verbrennungsmotoren mehr verkaufen und alle darüber hinaus nötigen Schritte einleiten, um bis 2050 in allen Geschäften global völlig treibhausgasneutral zu wirtschaften. Und in den Jahren, die ihm bis 2030 noch bleiben, soll er allerhöchstens noch ein Viertel seines Umsatzes durch den Verkauf von Verbrennern erzielen. Maßstab ist das für Volkswagen noch anzunehmende Budget, um die 1,5-Grad-Grenze noch zu halten.

Bei der Budgetberechnung stützen wir uns auf Szenarien der Internationalen Energieagentur (IEA), die unter Bezug auf den 1,5-Grad-Bericht des IPCC branchenbezogene Emissionsminderungspfade erarbeitet hat. Deren wichtigste, grundlegende Zahl: Wenn die Menschheit sich nur eine 50-prozentige Chance bewahren will, die 1,5-Schwelle nicht zu überschreiten, dann darf sie – gerechnet vom Jahr 2021 an – nicht mehr als weitere 500 Gigatonnen CO_2 in die Atmosphäre entlassen. Es geht uns also in der Klage nicht einmal um einen besonders ehrgeizigen Klimaschutz, deshalb die 50 Prozent, sondern nur um eine reelle Chance, die allergrößten Gefahren zu vermeiden.

Wie lässt sich das Budget nun auf einzelne Wirtschaftssektoren umlegen? Wie schon beschrieben: Die IEA verteilt es anteilsmäßig entsprechend den gegenwärtigen Emissionen auf die einzelnen Branchen. Daraus ermittelt sie dann sektorspezifische Reduktionspfade, mit denen die 1,5-Grad-Grenze noch gehalten werden kann.[21] Damit hatte sie uns ein Budget für die globale Autoindustrie zur Verfügung gestellt, auf das wir in unserer Klage aufbauen konnten.

Dieses Budget galt es dann nachvollziehbar auf einzelne Konzerne zu verteilen, und der offensichtliche Maßstab ist der Marktanteil, also Volkswagens zwölf Prozent. Schließlich geht es uns nicht darum, dem Konzern mit unserer Klage im Wettbewerb zu schaden, ihn gar aus dem Geschäft zu verdrängen. Im Gegenteil, Volkswagen soll seine Marktanteile behalten. Aber eben gleichzeitig den angemessenen, ihm möglichen Anteil zum Klimaschutz beitragen.

Das ist sicher nicht der einzig mögliche Weg, um ein konkretes CO_2-Budget für einen Konzern zu ermitteln. Der unsrige erscheint uns allerdings noch konservativ – das heißt, wir rechnen zum Wohle von VW. Die von uns verwendeten IEA-Pfade differenzieren nämlich bereits, welche Sektoren am kostengünstigsten reduzieren können. Die Energieagentur schätzt beispielsweise, dass die Strombranche ihren Ausstoß an Treibhausgasen günstiger – und damit schneller – senken könne als der Verkehrssektor: Während die IEA für die stromerzeugenden Betriebe in den Jahren zwischen 2020 und 2030 eine Reduktion der Emissionen um 60 Prozent annimmt, geht sie im gleichen Szenario von nur minus 20 Prozent für den Verkehrssektor aus. Hätten wir andere Berechnungen zugrunde gelegt, hätte unsere Forderung an den VW-Konzern noch drastischer ausfallen müssen.

Die Deutsche Umwelthilfe wählte in ihren Klagen gegen Mercedes-Benz und BMW einen etwas anderen Ansatz. Doch im Grunde genommen bleibt die Forderung an die Konzerne im Kern in allen Verfahren gleich: ihre Emission möglichst rasch zu senken und zu akzeptieren, dass sie einem engen Budget unterliegen.

Im Verfahren gegen Mercedes wies das Landgericht Stuttgart im September 2022 die Klage ab: Es sei Sache des Gesetzgebers, in solchen komplexen Fragen zu entscheiden. Die Berufung läuft. Im Fall von VW entschied das Landgericht

Braunschweig im Dezember 2021, dem Konzern eine verlängerte Frist zu gewähren, um auf unsere Klageschrift zu antworten. Das heißt: Erst im Juni 2022 musste VW seine Erwiderung beim Gericht einreichen. Nun warten wir auf die mündliche Verhandlung im Januar 2023. Im Fall der Klage des Biolandwirts gegen Volkswagen dagegen beschloss das Landgericht Detmold im September 2022, dass es Anfang 2023 eine weitere mündliche Verhandlung geben soll.

Der VW-Konzern hat – genau wie die anderen Beklagten auch – das grundsätzliche Argument vorgebracht, das wir bei unserem Anwaltstreffen damals in Amsterdam besprochen haben. Es ist die gängige Kritik an allen Klimaklagen gegen Unternehmen, ganz gleich, ob sie nun RWE treffen, Shell, VW oder andere, und sie lautet: Die Firmen müssten sich doch darauf verlassen können, dass sie sich rechtmäßig verhalten, solange sie nicht gegen geschriebenes Umweltrecht verstoßen. Alles andere wäre Willkür. Auf den ersten Blick ist das vielleicht verständlich. Doch die Kritiker übersehen, dass nicht mehr nur das Umweltrecht in Klimafragen maßgeblich ist, sondern neben menschenrechtlichen Fragen eben auch das Zivilrecht. In Deutschland sind das insbesondere die Paragrafen 906, 823 und 1004 BGB. Sie sanktionieren die Schädlichkeit von Verhalten zwischen betroffenen Personen, juristische Personen eingeschlossen, und schaffen damit sozusagen einen Ausgleich zwischen den Interessen. Muss ein Bauer in Deutschland hinnehmen, dass ein großer Emittent dazu beiträgt, dass wir die 1,5-Grad-Schwelle reißen? Muss er aushalten, dass sein Wald abstirbt und damit seine »Sparkasse« plötzlich leer ist? Ist er rechtlos, obwohl man ein angemessenes CO_2-Budget für ein Unternehmen wie VW doch bestimmen und gerichtlich durchsetzen kann?

Die herrschende Meinung in der rechtswissenschaftlichen Literatur, vor allem in Deutschland, besagt im Grunde: Weil der Gesetzgeber umweltrechtliche Belange explizit reguliert hat, ist jegliche Form des weiteren Ausgleichs auf der zivilrechtlichen Ebene ausgeschlossen. Das bestätigte auch das Landgericht Stuttgart. Doch unserer Ansicht nach ist das falsch. Diese Position vertritt auch das Oberlandesgericht Hamm im Verfahren gegen RWE. Und mit der Klage gegen VW zielen wir nun in die gleiche Richtung. Wir argumentieren, dass das Recht die Folgen des Klimawandels eben nicht reguliert. Und es reguliert auch nicht die Reduktionsverpflichtung von Unternehmen entlang ihrer Lieferketten.

Volkswagen hat seiner Erwiderung Gutachten beigefügt, die sich auf die herrschende Meinung beziehen. Eines davon habe ich auch von RWE im dortigen Verfahren bekommen. Ein Juraprofessor führt darin aus, warum das OLG Hamm falsch liegt, warum angeblich aus dem Klimabeschluss des Bundesverfassungsgerichts folgt, dass das Zivilrecht nicht klimaschützend genutzt werden darf. Mich überzeugt er nicht. Es wird also darauf ankommen, welche Argumente die Gerichte überzeugender finden, die des Autokonzerns oder unsere.

Ganz unabhängig davon, wie sich die Gerichte bei dieser »konzertierten Klageaktion« (so der Anwalt von VW) gegen die vier Großemittenten am Ende entscheiden: Eines haben die bisherigen unternehmensbezogenen Klimaklagen schon erreicht. Die Unternehmen nehmen den Druck ernst. Einige der weltweit größten Unternehmen proklamieren inzwischen selbst ein »Carbon Law« – nämlich die Pflicht, jährlich die eigenen Treibhausgasemissionen um sieben Prozent zu senken, bis zur Treibhausgasneutralität. Nie zuvor habe ich so viele Vorträge vor Managern gehalten, auch aus der Finanzbranche. Die Menschen, die dort – und auch in Wirtschaftsunternehmen wie VW – arbeiten, begreifen, dass sich die Rahmenbedingungen ihrer Geschäfte ganz grundsätzlich verändern und sie sich schleunigst neu aufstellen müssen, wenn es ihr Unternehmen in zehn Jahren noch geben soll. Viele wollen sich nicht mehr mit leeren Versprechungen von Treibhausgasneutralität bis 2050, wie sie beispielsweise von VW geäußert werden, zufriedengeben. Sie wollen eine echte Transformation auch dort sehen, wo sie einkaufen oder beschäftigt sind.

Wenn Sie mich fragen, welche die besten Gespräche seit dem Klimabeschluss des Bundesverfassungsgerichts für mich sind, antworte ich: die mit den Gewerkschafterinnen und Gewerkschaftern. Diese Menschen verstehen, dass wir kein Unternehmen in den Ruin drängen wollen, wie unsere konservative Budgetberechnung für Volkswagen auf der Basis gegenwärtiger Marktanteile ja auch zeigt. Sie sorgen sich um langfristig sichere Arbeitsplätze. Und die gibt es in Deutschland nur mit echtem Klimaschutz.

ACHT
OHNE WALD- UND BODENSCHUTZ KEIN STABILES KLIMA

Bisher verfolgen Klimaklagen vor allem zwei wichtige Ziele: die Verbrennung von fossilen Energieträgern durch Unternehmen oder Staaten – und damit die CO_2-Emissionen – zu reduzieren und eine bessere Anpassung an die Folgen der Klimakrise oder Reparatur der Schäden zu erreichen. Für die zweite Kategorie ist Saúls Klage gegen RWE ein Beispiel, aber auch Klagen gegen Versicherungen nach dem Hurrikan Sandy in den USA gehören dort hinein.[1]

Das Klima selbst kann dabei keinen Anspruch auf Schutz geltend machen, denn die Erdatmosphäre hat keine eigene Rechtspersönlichkeit. Deshalb stellen die meisten Klimaklagen, die hier schon Thema waren, den Schutz der Menschenrechte in den Vordergrund. Und es sind Menschen, die vor Gericht gegenüber juristischen oder natürlichen Personen Ansprüche auf Haftung, Schadensersatz und Unterlassung erheben.

Das erscheint zunächst selbstverständlich. Denn das Recht spiegelt ja die Art und Weise, wie unsere Gesellschaft auf die Welt blickt: Der Mensch steht im Mittelpunkt und darf seine Umwelt zu seinem Nutzen und nach seinen Interessen ausbeuten – zumindest in den westlichen, sich selbst als aufgeklärt empfindenden Gesellschaften wird das so gesehen. Natur und Menschen werden so zum Gegensatzpaar, obwohl Menschen genauso auf unserem einen, endlichen Planeten leben wie Spinnen oder Schlangen. Das heißt: Der Schutz der Natur um ihrer selbst willen gilt in den allermeisten Rechtssystemen schlicht als nachrangig.

Im deutschen Grundgesetz zum Beispiel wurde Artikel 20a, der den Umweltschutz als Staatsziel formuliert, erst im Oktober 1994 nach langen, heftigen Debatten aufgenommen, 45 Jahre nachdem das Grundgesetz in Kraft getreten war. Bis zur Klimaentscheidung des Bundesverfassungsgerichts wurde er dann in der Praxis nie wirklich angewandt. Diese anthropozentrische Weltsicht führt dazu, dass auch das Rechtssystem – in Deutschland und anderswo – sich an den Rechten und Pflichten der Menschen orientiert. Pflanzen und Tiere oder Ökosysteme als Ganzes hingegen werden nicht als Träger von Rechten und schon gar nicht dem Menschen als gleichrangig wichtig angesehen.

Was aber wäre, wenn die Natur selbst ein ureigenes Recht auf Schutz hätte? Wenn man sie um ihrer selbst willen bewahren müsste und nicht nur, um den Menschen zu nutzen? Wäre es dann leichter, die Klimakatastrophe aufzuhalten – und vielleicht auch die zweite große globale Krise, nämlich die Zerstörung der Biodiversität? Es ist ein verführerischer Gedanke. Was also, wenn uns endlich klar würde, dass der Mensch nicht über der Natur steht, sondern ein Teil von ihr ist, und wenn das auch in der Rechtsprechung seinen Ausdruck finden würde?

Die Debatte darüber läuft schon seit den 1970er-Jahren, doch mit der fortschreitenden ökologischen Krise gewinnt sie gerade eine neue Dringlichkeit. Mittlerweile wissen wir: Nur wenn es uns gelingt, Kohlendioxid in großen Mengen wieder aus der Atmosphäre zu holen und dauerhaft auf der Erde zu binden, haben wir noch eine Chance, den gefährlichen Klimawandel zu stoppen. Emissionsreduktionen allein reichen schlicht nicht aus. Deshalb wird es in Zukunft noch viel stärker als bisher darum gehen, die Kohlenstoffsenken der Welt zu bewahren – also unsere Wälder, Böden, Meere und Moore. Es wäre gleichzeitig ein Schritt in Richtung Biodiversitätsschutz.

Leider geschieht derzeit das Gegenteil. Zum Beispiel im brasilianischen Amazonasgebiet, wo die Entwaldung gerade wieder einen neuen Höchststand erreicht hat. Aber nicht nur dort, auch in Deutschland werden wie im Dannenröder oder Hambacher Forst immer noch Wälder dem vermeintlichen Fortschritt geopfert, gibt es kaum noch ursprüngliche Moore und schreitet der Flächenverlust durch Bodenversiegelung ungebremst voran.[2] Aus diesem Grund erlebt die Diskussion darüber, ob der Natur eigene Rechte zustehen, gerade ein großes Comeback.

Man muss dabei verstehen, dass ein solcher juristischer Ansatz eigentlich gegenläufig zum internationalen Umweltrecht ist. Dieses will, beispielsweise gestützt von der Biodiversitätskonvention von 1992, vor allem die sogenannten Ökosystemdienstleistungen der Natur für den Menschen anerkennen und etablieren – und gemäß diesem Naturverständnis den Schutz erhöhen. In Artikel 3 der Biodiversitätskonvention steht klar geschrieben, dass alle Staaten »das Recht haben, ihre Ressourcen (…) auszubeuten«. In der EU-Biodiversitätsstrategie von 2020 heißt es entsprechend: »Das Gesamt-Nutzen-Kosten-Verhältnis eines wirksamen globalen Programms zur Erhaltung der verbleibenden unberührten Natur weltweit wird auf mindestens 100 zu 1 geschätzt.«[3]

Zentral ist also auch hier der Nutzen für den Menschen. Und weder im offiziellen Bericht der Biodiversitätskonvention noch im Bericht des zentralen Wissenschaftsgremiums für Biodiversität findet man die Forderung nach Eigenrechten der Natur.[4] Dieses Wissenschaftsgremium, das dem Weltklimarat grob gleicht, heißt übrigens Science-Policy Platform on Biodiversity and Ecosystem Services (IPBES) – schon im Namen findet man den Begriff der Ökosystemdienstleistungen.

Zugleich kämpft eine internationale Bewegung dafür, schwere Schädigungen der Umwelt zu einer Straftat zu machen, indem man sie zu einem »Ökozid« erklärt, einem Verbrechen gegen die Menschlichkeit. Das ist nicht nur eine abstrakte Debatte: Vor dem Internationalen Strafgerichtshof in Den Haag liegen mehrere Anzeigen gegen den ehemaligen brasilianischen Präsidenten Jair Bolsonaro wegen Ökozids und anderer Verbrechen vor, und es gibt konkrete juristische Vorschläge, den Ökozid als Vergehen in die Statuten des Gerichtshofs zu integrieren.

Auch die Diskussion um den Ökozid ist nicht neu. In sie setzen viele Menschen jetzt aber große Hoffnungen, so wie in die Idee, der Natur eigene Rechte zuzugestehen. Klagen wie jene in Kolumbien oder die brasilianischen Anzeigen beim Internationalen Strafgerichtshof in Den Haag werden deshalb künftig zahlenmäßig sicher zunehmen. Aber wie viel Potenzial haben sie, wirklich etwas zu verändern?

WARUM NATURSCHUTZ SO WICHTIG IST

Wir haben der Natur viel zu verdanken. Nicht nur, weil sie uns seit Jahrtausenden zuverlässig mit Nahrung, frischer Luft und Trinkwasser versorgt. Sie hält auch die stetige Erhitzung der Erde seit Beginn der Industrialisierung auf und schützt die Menschheit so bislang vor deren schlimmsten Folgen. Denn ein beachtlicher Teil unserer klimaschädlichen Kohlendioxidemissionen bleibt nicht in der Atmosphäre, sondern wird von der Landmasse und den Meeren des Planeten wieder geschluckt.

Wie viel das ausmacht, zeigen Daten des Global Carbon Project: Zwischen 2011 und 2020 wurden 29 Prozent der weltweiten CO_2-Emissionen von der Biosphäre an Land wieder aufgenommen, also von Wäldern, Böden und Mooren, wobei die Wälder die wichtigste CO_2-Senke darstellen. 26 Prozent der Emissionen gingen in die Ozeane. Der Verbleib von drei Prozent ist unklar. Nur 48 Prozent blieben in der Atmosphäre zurück und treiben die globale Durchschnittstemperatur in die Höhe. Die Werte können von Jahr zu Jahr etwas schwanken, aber die Größenordnung war in den vergangenen 60 Jahren ungefähr gleich.[5] Diese Tatsache hat im Verfahren von Saúl die Prozessvertreter von RWE sogar dazu verleitet, zu argumentieren, RWE sei gar nicht für den Klimawandel verantwortlich – möglicherweise seien alle CO_2-Emissionen von RWE von Senken aufgenommen worden. Das Gericht hat das nicht gelten lassen.

Die Existenz von natürlichen CO_2-Senken an Land und im Meer ist erst einmal eine gute Nachricht. Gäbe es sie nicht, wäre der Klimawandel schon viel weiter fortgeschritten. Aber wir dürfen uns davon nicht einlullen lassen. Denn in den maßgeblichen Berechnungen des CO_2-Budgets, das uns bis zum Erreichen der 1,5-Grad- oder auch der 2-Grad-Grenze mit einer gewissen Wahrscheinlichkeit noch bleibt, ist der Effekt schon eingepreist. Das heißt: Das Emissionsbudget bleibt knapp, und es ist hinsichtlich der Vermeidung weiterer Erderwärmung nur dann effektiv, wenn natürliche Senken gleichzeitig geschützt werden.

Bemerkenswerterweise wächst mit steigenden Emissionen die Aufnahmekapazität der Senken, auch das zeigen die Daten. Eine Ursache ist der sogenannte Düngungseffekt: Pflanzen wachsen besser, wenn sie mehr CO_2 erhalten, und binden dann auch größere Mengen des Gases aus der Luft. Dieser Effekt wird aber gemindert, weil die Temperaturen steigen und sich die Niederschlagsmuster deshalb verändern. Die Folge: Pflanzenteile sterben leichter ab, die Pflanzen werden geschwächt, und ihre Lebenszeit kann sich verkürzen. All das beschädigt ihre Fähigkeit, CO_2 aus der Luft zu binden – und es bedeutet auch ein ernsthaftes Problem für den Natur- und Biodiversitätsschutz.

Außerdem wächst mit steigender Temperatur der Verlust von Kohlenstoff aus den Böden der Erde, wo ganz erhebliche

Mengen gespeichert sind, die von abgestorbenem Pflanzenmaterial aus früheren Zeiten stammen. Das lässt sich bereits in Echtzeit beobachten, beispielsweise in Russland, wo der Permafrostboden taut und große Mengen an Kohlendioxid und vor allem Methan freigesetzt werden und wo im Sommer 2021 mehr als 18 Millionen Hektar Wald durch Feuer vernichtet wurden – so viel wie nie zuvor.[6] Ein vergleichbarer Effekt zeigt sich im Amazonas-Regenwald, wo Trockenheit und höhere Temperaturen das Wachstum der Bäume schwächen.[7] Das bedeutet: Je weiter der Klimawandel voranschreitet, desto mehr wird der globale Kohlenstoffkreislauf aus dem Gleichgewicht geraten. Die natürlichen CO_2-Senken sind bedroht. Ein zerstörerischer Kreislauf.

Wie dramatisch die Lage mittlerweile ist, zeigt das schon in Kapitel 1 und 4 erwähnte Konzept der planetaren Grenzen. Es stellt die ökologischen Grenzen der Erde in neun verschiedenen Dimensionen dar. Mindestens fünf davon haben wir schon überschritten: durch das massenhafte Artensterben, den Klimawandel, groß angelegte Abholzungen und andere Landnutzungsänderungen, die massive Verschmutzung der Ökosysteme durch Chemikalien und die gestörten Phosphor- und Stickstoffkreisläufe.[8] Und alles hängt mit allem zusammen, vor allem mit dem menschlichen Einfluss. Wir sind im Zeitalter des Anthropozän, und der Planet ist dabei, zu kippen. Das Streben nach ständigem Wachstum steht in einem fundamentalen Widerspruch zu der Tatsache, dass die natürlichen Ressourcen endlich sind. Hören wir auf die Wissenschaft, wissen wir: Die Erde ist an ihrer Belastungsgrenze.

Das müsste sich meines Erachtens auch im deutschen und EU-Rechtssystem widerspiegeln. Tut es aber nicht. Es gibt keine Grenzen im Recht für die Versiegelung von Flächen, aber auf den Bau von Häusern und Fabriken gibt es – in den Grenzen des Baurechts – einen Rechtsanspruch. Wälder dürfen gerodet werden, sofern wieder aufgeforstet wird, auch wenn das Wachstum Jahrzehnte dauert. Und das Konzept der planetaren Grenzen wird in Gerichtsurteilen bisher nicht angewendet – mit Ausnahme der Urteile, die das CO_2-Budget anerkennen. Das zu ändern und für Gerichte anwendbare Standards zu konkretisieren, ist die nächste Riesenherausforderung für unser Recht und mich als Umweltanwältin.

Für den praktischen Klimaschutz bedeutet das: Wir müssen nicht nur die Treibhausgasemissionen schleunigst entschlossen senken – sondern zugleich die natürlichen Senken bewahren und zusätzliche aufbauen. Der jüngste Bericht der Arbeitsgruppe II des Weltklimarats hat uns die Herausforderung gerade noch einmal sehr deutlich vor Augen geführt: Um eine sichere Zukunft zu erreichen, also eine Welt, in der die Menschheit die Erhitzung der Erde aufgehalten hat und sich an die Auswirkungen der Klimakrise anpassen konnte, müssen wir jetzt alles gleichzeitig tun, und zwar sehr schnell.[9]

Das hatte mir Niklas Höhne ja schon vor zwei Jahrzehnten am Rande der Klimakonferenz in Den Haag erklärt, aber erst jetzt dringen die Erkenntnisse der Wissenschaft sehr langsam auch zur Politik durch. »Um die Erderwärmung aufzuhalten, müssen wir den weltweiten Ausstoß von Treibhausgasen auf null bringen und zugleich die natürlichen Senken stärken, also beispielsweise die Wälder, damit sie mehr CO_2 aufnehmen können«, sagt er. »Und wir müssen die Abholzung sofort beenden.« Die Szenarien des Weltklimarats zeigen, dass es ohne die natürlichen Senken unmöglich sein wird, das Pariser Klimaabkommen einzuhalten. Gelingt es uns nicht, CO_2 in größerem Ausmaß aus der Atmosphäre zu holen, wird selbst die 2-Grad-Schwelle gerissen, warnt die Wissenschaft. Klar ist jedenfalls, dass das sehr schwierig werden wird.

Das bedeutet auch: Wer glaubt, weiterhin klimaschädliche Emissionen in die Atmosphäre zu entlassen und dann durch

Aufforstung kompensieren zu können, der vertut sich. Doch genau diese Taktik verfolgen viele Unternehmen in ihrer Klimastrategie immer noch: »Shell beispielsweise behauptet, ihr Benzin sei klimaneutral, weil sie in Indonesien Urwald schützen. Das finde ich komplett irreführend«, sagt Niklas. Erstens wisse man nicht genau, wie viel CO_2 in den indonesischen Wäldern wirklich stecke. Und zweitens könne niemand garantieren, dass sie tatsächlich dauerhaft erhalten blieben. »Sobald sie abgeholzt werden oder im Fall eines Waldbrands ist das Gas wieder in der Atmosphäre.« Er fordert deshalb getrennte Treibhausgasbilanzen mit separaten Zielen: eine für die Emissionen, eine für die Senken.

Für unsere Erde kommt es jetzt auf die richtigen Prioritäten an. Am wichtigsten ist die schnelle Reduktion der Emissionen. Niklas Höhne sagt auf Grundlage der IPCC-Daten: »Jedes Jahr zählt. In den kommenden zehn Jahren müssen wir die globalen Emissionen halbieren. Wenn wir das nicht schaffen, könnten die natürlichen Senken bei Weitem nicht ausreichen, um das dann noch überschüssige CO_2 aus der Luft zu holen.« Ein Wald aber kann allein dadurch, dass man ihn nicht nachhaltig bewirtschaftet, von einer CO_2-Senke zu einer Quelle des Treibhausgases werden. Schaffen wir es nicht, unsere Wälder, Moore, Böden und Meere als Senken zu bewahren, geraten wir in Teufels Küche. Um ihren Verlust auszugleichen, müssten wir die Emissionen dann noch schneller reduzieren. Es wäre ein praktisch unmögliches Unterfangen.

Im nächsten Schritt geht es dann darum, zusätzliche Senken zu schaffen, beispielsweise indem man Moore vernässt, Felder so bewirtschaftet, dass die Humusschicht erhalten und aufgebaut wird, oder Wälder aufforstet. Die Möglichkeiten dazu sind allerdings begrenzt, denn weltweit ist Land knapp und kostbar.

In Deutschland sind wir mit dem Klimaschutzgesetz gerade einen moderaten Schritt in diese Richtung gegangen: Wegen

Paragraf 3a, neu geschaffen auch aufgrund der Nachhilfestunde aus Karlsruhe, »soll« die Bundesregierung jetzt zusätzliche Senken aufbauen. Konkrete Ziele für die Jahre 2030, 2040 und 2045 geben vor, wie viele Millionen Tonnen CO_2-Äquivalente die natürlichen Senken in den kommenden Jahren und Jahrzehnten zusätzlich binden sollen. Bundesumweltministerin Steffi Lemke hat angekündigt, in den kommenden Jahren vier Milliarden Euro in den Schutz von Wäldern, Flussauen, Böden und Mooren zu stecken. Solange aber Grenzen für den Bau von Straßen und Häusern nicht existieren und auch Land- und Forstwirtschaft nicht reformiert sind, wird das gesetzlich vorgegebene Ziel kaum erreichbar sein – das zeigt auch die aktuelle Prognose der Fachleute im Klimaschutz-Projektionsbericht 2021 des Umweltbundesamts.

Die geringste Priorität hat dabei das Trugbild, auf das immer noch viele Entscheidungsträger hoffen: technische Möglichkeiten, um CO_2 aus der Atmosphäre zu holen und dauerhaft zu speichern. Doch die technischen Lösungen, die derzeit im Bereich des Möglichen scheinen, befinden sich zumeist noch im experimentellen Stadium. Gemessen an dem, was nötig wäre, sequestrieren und speichern sie nur winzige Mengen an CO_2. Und selbst wenn die Anlagen mehr leisten könnten: Technische Lösungen zu nutzen ist sehr viel teurer, als die Emissionen gleich zu senken.

Aus rechtlicher Sicht ist es meiner Meinung nach ohnehin nicht nur nicht sinnvoll, sondern auch nicht zulässig, darauf zu hoffen, dass Technik uns rettet. Denn das Klimarecht ist bei uns inzwischen weitgehend Europarecht. Deshalb reicht hier ein Blick in den Vertrag über die Arbeitsweise der EU: Artikel 191 garantiert ein »hohes Umweltschutzniveau« und gründet alle Umweltpolitik der EU auf den »Grundsätzen der Vorsorge und Vorbeugung, auf dem Grundsatz, Umweltbeeinträchtigungen mit Vorrang an ihrem Ursprung zu bekämpfen ...«. Genau dieses Vorsorge- und Präventionsprinzip verbietet es, sich mit der nicht fundierten Hoffnung auf technische Lösungen selbst zu belügen. Es wäre grob fahrlässig und rechtswidrig, weil diese Hoffnung nur dazu führt, nötige Emissionsreduktionen immer weiter in die Zukunft zu verschieben, auf Kosten der künftigen Generationen. Gerade das hat uns das Bundesverfassungsgericht aber in seinem Klimabeschluss im Frühjahr 2021 untersagt.

Wir werden also nicht darum herumkommen, die natürlichen CO_2-Senken zu schützen. Das Tragische ist: Gerade zerstört die Menschheit die noch verbleibenden Wälder des Planeten. Elf Prozent der globalen CO_2-Emissionen, so die aktuellen Daten des Global Carbon Project, stammen aus »Landnutzungsveränderungen«, wie es im Fachjargon heißt. Also vor allem aus der Entwaldung. Die große Frage des Umweltrechts ist deshalb: Könnten eigene Rechte für die Natur helfen, die Zerstörung zu stoppen?

HABEN BÄUME RECHTE?

Eines der ersten juristischen Bücher, das ich je gelesen habe, ist der Essay *Should Trees Have Standing?* von Christopher D. Stone.[10] Er ist schon 1972 erschienen, in meinem Geburtsjahr, aber bis heute ein einflussreicher Klassiker des Umweltrechts geblieben. Stones Buch ist ein juristisch fundiertes Plädoyer dafür, die Rechte von natürlichen Entitäten anzuerkennen und beispielsweise Tieren, Pflanzen oder sogar Bergen vor Gericht eine Klagebefugnis einzuräumen. In einem solchen Rechtssystem würden Menschen als juristische Sachwalter der Natur fungieren.

Ein Baum soll Rechte haben wie ein Mensch? Für viele mag das weit hergeholt klingen, aber im Grunde genommen ist der Gedanke gar nicht so abwegig. Schließlich können Unternehmen als juristische Personen schon seit Langem vor Gericht klagen, und ihre Interessen werden von natürlichen Personen vertreten. Auch Kinder und Jugendliche, die noch nicht volljährig sind, haben vor Gericht, in Amtsgeschäften oder bei Vertragsabschlüssen Erwachsene an ihrer Seite, die das stellvertretend für sie tun. Warum sollte das nicht auch für Bäume, Seen oder Wälder möglich sein? Christopher D. Stone, Professor an der University of Southern California, war kein esoterisch angehauchter Hippie, sondern eine anerkannte Autorität im internationalen Umweltrecht und in umweltethischen Fragen. Er zählte zu den wichtigsten Fürsprechern für die Eigenrechte der Natur. Im Mai 2021 ist er gestorben.

In Westdeutschland wurde die Idee, dass Tiere eigene Rechte haben sollten, erstmals 1988 aufgegriffen. Damals klagten große Umweltverbände gemeinsam mit meinem Kollegen und Kanzleinamensgeber Michael Günther im Namen der Nordseerobben gegen die Bundesrepublik, vertreten durch deren Verkehrsminister Jürgen Warnke. Ihre Klage richtete sich gegen den damaligen Missbrauch der Nordsee als Giftmüllkippe, genehmigt von Behörden, die Warnkes Ministerium unterstellt waren. Leider erkannte das Gericht die Rechte der Robben nicht an. Aber immerhin wurde die Verklappung von Dünnsäure in der Nordsee beendet.

Seither haben sich die Dinge wenigstens schrittweise verbessert.[11] Im Jahr 1990 verabschiedete der Deutsche Bundestag das »Gesetz zur Verbesserung der Rechtsstellung des Tieres im BGB«, in dem festgeschrieben wurde, dass Tiere nicht länger wie Sachen zu behandeln sind. Mit der Verabschiedung von Artikel 20a Grundgesetz erhob dieser vier Jahre später den Schutz der natürlichen Lebensgrundlagen zum Staatsziel, und im Jahr 2002 ergänzte er, dass »auch die Tiere« geschützt werden müssten. Doch bis heute betrachtet das deutsche Grundgesetz die natürlichen Lebensgrundlagen, auch die Tiere, nicht als eigenständige Rechtspersönlichkeiten. Stattdessen sind sie juristisch weiterhin Objekte, die zwar Anspruch auf Schutz haben, diesen aber nicht selber geltend machen können. Welche Folgen das in der praktischen Rechtsprechung hat, zeigt sich zuletzt mit der bereits erwähnten erfolglosen PETA-Verfassungsbeschwerde gegen die betäubungslose Kastration von Ferkeln. Tiere haben eben keine eigenen subjektiven Rechte, und eine allgemeine Verbandsklage im Tierschutzrecht gibt es nicht. Und selbst die Umweltverbandsklage ist nicht umfassend – wie in Kapitel 5 schon geschildert.

Bislang sind es vor allem Länder außerhalb Europas, in denen Flüsse, Wälder, indigene Territorien oder auch Tiere als Rechtspersönlichkeiten anerkannt werden, etwa Ecuador, Guatemala, Panama, Indien, Neuseeland und Kolumbien.[12] Aber die Debatte darüber wird auch im deutschsprachigen und europäischen Raum wieder lebendig.

Anfang Februar 2022 stimmten die Menschen in Basel darüber ab, ob Primaten Grundrechte erhalten sollten – eine Mehrheit lehnte ab.[13] Eine Parlamentarische Initiative in der Schweiz setzt sich dafür ein, der Natur zumindest teilweise eigene Rechte zuzugestehen.[14] In Bayern soll ein Volksbegehren die Rechte der Natur in der Landesverfassung verankern.[15] Die Autorin Mithu Sanyal schlug in der *Zeit* vor, den Hambacher Wald und das Lichtenmoor zu Rechtspersonen zu machen.[16] Jens Kersten, Juraprofessor an der Ludwig-Maximilians-Universität München, plädiert angesichts der globalen Krise für eine »ökologische Revolution des Rechts« und zeigt auf, wie Eigenrechte für die Natur ins deutsche Rechtssystem integriert werden könnten.[17] Und auch die Menschenrechtsanwältin Miriam Saage-Maaß fordert, die Menschenrechte nicht ausschließlich anthropozentrisch zu verstehen. Stattdessen müsse man sich »mit der wissenschaftlich erwiesenen Tatsache auseinandersetzen, dass Mensch und Natur eng miteinander verwoben sind und dass der

Erhalt der Menschenrechte in hohem Maße von einem intakten Klima, einer intakten Umwelt abhängt«.[18]

In Spanien forderte eine Volksinitiative Rechte für die Salzwasserlagune Mar Menor, die sich in einem desaströsen ökologischen Zustand befindet[19] – das entsprechende Gesetz wurde erlassen. In Frankreich setzen sich Marie Toussaint und ihr Team von Notre Affaire à Tous dafür ein, dass Flüsse, Tiere und andere natürliche Wesen das Recht erhalten sollen, »zu existieren, zu wachsen und sich zu entwickeln« – und ihre Rechte vor Gericht einzufordern. Dafür streitet und debattiert sie inzwischen auch als Abgeordnete im Europäischen Parlament. Marie will zudem den Ökozid als Tatbestand im französischen Strafgesetzbuch verankern. Auf internationaler Ebene wird die Debatte um Naturrechte von der Globalen Allianz für die Rechte der Natur vorangetrieben. Der Schweizer Journalist und Jurist Markus Hofmann bloggt: Ein wichtiges Anliegen bestehe »darin, die Menschenrechtserklärung der Uno zu ergänzen mit einer Erklärung der Rechte der Natur«, die beispielsweise das Recht garantieren würde, »Lebenszyklen frei von menschlicher Störung fortzuführen«.[20] 2021 hat ja auch der UN-Menschenrechtsrat ein Recht auf eine saubere und intakte Umwelt anerkannt (vgl. Kapitel 2), aber eben als Menschenrecht und nicht als neues Konzept von Eigenrechten der Natur.

Wer hier genau mitliest, dem fällt auf, dass sich die Konzepte im Detail durchaus unterscheiden. Während zum Beispiel Miriam Saage-Maaß und der UN-Menschenrechtsrat eine intakte Natur als Voraussetzung für den Erhalt der Menschenrechte begreifen, gehen Marie Toussaint und die Globale Allianz einen Schritt weiter und verstehen die Natur als völlig eigenständige Trägerin von Rechten. Doch in der Praxis der Rechtsprechung sind die Unterschiede, die daraus folgen, womöglich gar nicht so groß und die Grenzen zwischen beiden Ansätzen fließend.

Was könnte es bewirken, wenn die Natur eigene Rechte hätte? Am offensichtlichsten ist der prozessuale Effekt: Wäre die Natur ein Rechtssubjekt, könnten einzelne Personen als Sachwalter oder etwa Umweltverbände leichter im Namen eines sterbenden Waldes oder eines vergifteten Flusses oder eben im Namen der Erdatmosphäre klagen. Denn der Wald wäre unmittelbar und subjektiv von Umweltverschmutzung betroffen. Es gäbe keine Schwelle für eine Verbandsklage mehr, wie das heute der Fall ist.

Daneben steht – deutlich unklarer auch in der juristischen Literatur – der materielle Schutzeffekt: In Genehmigungsverfahren (und den in Deutschland dort integrierten Umweltverträglichkeitsprüfungen) für den Bau und Betrieb einer Straße oder einer Industrieanlage würde die Stellung der Natur gestärkt. Denn die ist bisher tatsächlich schwach: Jeden Tag werden hierzulande Dutzende Genehmigungen erteilt, obwohl die neue Fabrik, die neue Autobahn oder ein anderes Vorhaben die Natur weiter zerstört – es sei denn, spezifische Grenzwerte stehen dem entgegen. Hätte die Natur aber ein Recht auf Verbleib und ungehinderte Entwicklung, müsste ebendieses Recht ausbalanciert werden mit den Rechten der Menschen auf die Nutzung von Ressourcen und freie Betätigung, die ihnen im Rahmen ihrer Menschenrechte auf Eigentum, Berufsfreiheit et cetera zustehen. So hat es etwa der indische Gerichtshof in Uttarakhand 2017 in einem Fall zum Fluss Ganges und zu zwei Gletschern ausgedrückt: »Flüsse, Wälder, Seen, Gewässer, Luft, Gletscher und Quellen haben ein Recht zu existieren, fortzubestehen und ihr eigenes lebensnotwendiges Ökosystem nachhaltig zu erhalten und zu regenerieren. Die Flüsse sind nicht bloß Gewässer. Wissenschaftlich und biologisch sind sie lebendig.«[21] Die Entscheidung hatte vor dem Supreme Court allerdings keinen Bestand.

Es geht sicher auch um die politischen Auswirkungen, nicht nur vor Gericht, wie Klaus Bosselmann schreibt, ein Juraprofessor in Neuseeland, der sich seit Jahrzehnten unter anderem mit den Eigenrechten der Natur befasst: »Mit Einführung der neuen Rechtskategorie könnte die nicht-menschliche Mitwelt nicht mehr an den Rand der politischen und rechtlichen Wahrnehmung gedrängt werden.«[22] Bosselmann schlägt eine unabhängige Umweltanwaltschaft vor, um die Rechte der Natur juristisch zu vertreten, nicht also die reine Verbandsklage, wie sie heute in der EU und Deutschland gelebt wird. Er ist aber auch ehrlich: »Die Lösung aller Umweltprobleme ist mit der bloßen juristischen Aufwertung der Natur sicher nicht zu erwarten«, schreibt er, und: »Jede gute Idee braucht ihre Zeit.«[23]

Das war vor 25 Jahren. Heute ist jedenfalls eines klar: Wenn wir solche Eigenrechte einführen, müssen für sie vollziehbare Maßstäbe gesucht und gefunden werden, wie wir es heute im Umweltrecht mit den Grenzwerten teilweise schon tun. Das schreibt auch Markus Hofmann in seinem Blogpost: Dass der Mensch in diesem Fall »die Natur weiterhin nutzen kann, ist unbestritten. Alles andere liefe auf eine Selbstauslöschung der Menschheit hinaus. Wo aber verläuft die Grenze zur justiziablen Verletzung der Rechte der Natur? Eine Rechtspraxis muss diesbezüglich erst noch entwickelt werden.« Zudem seien die Kritiker, die eine solche Erweiterung von Rechten im besten Fall als »utopisch« und im schlechtesten als »völlig absurd« bezeichnen, weiterhin in der Mehrzahl.

Es wird wohl noch dauern, bis sich die Idee von eigenständigen Rechten der Natur weltweit durchsetzt. Falls sie das überhaupt tut. Mein Problem dabei ist: So viel Zeit haben wir nicht mehr. Für mich ist die Diskussion über Naturrechte deshalb eher eine politisch-akademische Debatte mit momentan sehr begrenztem praktischem Nutzen. Unbeschränkte Zugangsregeln zu Gerichten für Verbände hingegen könnten den gewünschten prozessualen Effekt ohne große Rechtsänderungen ebenso und noch dazu schneller erbringen. Das könnte innerhalb von Monaten erreicht werden, es bräuchte keine Jahrzehnte. Eine Studie im Auftrag des Europäischen Parlaments kam vor diesem Hintergrund erst kürzlich zu dem Ergebnis, dass die Anerkennung der Natur als Rechtssubjekt wohl keine nennenswerten Fortschritte für den Umweltschutz bringen würde.[24]

Was fehlt, sind auch aus meiner Sicht daher nicht primär Eigenrechte der Natur, sondern die rechtliche Umsetzung des Konzepts der planetaren Grenzen, also wirksame und klare Verbote von weiterem Flächenfraß und Chemieeinsatz sowie der absolute Schutz von 30 Prozent der Landfläche und Meeresfläche in Europa, wie es auch die EU-Biodiversitätsstrategie und die Gremien der UN-Biodiversitätskonvention fordern. Wir brauchen ein EU-Importverbot von Produkten, die Entwaldung in der Lieferkette haben, klare Klima- und Umweltschutzanforderungen an global tätige Konzerne, die Durchsetzung von echter Kreislaufwirtschaft – das ist durchaus machbar, wie viele Studien seit Jahren zeigen. Und letztlich: das Ende der Wachstumslogik, wie wir sie in Verkennung ihrer Unlogik bisher verfolgen. Meine Kollegin Joana Setzer, eine Spezialistin für Klimaklagen, die an der London School of Economics and Political Science forscht, brachte es auf den Punkt: »Wir retten den Planeten nicht dadurch, dass Berge und Flüsse Rechte bekommen«, sagt sie. »Neuseeland verlieh ihnen zwar bereits Rechte, wie auch Kolumbien, Ecuador und Bolivien – aber hat die Entwaldung in diesen Ländern deshalb ein Ende gefunden? Nein!«[25]

Warum es so schwierig ist, die Rechte der Natur für den praktischen Umweltschutz nutzbar zu machen, zeigt ein Blick nach Kolumbien. Um meine persönliche Lehre aus dem Fall vorwegzunehmen: Entscheidend ist, dass Urteile umgesetzt werden. Geschieht das nicht, bleiben sie fürs Klima nutzlos. Umgekehrt gilt aus meiner Sicht, dass man der Natur nicht erst eigenständige Rechte verleihen muss, um das Klima und die Biodiversität wirksam zu schützen. Man müsste es einfach nur tun.

DER AMAZONAS-REGENWALD
IST EIN RECHTSSUBJEKT

Am 5. April 2018 wurde in der kolumbianischen Hauptstadt
Bogotá ein grandioses Urteil verkündet. Der Oberste Gerichtshof des Landes sprach dem Amazonas-Regenwald Kolumbiens
ein Recht auf Schutz zu und gewährte ihm Rechtspersönlichkeit. Das bedeutet: Vor Gericht ist der Regenwald in Zukunft
genauso zu behandeln wie ein Mensch oder ein Unternehmen.
Wer ihm Schaden zufügt, kann bestraft werden.

Da die tropischen Wälder des Amazonasbeckens zu den
wichtigsten Kohlenstoffsenken und artenreichsten Ökosystemen der Welt gehören, ist diese Entscheidung nicht nur für
Kolumbien bedeutsam, sondern für den Klimaschutz weltweit.
Hinzu kommt, dass sich die Wälder ihr eigenes Mikroklima
schaffen: Weil so viel Wasser aus ihnen verdunstet, erzeugen sie
einen großen Teil des Regens, der über ihnen niedergeht, selbst.
So entsteht ein Kreislauf, dessen Wassermengen so groß sind,
dass die Wolken auch »fliegende Flüsse« genannt werden. Sie
haben einen kühlenden Effekt für die Atmosphäre und beeinflussen das Klima Südamerikas großräumig.

Doch das fragile System ist in Gefahr. Denn zuletzt ist die
Zerstörung des Waldes immer schneller vorangeschritten –
vor allem in Brasilien, aber eben auch in Kolumbien. Je mehr
Regenwald abgeholzt wird, desto weniger Wasser kann aus ihm
verdunsten, und desto weniger Wolken bilden sich. Die globale
Erwärmung setzt das Ökosystem zusätzlich unter Stress. Wissenschaftlerinnen und Wissenschaftler befürchten, dass es irgendwann kippt und dann weite Teile des Waldes vertrocknen
und sich in eine Art Savanne verwandeln. Die Hinweise darauf,
dass der Amazonas-Regenwald schon jetzt seine Fähigkeit verliert, Kohlendioxid zu speichern, mehren sich jedenfalls. Er
könnte von einer Kohlenstoffsenke zu einer Treibhausgasquelle

werden – mit verheerenden Folgen für den ganzen Erdball.[26] Ganz zu schweigen von den schädlichen Auswirkungen auf die lokalen Ökosysteme, auf ihre ungewöhnlich reiche Artenvielfalt und auch auf die Menschen, die in und von diesem Regenwald leben.

Kolumbien hat die wichtigsten internationalen Klimaschutzverträge ratifiziert; rund 42 Prozent seiner Fläche gehören zur Amazonasregion. Die Entwaldung dort zu stoppen, ist ein ganz zentrales Element der Klimaschutzversprechen des Landes, aber bisher wurde es nicht eingelöst.[27] Zugleich gehört Kolumbien zu jenen Ländern, die durch die Klimakrise besonders bedroht sind. In den Anden, wo sehr viele Menschen leben, ist das Trinkwasser jetzt schon knapp, in den landwirtschaftlichen Gebieten gefährden die klimatischen Veränderungen die Ernten, von Mücken übertragene Krankheiten dürften künftig häufiger auftreten, und an den teils ebenfalls dicht besiedelten Küsten steigt der Meeresspiegel und damit auch die Überschwemmungsgefahr.

Um den Wald und damit ihre eigenen Lebensgrundlagen zu schützen, reichten 25 Kinder und Jugendliche aus ganz Kolumbien am 29. Januar 2018 eine Klage vor einem Distriktgericht in Bogotá ein, und zwar gegen die kolumbianische Regierung, mehrere Ministerien und Naturschutzbehörden sowie verschiedene Regionalregierungen. Unterstützt wurden sie von der gemeinnützigen Organisation Dejusticia, die sich dafür einsetzt, Menschenrechte und Rechtsstaatlichkeit in Kolumbien und im ganzen globalen Süden zu stärken.[28]

Rolando Rubio ist einer von ihnen: 28 Jahre, Psychologiestudent, ein höflicher, aufmerksamer junger Mann mit einem großen Herz für die Umwelt. Rolando lebt in Florencia, einer 170 000-Menschen-Stadt am östlichen Rand der Andenkordillere, die man auch das »Goldene Tor zur Amazonasregion« nennt. Florencia ist auch die Hauptstadt des Departements des

Caquetá, einer Region, in der lange Zeit der Bürgerkrieg den Alltag bestimmt hat. In Kolumbien wird die Politik in der Hauptstadt Bogotá gemacht. Das Landesinnere scheint dort weit weg. Rolando sagt, der Caquetá sei ein vergessenes und vernachlässigtes Departement.

Rolando liebt die Natur um seine Heimatstadt, die artenreichen Feuchtgebiete, die Flüsse, den Wolkenwald in den Bergen nur wenige Kilometer von Florencia entfernt. Als Kind habe er mit seiner Familie die Wochenenden draußen verbracht. Heute motiviert er seine Freunde zum gemeinsamen Plastikmüllsammeln an den Gewässern. »Was ich damals genießen durfte, muss ich doch im gleichen, in einem guten Zustand an die künftigen Generationen weitergeben. Alles andere wäre egoistisch«, sagt er. Deshalb schloss er sich auch der Dejusticia-Klage an.

In ihrer Klageschrift stellten die Kinder und Jugendlichen – genau wie vor dem Bundesverfassungsgericht Sophie Backsen – dar, wie sehr die Klimakrise sie persönlich in Gefahr bringt: Die durchschnittliche Temperatur werde in Kolumbien noch während ihrer Lebenszeit, folge man den gebräuchlichen Szenarien, um 1,6 bis 2,14 Grad steigen, schrieben sie. Die Folgen: Der natürliche Wasserkreislauf gerate aus dem Gleichgewicht, die Überschwemmungsgefahr steige, und die Versorgung mit Trinkwasser werde immer schwieriger. Sie beriefen sich auf das Pariser Klimaabkommen, Kolumbiens Verfassung und ein Gesetz mit dem Ziel, die Entwaldung im kolumbianischen Amazonasgebiet bis zum Jahr 2020 in der Summe auf null zu senken. Und sie legten dar, dass die gerodeten Flächen trotz des Gesetzes keineswegs kleiner, sondern im Gegenteil immer größer wurden.[29] Schließlich führten sie an, dass die Erderwärmung ihre grundlegenden Rechte verletze: das Recht, eine gesunde Umwelt zu genießen, das Recht auf Leben, das Recht auf Gesundheit. Sie verlangten von den beklagten Institutionen, diese Rechte zu schützen.

Zunächst ging es also auch in dieser Klage um die Menschenrechte und nicht um die Rechte der Natur. Die kolumbianischen Kinder argumentierten ähnlich wie Our Children's Trust in den USA. Doch das Distriktgericht lehnte die Klage ab. Die Kinder und Jugendlichen gingen in Berufung. Dabei wurden sie von einigen kolumbianischen Universitäten und indigenen Vereinigungen und auch von Our Children's Trust unterstützt. Aus den USA sandte der Klimawissenschaftler James Hansen einen unterstützenden Brief an den Obersten Gerichtshof.

Mit der indigenen Unterstützung hat es eine besondere Bewandtnis. In Kolumbien leben sehr viele verschiedene indigene Gruppen. Sie sind im Amazonas-Regenwald und den Anden, in der Sierra Nevada de Santa Marta an der Karibikküste und den kargen, trockenen Landstrichen im Grenzgebiet zu Venezuela beheimatet, also in völlig verschiedenen Ökosystemen, und oft ist ihre überlieferte Lebensweise genau an ihre Umgebung angepasst. Viele dieser Menschen kämpfen dafür, auf ihrem Territorium nach ihren alten Traditionen leben zu können, und grundsätzlich spricht ihnen die kolumbianische Verfassung dieses Recht auch zu.[30] Für sie ist es ganz selbstverständlich, sich als Teil der Welt zu begreifen, die sie umgibt – und nicht als deren Herrscher. Die Natur und die menschliche Gesellschaft sind in indigenen Kosmologien meist keine getrennten Sphären, sondern ein und dasselbe.

Diese holistische Weltsicht ist in Lateinamerika generell weitverbreitet und spiegelt sich auch in den dortigen Diskussionen um die Rechte der Natur wider. Besonders weit gediehen ist die Debatte in Kolumbiens Nachbarland Ecuador. Dort spricht Artikel 71 der Verfassung aus dem Jahr 2008 der Natur »oder Pachamama, in der sich das Leben realisiert und reproduziert«, das Recht zu, »dass ihre Existenz, der Erhalt und die Regenerierung ihrer Lebenszyklen, Struktur, Funktionen und Entwicklungsprozesse umfassend respektiert werden«[31]. Dahinter steckt die südamerikanisch geprägte Vorstellung des *buen vivir*, eines »guten Lebens«, das nicht auf Wachstum zielt, sondern auf ein auskömmliches Zusammenleben der Menschen in Vielfalt und Harmonie mit der Natur, ein »nachhaltiges, würdiges Leben für alle«[32]. Die Natur erlangt so eine »hybride« Rechtspersönlichkeit, die sich ständig wandelt. Ein unfertiges Konzept, das nach und nach mit Leben gefüllt wird.[33]

Auch in Ecuador ist die Entwaldungsrate hoch, und indigene Gemeinden müssen ihr Land immer wieder gegen Ölbohrungen und Bergbauvorhaben verteidigen. Doch im Februar 2022 sprang ihnen das Verfassungsgericht zur Seite. Das Gericht entschied: Wenn es um die Genehmigung von Öl- und anderen Bergbauprojekten auf ihrem Land geht, haben die Gemeinden das letzte Wort. Sie müssen nicht nur informiert werden. Sie müssen zustimmen. Für den Amazonas-Regenwald und seine Menschen war das ein großer, grundlegender Erfolg, auf den sie in Zukunft aufbauen können.[34]

Welchen Beitrag indigene Menschen für den Klimaschutz leisten und wie viel die westlich geprägte Welt noch von ihnen lernen könnte, sickerte in den vergangenen Jahren immer stärker ins kollektive Bewusstsein. Daten der Vereinten Nationen besagen, dass etwa ein Drittel der Wälder Lateinamerikas sich auf den Territorien von indigenen und Stammesgruppen befinden. Das entspricht 14 Prozent des in tropischen Wäldern gespeicherten Kohlenstoffs weltweit.[35] Und der Weltbank zufolge befinden sich auf indigenem Territorium 80 Prozent der noch verbleibenden globalen Biodiversität.[36]

In Florencia erinnert sich Rolando noch an den Moment, als er die Klageschrift las: »Ich dachte, es kann nicht sein, dass das Gericht uns nicht recht gibt. Ich war mir sicher, dass es funktionieren würde.« Und er sollte recht behalten.

Der Oberste Gerichtshof gab der Klage der Kinder und

Jugendlichen nicht nur statt, sondern ging in seinem Urteil noch einen großen Schritt weiter.[37] Die grundlegenden »Rechte auf Leben, Gesundheit, ein Existenzminimum, die menschliche Freiheit und Würde« seien »ganz wesentlich mit der Umgebung und dem Ökosystem verbunden« und würden »durch diese bestimmt«, befand das Gericht. »Ohne gesunde Umwelt werden wir Rechtssubjekte und fühlende Wesen weder überleben noch diese Rechte für unsere Kinder und die künftigen Generationen bewahren können.« Daneben kritisierte das Gericht das vorherrschende »anthropozentrische und egoistische« Gesellschaftsmodell, das die Ökosysteme zerstöre und damit die Überlebensgrundlagen der Menschheit in Gefahr bringe. Und es stellte fest: Die Grundrechte seien zwar dazu gedacht, einzelne Personen zu schützen. Schutz gebühre aber auch dem »Nächsten«. Und das schließe die Tiere und Pflanzen auf dem Planeten mit ein.

Rolando erzählt, er habe vor Freunde geweint, als er von dem Urteil erfuhr. »Wir haben das nicht alleine geschafft, sondern dank der Unterstützung vieler Menschen. Und jetzt ist es nicht nur unser Erfolg, sondern ein Erfolg für die ganze Menschheit.«

Eine wichtige Grundlage des Urteils war eine Entscheidung des kolumbianischen Verfassungsgerichts, die bereits im Jahr 2016 ergangen war.[38] Damals wurde über den Fluss Atrato in der Pazifikregion Kolumbiens verhandelt, einer Gegend mit einer unermesslich großen biologischen Vielfalt, dichtem tropischem Wald, wenig Infrastruktur und vielen Bodenschätzen – und illegalen bewaffneten Gruppen, die sich um die Reichtümer des Landes streiten. Der Atrato ist so etwas wie die Lebensader der Region. Die Vorstellung, dass der Fluss eigene Rechte haben soll, erscheint vielen Menschen hier ganz naheliegend. Sie ernähren sich von seinen Fischen, und weil es in dem weitläufigen Gebiet kaum Straßen gibt, ist der Fluss auch der wichtigste Verkehrs-

und Handelsweg. Doch die Gewässer des Atrato sind wegen des illegalen Goldabbaus mit Quecksilber verseucht, die Fische sind stark mit dem Gift belastet. Indigene und afrokolumbianische Gemeinschaften hatten vor Gericht geltend gemacht, dass die Behörden dadurch, dass sie die Verschmutzung nicht verhindern, ihre grundlegenden Rechte verletzten.

Das Verfassungsgericht gab ihnen recht – und begründete mit den Menschenrechten der Flussanrainer die Anerkennung des Atrato als Rechtssubjekt. Der Strom sei ein lebendes Wesen, mit dessen Hilfe andere Lebensformen und Kulturen gedeihen könnten. Deshalb habe er einen Anspruch auf Schutz und eigene Rechte. Um den Fluss künftig besser zu schützen und traditionelle Formen von Landwirtschaft und Fischfang entlang seinem Lauf wiederzubeleben, ordnete es die Schaffung einer Kommission und eines Monitoringverfahrens an.

Die Gewalt in der Region, die bis heute von bewaffneten Gruppen terrorisiert wird, konnte das Urteil allerdings nicht beenden. Die Menschen am Flussufer erwarten nicht, dass sich ihre Lage durch den Gerichtsbeschluss grundlegend verbessern wird. Aber sie empfinden das Urteil dennoch nicht als vergebens. »Sie betonen entschieden, dass das Gericht ihnen eine neue Sprache des Widerstands zur Verfügung gestellt hat, um ihren langen Kampf um den Schutz ihrer Rechte und der Rechte des Atrato fortzusetzen«, schreibt die kolumbianische Anwältin Laura Duarte Reyes in einem Beitrag für die Universität Padua. Das Urteil habe den Menschen zumindest bis zu einem gewissen Ausmaß »die Werkzeuge an die Hand gegeben, um die Kosten für mächtige Akteure, die ihnen ihre Rechte, ihr Leben und ihre Würde nehmen wollen, zu erhöhen«[39]. Nicht zuletzt habe es ihnen neue Hoffnung gegeben – auch wenn das für mich als Anwältin natürlich nicht reicht und das einzig Richtige der Vollzug des Urteils wäre. Aber immerhin, die Gerichte senden ein Signal der Ermutigung, denn dieser Richterspruch gibt den Menschen an den Ufern des Atrato die Kraft, auch in scheinbar aussichtsloser Lage nicht aufzugeben.

Im Fall des Amazonas-Urteils verpflichtete das Gericht den kolumbianischen Staat, Aktionspläne zu erarbeiten, um die Entwaldung kurz-, mittel- und langfristig zu stoppen. Außerdem sollten sie gemeinsam mit den Klägerinnen und Klägern einen »Intergenerationalen Pakt für das Leben des kolumbianischen Amazonas (PIVAC)« erarbeiten. Den Gemeinden und Umweltbehörden der Amazonasregion trug das Gericht auf, eigene Pläne gegen die Abholzung zu entwickeln. Doch seither ist nicht viel passiert. Weder sei der Pakt zustande gekommen, noch gebe es ein Budget für den Waldschutz, noch staatliche Institutionen, die sich kümmern würden, sagt Dejusticia und sucht auch mithilfe von internationalen Umweltjuristinnen nach Möglichkeiten, das Urteil zu vollziehen.[40] Statt den großen Akteuren der Entwaldung Einhalt zu gebieten, hat der Staat das Urteil genutzt, um kleine Bauern unter Druck zu setzen. Zumindest aber ist das Thema in der Öffentlichkeit seit dem Gerichtsverfahren sehr präsent.[41]

Rolando sagt, wenn man im Caquetá von einer Gemeinde zur nächsten fahre, könne man die Brände sehen, mit denen der Wald gerodet werde. Doch die sichtbaren Feuer seien noch klein und harmlos. »Weiter im Landesinneren, in den schwer zugänglichen Gebieten, die kaum zu kontrollieren sind, werden viel größere Flächen des Waldes zerstört.« So wie in seinem Heimatdepartment nimmt die Entwaldung überall im Amazonas-Regenwald Kolumbiens wieder zu. Die Gründe sind vielschichtig, aber sie lassen sich in wenigen Sätzen zusammenfassen: Früher diente der Regenwald der Farc-Guerilla als Versteck. Ihn zu betreten, konnte lebensgefährlich sein – der Bürgerkrieg schützte das Ökosystem. Seit dem Friedensvertrag von 2016 hat sich das geändert. Die staatlichen Institutionen, die dafür zuständig wären, jetzt den Wald zu schützen, können oder wollen es nicht. Zudem verfolgt Kolumbiens Regierung allen Beteuerungen zum Umweltschutz zum Trotz ein extraktives Entwicklungsmodell. Der Abbau von Bodenschätzen soll dem Land Devisen bringen.[42] Der Schutz des Waldes steht dem entgegen. Zuletzt hat die Regierung ihr Entwaldungsziel noch weiter in die Zukunft verschoben. Aktuell peilt Kolumbien an, den Waldverlust bis zum Jahr 2030 auf netto null zu senken.

Rolando fürchtet, dass früher oder später der *point of no return* erreicht ist, an dem die Zerstörung so groß ist, dass sie nicht mehr wiedergutzumachen ist. »Die Erde wird daran nicht zugrunde gehen. Wir vielleicht schon.«

EIN VERBRECHEN NAMENS ÖKOZID

Der allergrößte Teil des Amazonasgebiets liegt in Brasilien. Dort wurde unter dem Präsidenten Jair Bolsonaro so viel Regenwald vernichtet wie seit vielen Jahren nicht mehr – obwohl auch Brasilien sich auf dem Klimagipfel in Glasgow verpflichtet hatte, die Entwaldung bis zum Jahr 2030 zu stoppen, und das höchste Gericht des Landes im Sommer 2022 entschied, dass der Pariser Klimavertrag in Brasilien Verfassungsrang hat.

In Brasilien wehren sich Menschen ebenfalls per Klage gegen die Zerstörung des tropischen Waldes. Doch sie wählen dafür einen besonderen Weg. Statt vor die brasilianischen Gerichte ziehen sie vor den Internationalen Strafgerichtshof (IStGH) in Den Haag, der einst dafür gegründet wurde, in Fällen von schweren internationalen Menschenrechtsverbrechen zu ermitteln. Gemäß dem Römischen Statut des IStGH soll der Gerichtshof das nationale Strafrecht nicht ersetzen, sondern nur ergänzen. Er ist also nur zuständig, wenn ein Staat nicht willens oder nicht in der Lage ist, die Verbrechen auf nationaler Ebene zu verfolgen.

Gegen den ehemaligen brasilianischen Präsidenten liegen beim IStGH gleich mehrere Strafanzeigen vor, die sich alle ähneln. Sie werfen Bolsonaro Verbrechen gegen die Menschlichkeit vor, Anstiftung zum Völkermord an den Indigenen, systematische Zerstörung des Amazonas-Regenwalds und damit der Lebensgrundlagen der Menschen, gezielte Schwächung der Kontrollbehörden, die solche Verstöße feststellen und ahnden sollten, und Ökozid, also die Zerstörung von Ökosystemen in großem Ausmaß. Umweltverbrechen können vom IStGH tatsächlich auch schon jetzt verfolgt werden.

Konkret forderte die Vereinigung der Indigenen Völker Brasiliens (APIB) den IStGH am 9. August 2021 auf, Ermittlungen gegen den damaligen brasilianischen Präsidenten wegen des Vorwurfs von Verbrechen gegen die Menschlichkeit, Völkermord und Ökozid aufzunehmen.[43] Bereits im Dezember 2020 hatte der IStGH eine ähnliche Anzeige brasilianischer Organisationen zugelassen und angekündigt, die Einleitung von Ermittlungen gegen Bolsonaro zu prüfen. Wenige Wochen später reichten die Anführer zweier indigener Stämme eine weitere Beschwerde vor dem IStGH gegen Bolsonaro ein, und im Oktober 2021 folgte eine österreichische Umweltschutzorganisation.[44] Die Anzeigen erledigen sich durch den Amtsantritt des neuen Präsidenten Lula da Silva nicht.

In der Gedankenwelt Bolsonaros und seiner Anhängerschaft, die immer noch im Parlament vertreten ist, ist der Amazonas-Regenwald kaum mehr als ein Rohstofflager, ein weiter Raum, den man bezwingen muss, um wirtschaftliche Entwicklung für Brasilien zu erreichen. Die indigenen Völker, deren Heimat der Wald ist, gelten ihnen als rückständig und unterentwickelt. Zuletzt nutzten der Ex-Präsident und seine Regierung sogar den Krieg in der Ukraine als Argument, um den Bergbau auf indigenem Territorium weiter voranzutreiben.[45]

In den Statuten des IStGH kommt das Verbrechen des Ökozids nicht ausdrücklich vor. Kurz bevor die Gründungsdokumente des Strafgerichtshofs im Juli 1998 verabschiedet wurden, wurde der Tatbestand in letzter Minute daraus gestrichen. Deshalb kennt die Internationale Strafgerichtsbarkeit heute nur vier Tatbestände: Kriegsverbrechen, Völkermord, Verbrechen gegen die Menschlichkeit und Angriffskrieg. Umweltzerstörung ist nicht explizit dabei, kann aber darin inbegriffen sein, wie der Chefankläger beim IStGH 2013 und 2016 selbst betont hat.[46]

Im vergangenen Jahr haben Rechtsexperten eine neue rechtliche Definition für den Ökozid als Delikt zur Aufnahme in das Römische Statut vorgelegt. Sie beschreiben ihn als »ungesetzliche oder willkürlichen Akte, die im Wissen begangen werden, dass sie der Umwelt mit erheblicher Wahrscheinlichkeit einen schweren oder weitverbreiteten oder langfristigen Schaden zufügen werden«[47]. Die Ermittlungen wegen Ökozids könnten Regierungsmitglieder treffen oder hochrangige Konzernmanager, beispielsweise auch den Shell-Vorstandsvorsitzenden Ben van Beurden.[48]

Was für die Debatte um Naturrechte gilt, trifft aus meiner Sicht ein Stück weit für den Ökozid ebenfalls zu: Wie Kai Ambos zusammenfasst, ein internationaler Strafrechtler, mit dem auch ich schon intensiv zusammengearbeitet habe, ist es fraglich, ob ein neuer Tatbestand überhaupt erforderlich ist, um die Umwelt zu schützen. Aus Ambos' Sicht ist es praktisch sinnvoller, das bestehende Recht durch Urteile auszuweiten und anzuwenden. Ich würde hier noch ergänzen: Zumindest in Rechtsstaaten wie Deutschland, wo der Rechtsweg grundsätzlich jedem offensteht. In den Ländern des Globalen Südens, in denen die Ökozid-Bewegung besonders stark ist, ist die Lage nicht so einfach. Dort haben Ökozid-Klagen vor dem IStGH eine andere Bedeutung.

Außerdem lässt sich ein völkerrechtlicher Vertrag wie das Römische Statut keineswegs problemlos ändern. Und selbst wenn das geschafft wäre, müsste der Tatbestand noch durch akademische Artikel und Urteile anwendbar gemacht werden. Das ist schwierig, denn unser globales Wirtschaftssystem wird am Leben gehalten, weil die Ausbeutung natürlicher Ressourcen auch in großem Maßstab als selbstverständlich gilt. Wo aber hört ein zulässiger Eingriff in ein Ökosystem auf, wo beginnt der Ökozid? Die Grenzen müsste man erst ausloten, zumal nur 123 Staaten der Welt die Römischen Statute unterzeichnet haben und sich damit der Jurisdiktion des IStGH unterwerfen.[49] Ausgerechnet die großen Verschmutzer USA und China sind nicht darunter.

Es ist gut möglich, dass der Chefankläger beim IStGH eingreifen und gegen den ehemaligen brasilianischen Präsidenten ermitteln wird. Ob es tatsächlich so weit kommt, lässt sich derzeit kaum seriös vorhersagen. Im eher unwahrscheinlichen Fall eines Schuldspruchs müsste Bolsonaro wohl mit einer langjährigen Haftstrafe rechnen. Jedes Land, das das Römische Statut des Gerichtshofs unterzeichnet hat, wäre verpflichtet, ihn auszuliefern. Doch bis dahin würden noch Jahre vergehen, vielleicht Jahrzehnte. Für den Amazonas-Regenwald und die Menschen, die in ihm leben, wäre es dann wohl zu spät.

Doch Verantwortung können aber wir bereits jetzt ganz praktisch übernehmen. Die Zusammenhänge zwischen Entwaldung und Konsum sind klar – und die EU arbeitet derzeit beispielsweise an einer Verordnung, um Produktimporte zu verbieten, die etwa von gerodeten Feldern inmitten des Amazonas kommen. Unter dem deutschen (und bald auch EU-) Lieferkettengesetz müssen Unternehmen sich vergewissern, dass sie nicht zur Entwaldung und damit verbundenen Menschenrechtsverletzungen beitragen. Auch hier gilt: Wenn wir die richtigen Fälle, Klagenden und Maßstäbe finden, um der Natur zu ihrem Recht zu verhelfen, sind es vielleicht eher die EU- oder die deutschen Gerichte, die Kohlenstoffsenken und Biodiversität wirksam schützen werden.

EIN RECHT AUF ZUKUNFT – FÜR ALLE!

Während ich die Arbeit an diesem Buch beende, im Herbst 2022, herrscht immer noch Krieg in Europa. Zwar laufen viele Klimaklagen weiter, und die Gerichte und Menschenrechtsgremien fällen immer wieder neue, weitreichende Entscheidungen über den Klimaschutz. In der öffentlichen Debatte aber sind sie kaum ein Thema. Viel intensiver wird über die Abhängigkeit des Westens von Gas, Öl und Kohle russischer Herkunft diskutiert. Bis zum Beginn des Ukraine-Kriegs stammten 40 Prozent der EU-Gasimporte und sogar 55 Prozent der deutschen aus Russland.[1] Angesichts dessen konzentrierte sich die Politik darauf, möglichst schnell Unabhängigkeit von russischen Energiereserven herzustellen. Der Klimaschutz trat in den Hintergrund – trotz einer historischen Trockenheit in Deutschland und Europa und der damit verbundenen Sorge um unsere Trinkwasservorräte. Trotz der verheerenden Überschwemmungen in Pakistan, die wir praktisch live in den Nachrichten beobachten konnten. Und trotz der anhaltenden Dürre in Ostafrika, die dazu führt, dass die Tiere verenden und viele Menschen hungern. Dabei weisen nicht nur die Aktiven von Fridays for Future auf die Zusammenhänge zwischen beiden Krisen hin. Die ukrainische IPCC-Klimawissenschaftlerin Svitlana Krakovska etwa sagte kurz nach dem Kriegsbeginn dem britischen *Guardian*: »Ich habe angefangen, über die Parallelen zwischen der Klimakrise und diesem Krieg nachzudenken, und für mich ist klar: Die Wurzeln zu beidem sind fossile

Energieträger.«[2] Für mich heißt das: Klimaklagen werden nun angesichts der durch den Krieg ausgelösten Schwierigkeiten nur noch wichtiger. Jetzt kommt es erst recht darauf an, sich vor Gericht für mehr Klimaschutz einzusetzen und auch dafür, dass die großen Emittenten endlich Verantwortung für die von ihnen angerichteten Klimaschäden übernehmen.

Ausstieg aus den fossilen Brennstoffen und der notwendige Einstieg in eine Welt der hundertprozentig erneuerbaren Energie – das ist die offensichtliche Lösung für die Hilflosigkeit, die uns alle trifft. Wo wir hinschauen, geht es in den Medien – neben dem schrecklichen Leid der Flüchtenden und der Angst vor einem Dritten Weltkrieg – um einen Wandel, den Wladimir Putin so sicher nicht wollte: Weil Menschen in Europa von ihm nicht mehr abhängig sein wollen, seinen Krieg nicht finanzieren wollen, gibt es Aufrufe zum kompletten Einfuhrstopp seiner fossilen Energieträger. Ohne es beabsichtigt zu haben, gibt er Europa vielleicht *die* Chance, schneller als gedacht ernst zu machen mit Energieeffizienz und dem kompletten Austausch unserer Energiesysteme. Das würde im besten Fall seinen Krieg mittelfristig unfinanzierbar und gleichzeitig Klimaziele leichter erreichbar machen. Und Klimaklagen irrelevant. So wie es eigentlich sein soll.

Aber es gibt auch andere Szenarien. Der G7-Gipfel im bayrischen Elmau im Juni 2022, abermals mit dem Schwerpunkt Klimaschutz geplant, wurde dem Krieg, der resultierenden Flüchtlingskrise und der heimischen Versorgungssicherheit gewidmet. Auf dem Klimagipfel in Ägypten verhinderte die Renaissance der fossilen Energie echte Fortschritte im Bestreben, die globalen Emissionen endlich entschlossen zu senken. Der Betrieb von Kohlekraftwerken wird verlängert, um unsere Energieversorgung zu gewährleisten, und neue Flüssiggasterminals in Wilhelmshaven und Stade sollen LNG, also beispielsweise Fracking-Gas aus den USA, schnell nach Deutschland bringen. Wasserstoff wird plötzlich als Alternative für alles gehandelt, obwohl es nur begrenzt grünen, das heißt aus erneuerbaren Quellen hergestellten Wasserstoff gibt und absehbar geben wird.[3] Die Furcht vor der Versorgungslücke und der Energiearmut kann in ganz Europa die so dringend nötigen Klimaschutzanstrengungen zunichtemachen. Durch diesen Krieg werden Kräfte gebunden und Ressourcen verschwendet, die wir eigentlich dringend für die anstehende sozial-ökologische Transformation bräuchten. Das kann auch die internationale Klimadiplomatie erheblich schwächen.

Welche Rolle können Klimaklagen in so einer komplexen Welt noch spielen?

Vor mehr als 30 Jahren wurde in den USA die allererste Klimaklage der Welt erhoben. Die Städte Los Angeles und New York und der Umweltverband NRDC wollten die nationale Verkehrssicherheitsbehörde der USA zwingen, ihre Emissionsstandards für Pkw an die Gefahren des Klimawandels anzupassen. Ihnen wurde zwar der Weg zu Gericht ermöglicht, doch die Richter konnten sich nicht darauf einigen zu befinden, dass höhere Effizienzstandards einen Unterschied machen können im Hinblick auf die – vom Gericht schon damals anerkannt immensen – Gefahren von *global warming*. Aufgrund der geteilten Richterschaft verloren die Städte und Umweltschützer 1990 die Klage.[4]

Dieses »drop in the ocean«-Argument kann heute vor keinem Gericht mehr gelten. Jede vermiedene Tonne CO_2 zählt. Es geht um alles, so beschreibt es auch die ukrainische Klimawissenschaftlerin: Man dürfe sich selbst vom Krieg nicht vom Kampf gegen die Klimakrise ablenken lassen. Jetzt erst recht, sagt sie.

Entsprechend wächst die Zahl der Klagen, viele neue Klageschriften sind in Vorbereitung, sowohl gegen einzelne Staaten und staatliche Behörden als auch gegen Unternehmen oder

Finanzmarktakteure wie Versicherungen, Banken und Pensionsfonds.[5] Dieses Buch ist also eine Momentaufnahme, nicht mehr.

Ob in den Niederlanden oder den USA, in Kolumbien, Frankreich, Australien, Deutschland, Pakistan, Polen oder auf den Philippinen: Überall auf der Welt ziehen Menschen vor Gericht und kämpfen um ihr Recht auf eine lebenswerte, menschenwürdige Zukunft; selbst dann, wenn es zunächst aussichtlos scheint und die Verfahren lange dauern. Und immer häufiger haben sie damit Erfolg. Sie finden Zugang zum Gericht, sie berufen sich auf ihre unteilbaren Menschenrechte, und selbst wenn sie nicht direkt gewinnen, ziehen sie aus den Gerichtsbeschlüssen Material für weitere Verfahren. Sie nutzen alle juristischen Mittel und lassen sich nicht vom Weiterkämpfen abhalten. Der Krieg und die Angst um die Versorgungssicherheit werden vielerorts die Dynamik der Politik und der Gesetzgebung und das Recht selbst verändern, vor Gericht ebenso wie in den Parlamenten. Darauf werden wir Klimaanwältinnen und -anwälte uns einstellen müssen. Jetzt heißt es, unsere Argumente noch besser zu schärfen und zu durchdenken.

Ich hätte mir nicht träumen lassen, einmal den Vorsitzenden der FDP zu zitieren, aber Christian Lindner hat in einem recht: Erneuerbare Energien bedeuten Freiheit.[6] Freiheit von den schlimmsten Klimafolgen, von den Auswirkungen abrupter Emissionseinschränkungen in der Zukunft, wie sie das Bundesverfassungsgericht als Grundrechtseingriff definiert hat, und vielleicht auch Freiheit von Kleptokratien, die auf dem Reichtum ihrer fossilen Ressourcen gebaut sind.[7]

Der Weltklimarat hat uns gerade noch einmal in Erinnerung gerufen, wie dringend die Lage bereits ist. Schon heute leben 3,3 bis 3,6 Milliarden Menschen – fast die Hälfte der Weltbevölkerung – in sogenannten hoch verwundbaren Weltregionen, in denen bereits kleinere Klimaveränderungen schlimme Folgen haben können. Es sind ganze Staatengruppen, die durch Armut gekennzeichnet sind und die kaum über Ressourcen verfügen, um sich an die Katastrophe anzupassen. Bereits jetzt verursacht der Klimawandel »gefährliche und weitreichende Zerstörungen von Natur und beeinflusst das Leben von Milliarden Menschen«, wie die Arbeitsgruppe II des IPCC in ihrem jüngsten Sachstandsbericht feststellt, der sich mit den Auswirkungen der Erderhitzung und unseren Anpassungsmöglichkeiten befasst und an dem auch Svitlana Krakovska bis zum Schluss mitwirkte. »Die wissenschaftliche Evidenz ist eindeutig: Der Klimawandel ist eine Bedrohung für das menschliche Wohlbefinden und die Gesundheit des Planeten. Jede weitere Verzögerung eines gemeinsamen, globalen Handelns wird das kurze, sich schnell schließende Zeitfenster verpassen, um eine lebenswerte Zukunft zu sichern.«

Rechtlich gesehen ist damit wohl das eingetreten, was Julia Olson und ihr Team seit Jahren sagen und was auch ich in der EU-Klimaklage argumentiert hatte: Die 1,5 Grad globale Erwärmung aus dem Pariser Klimaabkommen markieren nicht die reale Schwelle, ab der die Erderhitzung gefährlich wird. Der Klimawandel ist vielmehr heute schon gefährlich, bei knapp 1,2 Grad Anstieg der globalen Durchschnittstemperatur.

Überschreitet der Planet aber auch noch die 1,5-Grad-Schwelle, werden sich die Schäden vervielfachen. Um dem entgegenzusteuern, müssen die Emissionen schleunigst auf null sinken. Die Natur muss vor dem Klimawandel geschützt werden, damit sie uns auch in Zukunft Frischluft, Wasser und Nahrung bereitstellen und weiter CO_2 aufnehmen kann. Küsten müssen geschützt werden, Städte begrünt, Sozial- und Gesundheitssysteme müssen gestärkt werden. Die Wissenschaft sagt: Wenn all das zugleich geschieht, kann es uns noch gelingen, eine sichere Zukunft zu schaffen.

Zur Transformation gehört auch, dass die wohlhabenden Staaten endlich auch auf internationaler Ebene die ihnen zukommende Verantwortung übernehmen. Weder dürfen sie ihr Emissionsbudget auf Kosten der Länder ausreizen, die am wenigsten zur Klimakatastrophe beigetragen haben, noch dürfen sie sich länger davor drücken, einen angemessen hohen Anteil der Kosten für Anpassungsmaßnahmen und für die Reparatur der klimabedingten Schäden und Zerstörungen im globalen Süden zu übernehmen. Ansonsten ist es wohl nur eine Frage der Zeit, bis besonders betroffene Staaten sie vor dem Internationalen Gerichtshof (IGH) in Den Haag für ihr historisches Versagen zur Rechenschaft ziehen. Der IGH arbeitet unter dem Dach der Vereinten Nationen und soll dazu beitragen, dass Streitigkeiten zwischen Staaten friedlich beigelegt werden – anders als der Internationale Strafgerichtshof (IStGH), vor dem einzelne Personen angeklagt werden können. Wenn die Philippinen vor den IGH zögen, um etwa Australien wegen der Klimakrise gerichtlich zu belangen – wie würde das Gericht entscheiden?[8] Besser wäre wohl, der IGH würde von der Weltgemeinschaft, also der UNO-Vollversammlung selbst, beauftragt, rechtlich herzuleiten, was denn die Verpflichtungen der Staaten sind – genau das versucht der kleine Inselstaat Vanuatu zu erreichen, dessen Überleben beim derzeitigen Kurs mehr als fraglich ist.

Wie zerstörerisch die Klimakrise sein und welch immense Schäden sie anrichten kann, davon hat auch Deutschland im Sommer 2021 eine erste Ahnung bekommen, als durch die Sturzfluten im Ahrtal und benachbarten Regionen mehr als 220 Menschen starben, 184 davon kamen in Deutschland ums Leben. Der materielle Schaden in Deutschland belief sich laut dem Rückversicherer Munich Re auf 33 Milliarden Euro; die Bundesregierung stellte 30 Milliarden Euro für den Wiederaufbau bereit. Monate später sind viele Häuser dort immer noch unbewohnbar. Man muss sich das einmal klarmachen: 30 Milliarden Schaden bei einer vergleichsweise kleinen, regional begrenzten Katastrophe. Würden wir die Waldschäden aus den Jahren 2018 und 2019 dazurechnen sowie die gestiegenen Kosten des Hochwasserschutzes an Küsten und Flüssen, wäre die Schadenssumme schon jetzt astronomisch hoch.

Eines ist bei alldem aber unstrittig: Schnelles Handeln ist billiger und wirksamer. Die deutsche Wirtschaft bis zum Jahr 2045 klimaneutral zu machen, würde laut einer aktuellen Studie der KfW zusätzliche Investitionen von rund 72 Milliarden Euro pro Jahr erfordern (ohnehin anstehende Reinvestitionen sind in der Summe nicht enthalten). Das klingt sicherlich nach sehr viel Geld. Aber zwei Drittel der Summe könnte man schon einmal durch den Abbau von umweltschädlichen Subventionen finanzieren. Und insgesamt ließe sich laut dieser Studie auch durch eine Neuausrichtung der Reinvestitionen eine Menge bewegen.[9] Gerade wenn man sich bewusst macht, dass etwa die Investitionen in abgasfreie Mobilität in Städten Milliarden Euro an Gesundheitskosten einsparen werden, ist diese Zahl nicht sonderlich abschreckend. Vor allem aber gilt: Wenn wir den Umbau jetzt nicht entschlossen angehen, werden die klimabedingten Schäden erst recht unüberschaubar hoch sein, selbst bei uns in den gemäßigten Breiten Mitteleuropas.

Um diese Kosten wird es übrigens meiner Meinung nach in Zukunft auch vor Gericht gehen. Wer trägt sie? Bleiben Gemeinden und Private auf ihnen sitzen? Wie verhalten sich Versicherer und Rückversicherer? Und natürlich auch darum: Wie können Wälder und Böden wirksam geschützt werden? Dürfen Unternehmen und staatliche Institutionen auf »grüne« Kompensation setzen, statt drastisch Emissionen zu reduzieren?

Für mich stehen die nächsten Schritte fest. Auch wenn ich am liebsten nicht mehr klagen möchte, erkenne ich die Notwendigkeit, auch weiterhin die dritte Gewalt des Staates, die Judikative, in die Mammutaufgabe Transformation hin zur Treibhausgasneutralität einzubinden. Am Krieg in der Ukraine kann ich nichts ändern. Ich kann nur spenden und Flüchtende unterstützen. Aber ich kann als Klimaanwältin dazu beitragen, dass aus der Rechtsprechung die richtigen Signale für einen klimagerechten Umbau der Gesellschaft kommen und dass durch Urteile die richtigen Leitplanken dafür gesetzt werden. Erst im September 2022 habe ich bei der EU-Kommission einen Widerspruch gegen die EU-Taxonomie eingereicht, der zufolge Gas- und Atomkraftwerke als nachhaltig deklariert werden – als ersten Schritt zu einer Klage bei den EU-Gerichten. Ich tue das, damit die ökologischen Grenzen des Planeten für und von der Generation meiner Kinder beachtet werden. Dieser Aufgabe stelle ich mich nicht alleine. Hierzulande und weltweit arbeiten gleichzeitig viele Kolleginnen und Kollegen an diesem Ziel, die meisten von ihnen sind deutlich jünger als ich. Ihnen will ich helfen, so viel ich kann, meine Erfahrungen an sie weitergeben, sie motivieren, ihnen Mut machen.[10]

Leicht wird das alles nicht. Aufregend und ermutigend schon und lohnend auf jeden Fall. Ich halte es da mit Hermann Hesse: »Damit das Mögliche entsteht, muss immer wieder das Unmögliche versucht werden.«

DANK

Alexandra dankt ...

Zuallererst möchte ich Roda danken: für das Vertrauen, das es bedeutet, ein so persönliches Buch gemeinsam zu schreiben, für Austausch, Inspiration und Energie. Es war mir eine Freude. Ein Dankeschön geht an Iris Forster für das umsichtige Lektorat sowie dafür, dass sie die Deadline im Blick behalten und nie den Überblick verloren hat. Ebenso danke ich Barbara Laugwitz und allen Menschen im dtv Verlag, die dieses Buch möglich gemacht haben und sich nun dafür einsetzen, dass es ein Publikum findet.

Mein ganz besonderer Dank gilt denen, die sich die Zeit genommen haben, ihre persönlichen Geschichten und ihr Wissen mit mir zu teilen, damit wir wiederum davon erzählen können:

Sophie und Silke Backsen, Sejong Youn, Wolfgang Lucht, Miriam Saage-Maaß, Rosmarie Wydler-Wälti, Saúl Luciano Lliuya, Marcus Kotzur, Christian Huggel, Klaus Milke, Klaus und Susanne Hasselmann, Wolfgang Wurmnest, Julia Olson, Andrea Rodgers, Gerd Winter, Niklas Höhne, Peter Roderick, Dorothea Sick-Thies, Clothilde Baodouin, Paul Mougeolle, Marjan Minnesma, Grizelda »Gerthie« Mayo-Anda, Virginia »Vigie« Benosa-Llorin, Victoria »Derek« Cabe, Sjoukje van Oosterhout, Camila Bustos, Rolando Rubio – und allen anderen, die noch zu diesem Buch beigetragen haben. Ohne sie hätte es nicht entstehen können. Etwaige Fehler gehen dennoch selbstverständlich ganz allein auf meine Kappe.

Mein größter Dank gehört Dieter, den ich immer an meiner Seite weiß.

Roda dankt ...

Bücher zu schreiben wird oft als »einsame Angelegenheit« beschrieben. Dieses Buch empfinde ich aber als großes Gemeinschaftswerk. Ich danke dafür vor allem Alexandra, die meinen gedanklichen *upload* auf allen Kanälen geduldig verarbeitet und verständlich gemacht hat. Ich danke Tina für die Idee, die uns überhaupt erst zusammenbrachte. Ich danke dem dtv Verlag für die Gelegenheit, die Geduld, die Professionalität und die gemeinsame Begeisterung.

Darüber hinaus kann ich hier nicht all die Menschen angemessen würdigen, die mir helfen bei dem, was ich tue, die mit mir denken, schreiben, lachen, schimpfen und streiten. Ich kann nicht allen einzeln danken, die ich juristisch unterstütze und denen ich zur Seite stehen darf. Die Gedanken und Verbindungen gehen dabei um die ganze Welt – was auf den vorangegangenen Seiten zu lesen war. Wie gesagt: Ihr wisst, dass ihr gemeint seid.

Ausdrücklich danke ich meinen drei »Familien«:
- all meinen Mitarbeiter:innen und Kolleg:innen in der Kanzlei: Vielen Dank dafür, dass ihr immer da seid und mir menschlich und fachlich den Rücken stärkt.
- der Umweltbewegung-Familie: Danke an alle, die sich dort haupt- oder ehrenamtlich einsetzen für eine friedliche, lebenswerte und überlebensfähige Erde.
- meiner Familie zuhause: Danke für eure Geduld, eure Liebe, eure Anregungen und Kritik. Danke, dass ihr mich immer wieder erdet, und danke für das echte Leben.

ANMERKUNGEN

AUFTAKT WARUM ICH FÜR DAS KLIMA VOR GERICHT ZIEHE

1 Vgl. Fourier, J.-B.-J.: »Remarques générales sur les températures du globe terrestre et des espaces planétaires«, in: *Annales de Chimie et de Physique* 27 (1824), S. 136–167.

2 Vgl. United Nations: »What is the United Nations Framework Convention on Climate Change?«, https://unfccc.int/process-and-meetings/what-is-the-united-nations-framework-convention-on-climate-change (abgerufen am 11.11.2022).

3 Vgl. Intergovernmental Panel on Climate Change (IPCC): »Climate Change 2021. The Physical Science Basis«, https://www.ipcc.ch/report/sixth-assessment-report-working-group-i/ (abgerufen am 11.11.2022), Intergovernmental Panel on Climate Change: »Climate Change 2022. Impacts, Adaptation and Vulnerability«, https://www.ipcc.ch/report/sixth-assessment-report-working-group-ii/ (abgerufen am 11.11.2022) und Intergovernmental Panel on Climate Change (IPCC): »Climate Change 2022. Mitigation of Climate Change«, https://www.ipcc.ch/report/ar6/wg3/ (abgerufen am 30.08.2022) – die Zusammenfassung der drei Teilberichte erscheint nach Redaktionsschluss dieses Buchs.

4 Vgl. die entsprechenden Artikel auf der Website von World Weather Attribution: zu Hitzewellen: »Western North American extreme heat virtually impossible without human-caused climate change«, https://www.worldweatherattribution.org/western-north-american-extreme-heat-virtually-impossible-without-human-caused-climate-change/; zu Sturzfluten: »Heavy rainfall which led to severe flooding in Western Europa made more likely by climate change«, https://www.worldweatherattribution.org/heavy-rainfall-which-led-to-severe-flooding-in-western-europe-made-more-likely-by-climate-change;

zu Waldbränden: »Attribution of the Australian bushfire risk to anthropogenic climate change«, https://www.worldweather attribution.org/bushfires-in-australia-2019-2020/ (alle abgerufen am 11.11.2022).

5 Diese These bzw. dieses zentrale Versprechen des Rechtsstaates stellen Ronen Steinke und andere zunehmend infrage. Die Debatte um »Klassenjustiz« ist durchaus ernst zu nehmen, aber für dieses Buch nicht zentral.

6 Vgl. den Sachstandsbericht der WG II des IPCC, »Climate Change 2022. Impacts, Adaptation and Vulnerability«, siehe Anmerkung 3.

7 Vgl. World Weather Attribution: »Storms«, https://www.world weatherattribution.org/analysis/storms/ (abgerufen am 11.11.2022).

EINS KLIMAKLAGEN MACHEN PARIS VERBINDLICH

1 Der Schriftsatz (ohne Anhänge) ist online einsehbar, https://www.germanwatch.org/sites/default/files/Verfassungsbe schwerde%20FINAL%20of%C3%BCr%20web.PDF (abgerufen am 11.11.2022).

2 Vgl. dazu Bundesministerium für Umwelt, Naturschutz, nukleare Sicherheit und Verbraucherschutz: »National Gesetze | KSG, Bundes-Klimaschutzgesetz«, https://www.bmu.de/gesetz/bundes-klimaschutzgesetz (abgerufen am 11.11.2022).

3 Vgl. dazu Bundesverfassungsgericht, Beschluss vom 24. März 2021 – 1 BvR 2656/18, https://www.bundesverfassungsgericht.de/SharedDocs/Entscheidungen/DE/2021/03/rs20210324_1bvr265618.html;jsessionid=5F9EA05883FCEBC6639D0640F081FFB1.2_cid507 (abgerufen am 11.11.2022).

4 Vgl. United Nations: »The Paris Agreement«, https://unfccc.int/process-and-meetings/the-paris-agreement/the-paris-agreement (abgerufen am 11.11.2022).

5 Vgl. Bundesverfassungsgericht: »Jahresstatistik 2020«, https://www.bundesverfassungsgericht.de/DE/Verfahren/Jahresstatis tiken/2020/statistik_2020_node.html (abgerufen am 11.11.2022).

6 Vgl. IPCC: »Global Warming of 1.5°C. An IPCC Special Report on the impacts of global warming of 1.5°C above pre-industrial levels and related global greenhouse gas emission pathways, in the context of strengthening the global response to the threat of climate change, sustainable development, and efforts to eradicate poverty«, 2018, https://www.ipcc.ch/sr15/ (abgerufen am 11.11.2022).

7 Vgl. United Nations: »Paris Agreement – Status of Ratification«, https://unfccc.int/process/the-paris-agreement/status-of-rati fication (abgerufen am 11.11.2022).

8 Vgl. World Meteorological Organization: »State of the Global Climate 2020«, https://storymaps.arcgis.com/stories/6942683c7e d54e51b433bbc0c50fbdea (abgerufen am 11.11.2022).

9 Die aktuelle Forschung zeigt, dass durch die Schmelze am Thwaites-Gletscher in der Antarktis wohl bereits ein Kipp-punkt überschritten wurde. Vgl. dazu Witze, Alexandra: »Giant cracks push imperilled Antarctic glacier closer to collapse«, https://www.nature.com/articles/d41586-021-03758-y (abgerufen am 11.11.2022).

10 Vgl. dazu Our World in Data, https://ourworldindata.org/ explorers/co2?facet=none&country=~OWID_WRL&Gas=CO %E2%82%82&Accounting=Production-based&Fuel=Total& Count=Per+country, und Januta, Andrea: »Global carbon emissions rebound to near pre-pandemic levels«, https://www.reuters. com/business/cop/global-carbon-emissions-rebound-near-pre-pandemic-levels-2021-11-04/ (beides abgerufen am 11.11.2022).

11 Vgl. dazu Climate Action Tracker: »The CAT Thermometer«, https://climateactiontracker.org/global/cat-thermometer/ (abgerufen am 11.11.2022).

12 Vgl. dazu Hamburg Climate Futures Outlook 2021, https://www. cliccs.uni-hamburg.de/results/hamburg-climate-futures-out look/documents/cliccs-hamburg-climate-futures-outlook-2021. pdf (abgerufen am 11.11.2022).

13 Laut aktueller Forschung sind fünf von neun planetaren Grenzen durch den Einfluss des Menschen bereits überschritten: Klima-wandel, Biodiversität, Landnutzung und biogeochemische Kreis-läufe sowie Verschmutzung durch chemische Stoffe. Noch inner-halb der Grenzen, d. h. im sogenannten sicheren Handlungsraum

für die Menschheit, liegen Süßwassernutzung und Ozonabbau. Die Ozeanversauerung nähert sich aber schon der kritischen Grenze. Für die atmosphärische Aerosolbelastung ist die globale Grenze noch nicht definiert.

14 Vgl. dazu die Broschüre des Deutschen Klima Konsortiums und des Konsortiums Deutsche Meeresforschung: »Zukunft der Meeresspiegel«, https://www.deutsches-klima-konsortium.de/de/meeresspiegel.html (abgerufen am 11.11.2022); Church, J. A. und White, N. J.: »Sea-Level Rise from the Late 19th to the Early 21st Century«, in: *Surveys in Geophysics* 32 (2011), S. 585–602, https://link.springer.com/article/10.1007/s10712-011-9119-1 (abgerufen am 11.11.2022).

15 Vgl. dazu die Klageschrift meiner Kanzlei an das Verwaltungsgericht Berlin, https://www.greenpeace.de/sites/default/files/publications/20182710-greenpeace-guenther-klageschrift-klima klage.pdf (abgerufen am 11.11.2022).

16 Vgl. dazu das Urteil auf dem Portal des Vorschrifteninformationssystems und der Rechtsprechungsdatenbank des Landes Berlin sowie die Pressemitteilung des Verwaltungsgerichts Berlin, https://gesetze.berlin.de/bsbe/document/JURE190015283 bzw. https://www.berlin.de/gerichte/verwaltungsgericht/presse/pressemitteilungen/2019/pressemitteilung.860292.php (beides abgerufen am 11.11.2022).

17 Darüber, wie sie selbst die Klimaklagen erlebten, haben Sophie und Silke Backsen ein Buch geschrieben: Backsen, Sophie und Silke: *Butter bei die Fische. Wie wir von Pellworm aus die Klimapolitik verändert haben*, Hamburg 2022.

18 Vgl. dazu den Schriftsatz der Klage, https://www.germanwatch.org/sites/default/files/Verfassungsbeschwerde%20FINAL%20f%C3%BCr%20web.PDF (abgerufen am 11.11.2022).

19 Die beiden von der Deutschen Umwelthilfe unterstützten Verfassungsbeschwerden sind hier abrufbar: https://www.duh.de/vbklima2020/; Informationen zu der vom Solarenergie-Förderverein, dem BUND und mehreren Privatpersonen bereits 2018 eingereichten Verfassungsbeschwerde gibt es hier: https://sfv.de/aktuelles/klimaklage-1 (beides abgerufen am 11.11.2022).

20 Vgl. Peter Altmaiers Tweet vom 29.04.2021, https://twitter.com/

peteraltmaier/status/1387681285385203712?s=11 (abgerufen am 11.11.2022).

21 Vgl. dazu die Kurzanalyse »Das Recht auf Zukunft« von Greenpeace, https://www.greenpeace.de/sites/default/files/publi cations/20210512-greenpeace-kurzanalyse-klimaschutzgesetz. pdf (abgerufen am 11.11.2022).

22 Vgl. dazu Deutsche Umwelthilfe: »Verfassungsbeschwerde gegen das Bundes-Klimaschutzgesetz«, https://www.duh.de/vbklima/ (abgerufen am 11.11.2022).

23 Für alle, die es genau wissen möchten: Der Beschluss des Bundes-verfassungsgerichts ist auf den 24. März datiert. Uns und der Öffentlichkeit mitgeteilt hat das Gericht ihn aber erst am 29. April – auch um genug Zeit für die Erstellung der englisch- und französischsprachigen Presseerklärungen zu haben.

24 Vgl. Sachverständigenrat für Umweltfragen (SRU): »Umweltgut-achten 2020: Für eine entschlossene Umweltpolitik in Deutschland und Europa«, https://www.umweltrat.de/SharedDocs/Downloads/ DE/01_Umweltgutachten/2016_2020/2020_Umweltgutachten_ Entschlossene_Umweltpolitik.html (abgerufen am 11.11.2022).

25 Rajamani, Lavanya et al.: »National ›fair shares‹ in reducing greenhouse gas emissions within the principled framework of international environmental law«, in: *Climate Policy* 21, 8 (2021), S. 983–1004 [DOI: https://doi.org/10.1080/14693062.2021.1970504].

26 Vgl. dazu die Pressemitteilung des SRU: »Wie viel CO_2 darf Deutschland maximal noch ausstoßen? Umweltrat aktualisiert CO_2-Budget«, https://www.umweltrat.de/SharedDocs/Pressemit teilungen/DE/2020_2024/2022_06_fragen_und_antworten_ zum_co2_budget.html;jsessionid=1F0C78408F4A459A7BC5BF 2ED3696A05.intranet242?nn=400216 (abgerufen am 07.09.2022)

27 Vgl. dazu Etty, Thijs und Somsen, Han (Hg.): *The Yearbook of European Environmental Law*, Bd. 7, Oxford 2007, https://www. euppublishing.com/doi/full/10.3366/E1364980908000875 oder meine Dissertation: *Climate Change Damage in International Law*, Developments in International Law, Bd. 54, Leiden 2005, https:// brill.com/view/title/12139 (beides abgerufen am 11.11.2022).

28 »European Green Deal« hat die EU ihre Strategie genannt, mit der sie zum ersten klimaneutralen Kontinent werden soll. Vgl.

dazu Europäische Kommission: »Europäischer Grüner Deal«, https://ec.europa.eu/info/strategy/priorities-2019-2024/euro pean-green-deal_de (abgerufen am 11.11.2022).

29 Vgl. Janisch, Wolfgang: »Warum Karlsruhe diesmal Klimaklagen abweist«, in: *Süddeutsche Zeitung*, 01.02.2022, https://www.sued deutsche.de/politik/bundesverfassungsgericht-klimaschutzkla gen-abgewiesen-1.5519548 (abgerufen am 11.11.2022).

30 Vgl. dazu das Dokument CCPR/C/135/D/3624/2019, abrufbar über https://www.ohchr.org/en/press-releases/2022/09/australia-violated-torres-strait-islanders-rights-enjoy-culture-and-family (abgerufen am 07.11.2022)

31 Der EuGH hat den sogenannten Rechtsstaatsmechanismus ab-gesegnet. Er sieht die Möglichkeit vor, bei Rechtsstaatsverstößen EU-Gelder zu kürzen, wenn deren Missbrauch droht (Urteil vom 16.2.2022, Az. C-156/21 und C-157/21).

ZWEI DEMOKRATIE UND MENSCHENRECHTE STÄRKEN

1 Vgl. Ashgar Leghari v. Federation of Pakistan (W. P. No. 25501/2015), Lahore High Court Green Bench, https://elaw.org/pk_Leghari (abgerufen am 11.11.2022).

2 Vgl. dazu Allgemeine Erklärung der Menschenrechte, A/RES/ 217 A (III) vom 10.12.1948, www.un.org./depts/german/menschen rechte/aemr.pdf (abgerufen am 11.11.2022).

3 Die Council Resolution 7/23 ist online nachzulesen, https:// ap.ohchr.org/documents/dpage_e.aspx?si=A/HRC/RES/7/23 (abgerufen am 11.11.2022).

4 Für seine zentralen Thesen liest man am besten Knox' frühen Artikel: J. H. Knox: »Linking Human Rights and Climate Change at the United Nations«, in: *Harvard Environmental Law Review* 33, 2 (2009), S. 477.

5 Diese Rechte sind für die globale Ebene u. a. beschrieben im Inter-national Covenant on Civil and Political Rights (ICCPR) und im International Covenant on Economic, Social and Cultural Rights (ICESCR). Sie stehen bei uns in Deutschland im Grundgesetz.

6 Vgl. dazu Oxfam: »Das reichste 1 Prozent schädigt das Klima doppelt so stark wie die ärmere Hälfte der Welt«, 11.09.2020, https://www.oxfam.de/ueber-uns/aktuelles/klimawandel-ungleich heit-reichste-1-prozent-schaedigt-klima-doppelt-so-stark (abgerufen am 11.11.2022).

7 Vgl. Endres, Alexandra: »Wald geschützt, Existenzen zerstört«, in: *Zeit Online*, 21.11.2011, https://www.zeit.de/wirtschaft/2011-11/uganda-oxfam-new-forest-company (abgerufen am 11.11.2022).

8 Vgl. Global Witness: »Last line of defense«, 13.09.2021, https://www.globalwitness.org/en/campaigns/environmental-activists/last-line-defence/ (abgerufen am 11.11.2022).

9 Vgl. Saage-Maaß, Miriam: »Klimaklagen – Was jetzt noch fehlt«, in: *Open Global Rights*, 05.11.2021, https://www.openglobalrights.org/whats-missing-in-climate-lawsuits-of-the-future/?lang=German (abgerufen am 11.11.2022).

10 Vgl. Saage-Maaß, Miriam: »Das Recht von Mensch und Natur. Der Kampf gegen die Klima-Apartheid«, in: *Blätter für deutsche und internationale Politik*, Februar 2022, https://www.blaetter.de/ausgabe/2022/februar/das-recht-von-mensch-und-natur-der-kampf-gegen-die-klima-apartheid (abgerufen am 11.11.2022).

11 Bundesverfassungsgericht, Urteil vom 25.02.1975, 1 BvF 1/74-6/74 (§ 218).

12 Bundesverfassungsgericht, Urteil vom 09.02.2010, 1 BvL 1/09 u. a. (Hartz-IV-Gesetz).

13 Vgl. Ashgar Leghari v. Federation of Pakistan (W. P. No. 25501/2015), Lahore High Court Green Bench, https://elaw.org/pk_Leghari (abgerufen am 11.11.2022).

14 Russland hat kürzlich seinen Austritt aus dem Europarat erklärt, dieser ist aber noch nicht vollzogen.

15 Vgl. dazu beispielsweise das Urteil des EGMR Nr. 48939/99, §§ 71, 89 ff., 102 f. oder Öneryildiz v. Türkei (GK), 2004.

16 Vgl. Global Legal Action Network: »The Case. FAQ«, https://youth4climatejustice.org/the-case/, sowie European Court of Human Rights: »Fact Sheet Environment and the European Convention of Human Rights«, Juli 2021, https://www.echr.coe.int/Pages/home.aspx?p=press/factsheets&c= (beides abgerufen am 11.11.2022).

17 Weitere Informationen online, https://www.klimaseniorinnen. ch/warum-wir-klagen/ (abgerufen am 11.11.2022).

18 Vgl. dazu Climate Rights and Remedies (CRRP): »Verein Klimaseniorinnen et al. v. Switzerland«, https://climaterightsdatabase. com/2021/05/04/european-court-of-human-rights-verein-klima seniorinnen-v-switzerland/ (abgerufen am 11.11.2022).

19 Vgl. Hausfeld for the Challenge: »16 Young People file UN human rights complaint on climate change«, 23.09.2019, https:// www.hausfeld.com/de-de/aktuelles/16-young-people-fileun-human-rights-complaint-on-climate-change/ (abgerufen am 11.11.2022).

20 Die Petition der jungen Leute und ein Statement von Earthjustice zur Entscheidung der Kommission ist online einzusehen, https:// earthjustice.org/news/press/2021/un-committee-on-the-rightsof-the-child-turns-its-back-on-climate-change-petition-fromgreta-thunberg-and (abgerufen am 11.11.2022).

21 United Nations: »Access to a healthy environment, declared a human right by UN rights council«, 08.10.2021, https://news.un. org/en/story/2021/10/1102582 (abgerufen am 11.11.2022).

22 Seibert, Max: »Klimaschutz und Generationengerechtigkeit – Der Jahrhundert-Beschluss des Bundesverfassungsgerichts«, in: *Deutsches Verwaltungsblatt* (DVBl.) 2021, S. 1141.

23 Vgl. Wolff, Reinhard: »Greenpeace verliert in Norwegen«, in: *Die Tageszeitung*, 22.10.2020, https://taz.de/Klimaklage-geschei tert/!5740232/ (abgerufen am 11.11.2022).

24 Vgl. Sabin Center for Climate Change Law: »Greenpeace Nordic Ass'n v. Ministry of Petroleum and Energy«, http:// climatecasechart.com/non-us-case/greenpeace-nordic-assnand-nature-youth-v-norway-ministry-of-petroleum-andenergy/ (abgerufen am 11.11.2022).

25 Vgl. dazu Vattenfall: »Fragen und Antworten Kraftwerk Moorburg«, https://web.archive.org/web/20180108062758/https://cor porate.vattenfall.de/globalassets/deutschland/geschaeftsfelder/ erzeugung/neubauprojekte/moorburg_und_fischtreppe/fragen_ kraftwerk_moorburg.pdf (abgerufen am 11.11.2022).

26 Vgl. Becker Büttner Held Blog: »Moorburg: Ein langer Streit mit plötzlichem Ende«, 22.09.2020, https://www.bbh-blog.de/alle-

themen/energie/moorburg-ein-langer-streit-mit-ploetzlichem-ende/ (abgerufen am 11.11.2022).

27 Vgl. dazu International Centre for Settlement of Investment Disputes, Vattenfall AB, Vattenfall Europe AG, Vattenfall Europe Generation AG v. Federal Republic of Germany (ICSID Case No. ARB/09/6), https://icsid.worldbank.org/cases/case-database/case-detail?CaseNo=ARB/09/6 (abgerufen am 11.11.2022).

28 Vgl. dazu AFP/France 24: »Governments risk ›trillions‹ in fossil fuel climate litigation«, 12.11.2021, https://www.france24.com/en/live-news/20211112-governments-risk-trillions-in-fossil-fuel-climate-litigation (abgerufen am 11.11.2022).

29 Vgl. Di Salvatore, Lea: »Investor-State Disputes in the Fossil Fuel Industriy«, in: *IISD Report*, Dezember 2021, https://www.iisd.org/system/files/2022-01/investor%E2%80%93state-disputes-fossil-fuel-industry.pdf (abgerufen am 11.11.2022).

30 Vgl. Rankin, Jennifer: »Secretive court system poses threat to Paris climate deal, says whistleblower«, in: *The Guardian*, 03.11.2021, https://www.theguardian.com/environment/2021/nov/03/secretive-court-system-poses-threat-to-climate-deal-says-whistleblower (abgerufen am 11.11.2022).

31 Vgl. dazu Dr. Schneiderhahn, Peter, Deutscher Richterbund: »Stellungnahme zur Errichtung eines Investitionsgerichts für TTIP – Vorschlag der Europäischen Kommission vom 16.09.2015 und 12.11.2015, 01.02.2016, https://www.bmwi.de/Redaktion/DE/Downloads/S-T/stellungnahme-deutscher-richterbund-zur-errichtung-eines-investitionsgerichts-fuer-ttip.pdf (abgerufen am 11.11.2022).

32 Im Wortlaut online nachzulesen, https://www.italaw.com/sites/default/files/case-documents/ita0890.pdf (abgerufen am 11.11.2022).

33 Vgl. dazu Becker Büttner Held Blog: »Moorburg: Ein langer Streit mit plötzlichem Ende«, 22.09.2020, https://www.bbh-blog.de/alle-themen/energie/moorburg-ein-langer-streit-mit-ploetzlichem-ende/ (abgerufen am 11.11.2022).

34 Vgl. Pinzler, Petra: »Verrückt, verrückter, Moorburg«, in: *Zeit Online*, 02.04.2015, https://www.zeit.de/wirtschaft/2015-04/private-schiedsgerichte-verfahren-ttip-deutschland-europa-aerger (abgerufen am 11.11.2022).

35 OVG Hamburg, Urteil vom 02.09.2020, Az. 1 E 26/18.

36 Eine Chronik der Verhandlungen bietet die Internetseite der Energiecharta an, https://www.energychartertreaty.org/moderni sation-of-the-treaty/ (abgerufen am 11.11.2022); vgl. auch Power Shift: »Keine wesentlichen Fortschritte bei der Reform des Energiecharta-Vertrags (ECT)«, 07.07.2021, https://power-shift. de/pm-keine-wesentlichen-fortschritte-bei-der-reform-des-energiecharta-vertrags-ect/ (abgerufen am 11.11.2022) sowie Bernasconi-Osterwalder, Nathalie et al.: »*Investitionsschutz über Klimaschutz? Warum ein Rücktritt aus dem Energie-Charta-Vertrag völkerrechtlich möglich und klimapolitisch richtig ist*«, in: *Verfassungsblog*, 14.10.2021, https://verfassungsblog.de/investitions schutz-uber-klimaschutz/ (abgerufen am 11.11.2022).

37 Nachzulesen auf der Internetseite der Energiecharta, https://www. energychartertreaty.org/provisions/part-viii-final-provisions/ article-47-withdrawal/473/ (abgerufen am 11.11.2022).

38 Vgl. EuGH, 02.09.2021, Rechtssache C-741/19, https://curia. europa.eu/juris/liste.jsf?lgrec=fr&td=%3BALL&language=en&n um=C-741/19&jur=C (abgerufen am 11.11.2022).

DREI OHNE WISSENSCHAFT
KEINE KLIMAKLAGE

1 Vgl. dazu die Analysen von World Weather Attribution, https://www.worldweatherattribution.org/analyses/(abgerufen am 11.11.2022).

2 Vgl. Bushfire Survivors for Climate Action Incorporated v. Environment Protection Authority [2021] NSWLEC 92, Land and Environment Court New South Wales, Urteil vom 26.08.2021.

3 Vgl. Laura Schuijers: »Climate science can make a difference in Australian court cases«, 13.08.2021, https://cosmosmagazine. com/earth/climate/climate-science-can-make-a-difference-in-australian-court-cases/ (abgerufen am 11.11.2022).

4 Vgl. Gloucester Resources Limited v. Minister for Planning [2019] NSWLEC 7, Rn 490 f., Land and Environment Court New South Wales, Urteil vom 08.02.2019, https://www.caselaw.nsw.

gov.au/decision/5c59012ce4b02a5a800be47f#_Toc431202 (abgerufen am 11.11.2022).

5 Vgl. Juřicová, A. und Fratianni, S.: »Climate change and its relation to the fluctuation in glacier mass balance in the Cordillera Blanca, Peru: a review«, in: *AUC Geographica* 53, 1 (2018), S. 106–118 [DOI: https://doi.org/10.14712/23361980.2018.10].

6 Vgl. Endres, Alexandra: »Der Klimawandel bringt Trockenheit und Erosion«, in: *Zeit Online*, 06.10.2010, https://www.zeit.de/wirtschaft/2010-08/klimawandel-bolivien-beistueck/komplettansicht (abgerufen am 11.11.2022).

7 Vgl. Hasselmann, Klaus: »Optimal Fingerprints for the Detection of Time-dependent Climate Change«, in: *Journal of Climate* 6, 10 (1993), S. 1957–1971.

8 Vgl. Verheyen, Roda: *Climate Change Damage and International Law. Prevention Duties and State Responsibility*, Leiden 2005.

9 Meine Auffassung stützt etwa eine neue Habilitationsschrift: Schirmer, Jan-Erik: Nachhaltiges Privatrecht, Berlin 2022.

10 Die meisten Zitate Saúls stammen aus persönlichen Gesprächen. Dieses aber ist aus BBC Sounds: »Climate justice in the courtroom«, https://www.bbc.co.uk/sounds/play/w3ctoxbk (abgerufen am 11.11.2022).

11 Vgl. Heede, Richard: »Tracing anthropogenic carbon dioxide and methane emissions to fossil fuel and cement producers, 1854–2010«, in: *Climatic Change* 122 (2014), S. 229–241 [DOI: https://doi.org/10.1007/s10584-013-0986-y]; Der Report listet überwiegend Unternehmen auf, die im Öl-, Gas- und Kohlegeschäft tätig sind, aber auch einige Zement- und Bergbaufirmen, die für einen großen Teil der globalen Treibhausgasemissionen verantwortlich sind.

12 Vgl. Griffin, Paul: »The Carbon Majors Database. CDP Carbon Majors Report 2017, https://cdn.cdp.net/cdp-production/cms/reports/documents/000/002/327/original/Carbon-Majors-Report-2017.pdf?1501833772 (abgerufen am 11.11.2022).

13 Weitere Informationen zu Rick Heede's Climate Accountability Institute und den Carbon Majors Report online, https://climateaccountability.org (abgerufen am 11.11.2022).

14 Vgl. Crawford-Walker, N.: »Climate Change in Court. Making

Neighbourly Relations in a Warming World«, Doktorarbeit an der Universität von Manchester, 2021, https://www.research.man chester.ac.uk/portal/en/theses/climate-change-in-court-making-neighbourly-relations-in-a-warming-world(0069bbad-ba0b-4a3b-aad8-cd56bb0bd0ab).html (abgerufen am 11.11.2022).

15 Jatzow, H.: *Motive zu dem Entwurfe eines Bürgerlichen Gesetzbuches für das Deutsche Reich*, Bd. 3, Sachenrecht, Berlin und Leipzig 1888, Seite 264 f.

16 Vgl. Frank, Will: »Störerhaftung für Klimaschäden?«, in: *Neue Zeitschrift für Verwaltungsrecht* 10 (2017), S. 664 ff.

17 Vgl. Stuart-Smith, R. F. et al.: »Increased outburst flood hazard from Lake Palcacocha due to human-induced glacier retreat«, in: *Nature Geoscience* 14 (2021), S. 85–90 [DOI: https://doi.org/10.1038/s41561-021-00686-4].

18 Wagner, Gerhard: *Klimahaftung vor Gericht*, München 2020.

VIER SELBST WENN MAN VERLIERT, KANN MAN GEWINNEN

1 Vgl. dazu die Dokumentation des Falls in der Datenbank des Sabin Center for Climate Change Law, http://climate casechart.com/non-us-case/raj-seppings-v-ley/ (abgerufen am 11.11.2022).

2 Vgl. für eine kurze Zusammenfassung des Falls: Bodewein, Lena: »Urteil in Australien. Regierung muss Jugend vor Klimaschäden schützen, in: *tagesschau.de*, 28.05.2021, https://www.tagesschau. de/ausland/australien-klimaurteil-kohle-101.html (abgerufen am 11.11.2022).

3 Vgl. Slezak, Michael und Timms, Penny: »Australian teenagers' climate change class action case opens ›big crack in the wall‹, experts say«, in: *ABC news*, 27.05.2021, https://www.abc.net.au/news/2021-05-27/climate-class-action-teenagers-vickery-coal-mine-legal-precedent/100169398 (abgerufen am 11.11.2022).

4 Vgl. Randnummer 45 im Urteil des VG Berlin vom 31.10.2019, https://gesetze.berlin.de/bsbe/document/JURE190015283 (abgerufen am 11.11.2022).

5 Weitere Informationen können online nachgelesen werden, https://www.ourchildrenstrust.org/juliana-v-us (abgerufen am 11.11.2022).

6 Vgl. die Entscheidung des zuständigen Berufungsgerichts vom 17.01.2020, http://climatecasechart.com/climate-change-litigation/wp-content/uploads/sites/16/case-documents/2020/20200117_docket-18-36082_opinion.pdf (abgerufen am 11.11.2022).

7 Vgl. dazu das Urteil des VG Berlin vom 31.10.2019, https://gesetze.berlin.de/bsbe/document/JURE190015283 (abgerufen am 11.11.2022).

8 Vgl. Randnummer 148 des BVerfG-Beschlusses, https://www.bundesverfassungsgericht.de/SharedDocs/Entscheidungen/DE/2021/03/rs20210324_1bvr265618.html (abgerufen am 11.11.2022).

9 Vgl. Randnummer 203 des BVerfG-Beschlusses, https://www.bundesverfassungsgericht.de/SharedDocs/Entscheidungen/DE/2021/03/rs20210324_1bvr265618.html (abgerufen am 11.11.2022).

10 Vgl. dazu Our World in Data: »Who has contributed most to global CO_2 emissions?«, Update vom 30.04.2020, https://ourworldindata.org/contributed-most-global-co2 (abgerufen am 11.11.2022).

11 Kurz gesagt lehnen sich *Civil-law*-Rechtssysteme an die römisch-germanische Tradition an und lassen geschriebenes Recht durch Richter anwenden. Das *Common-law*-System beruht vor allem auf Prinzipien und Präzedenzfällen. Eine klare Unterscheidung der Rechtssysteme fällt insbesondere in Europa aufgrund der Einflüsse des EU-Rechts heute oft schwer.

12 Vgl. dazu die Leitsätze 2 und 4 in der Entscheidung des BVerfG, https://www.bundesverfassungsgericht.de/SharedDocs/Entscheidungen/DE/2021/03/rs20210324_1bvr265618.html;jsessionid=6D3BCDC860EDC9029BC4622BDA0EE48F.1_cid507 (abgerufen am 11.11.2022).

13 Eine umfassende Dokumentation des Falls findet sich in der Klimaklagen-Datenbank des Sabin Center for Climate Change Law, http://climatecasechart.com/case/juliana-v-united-states/ (abgerufen am 11.11.2022) .

14 Weitere Informationen zu den Klagenden online, https://www.ourchildrenstrust.org/federal-plaintiffs/ (abgerufen am 11.11.2022).

15 Vgl. die Dokumentation des Falls auf folgenden Webseiten: http://climatecasechart.com/case/chernaik-v-kitzhaber/ und https://www.ourchildrenstrust.org/oregon (beides abgerufen am 11.11.2022).

16 Vgl. Pearl, Mike: »Meet One of the Teens Suing the Federal Government Over Global Warming«, in: *Vice*, 10.11.2015, https://www.vice.com/en/article/kwxpde/meet-one-of-the-kids-suing-the-federal-government-over-global-warming-381 (abgerufen am 11.11.2022).

17 Vgl. Barrett, Vic: »Yes, I'm striking over the climate crisis. And suing the US government, too«, in: *The Guardian*, 20.09.2019, https://www.theguardian.com/commentisfree/2019/sep/20/climate-crisis-why-i-am-suing-the-us-government (abgerufen am 11.11.2022).

18 Vgl. Moore, Patti et al.: »*Juliana v. United States* and the global youth-led legal campaign for a safe climate«, in: Henry, Claude et al. (Hg.): *Standing Up for a Sustainable World*, Cheltenham 2020, S. 151–157, https://www.elgaronline.com/view/edcoll/9781800371774/9781800371774.xml (abgerufen am 11.11.2022).

19 Die aktuellen Messwerte sind abrufbar auf der Webseite von Global Monitoring Laboratory, https://gml.noaa.gov/ccgg/trends/ (abgerufen am 11.11.2022).

20 Vgl. dazu Seidler, Christoph: »Die Nervensäge«, in: *Spiegel Online*, 19.05.2013, https://www.spiegel.de/wissenschaft/mensch/klimaforscher-james-hansen-kritisiert-kanadas-oelsande-a-900102.html, sowie Gillis, Justin: »Climate Maverick to Retire From NASA«, in: *New York Times*, 02.04.2013, https://www.nytimes.com/2013/04/02/science/james-e-hansen-retiring-from-nasa-to-fight-global-warming.html (beides abgerufen am 11.11.2022).

21 Vgl. Ellison, K.: »An Inconvinient Lawsuit: Teenagers Take Global Warming to The Courts«, in: *The Atlantic*, 09.05.2012, https://www.theatlantic.com/national/archive/2012/05/an-inconvenient-lawsuit-teenagers-take-global-warming-to-the-courts/256903/ (abgerufen am 11.11.2022).

22 Vgl. Hansen, J. et al.: »Where should Humanity Aim?«, in: *The Open Atmospheric Science Journal*, 2 (2008), S. 217–231, https://arxiv.org/abs/0804.1126 (abgerufen am 11.11.2022).

23 Vgl. Hansen, J. et al.: »Ice melt, sea level rise and superstorms: evidence from paleoclimate data, climate modeling, and modern observations that 2° C global warming could be dangerous«, in: *Atmospheric Chemistry and Physics*, 16 (2016), S. 3761–3812, [DOI: https://doi.org/10.5194/acp-16-3761-2016], https://acp.copernicus.org/articles/16/3761/2016/ bzw. Hansen, J., Kharecha, P., Sato, M., Masson-Delmotte, V., Ackerman, F. et al.: »Assessing ›Dangerous Climate Change‹: Required Reduction of Carbon Emissions to Protect Young People, Future Generations and Nature«, in: *PLoS ONE* 8(12) (2013): e81648., https://journals.plos.org/plosone/article?id=10.1371/journal.pone.0081648 (beides abgerufen am 11.11.2022); vgl. außerdem Hansen, J.: *Storms of My Grandchildren. The Truth about the Coming Climate Catastrophe and Our Last Chance to Save Humanity*, London 2009.

24 Vgl. Sabin Center for Climate Change Law, http://climatecasechart.com/climate-change-litigation/wp-content/uploads/sites/16/case-documents/2016/20161110_docket-615-cv-1517_opinion-and-order-2.pdf (abgerufen am 11.11.2022).

25 Eine Übersicht über die Gerichtsentscheidungen und Eingaben in dem Fall ist online verfügbar, https://www.ourchildrenstrust.org/court-orders-and-pleadings (abgerufen am 11.11.2022).

26 Vgl. dazu die Erläuterungen zu »Mandamus« in: Cornell Law School, Legal Information Institute, https://www.law.cornell.edu/wex/mandamus (abgerufen am 11.11.2022).

27 Vgl. dazu das Video von Our Children's Trust: *2022 – The Year for Our Nation's Biggest Climate Trials*, https://vimeo.com/647547910 (abgerufen am 11.11.2022).

28 Vgl. Meyer, Robinson: »A Climate-Lawsuit Dissent That Changed My Mind«, in: *The Atlantic*, 22.01.2020, https://www.theatlantic.com/science/archive/2020/01/read-fiery-dissent-childrens-climate-case/605296/ (abgerufen am 11.11.2022).

29 Vgl. die entsprechende Info-Mail von OCT unter https://mailchi.mp/ourchildrenstrust/attorneys-general-from-17-red-states-fight-juliana-double-your-impact-now-1021986?e=7983bfe061 und die

staatliche Bekanntmachung unter https://www.flrules.org/gateway/uleNo.asp?id=5O-5.001 (beides abgerufen am 11.11.2022).

30 Held v. State of Montana, vgl. dazu die Dokumentationen des Falls unter http://climatecasechart.com/case/11091/ sowie https://www.ourchildrenstrust.org/montana (beides abgerufen am 11.11.2022).

FÜNF GERICHTSZUGANG IST DIE HALBE MIETE

1 In manchen Ländern ist das anders als in Deutschland, beispielsweise in Indien und Pakistan, wo seit Ende der 1970er-Jahre die *public interest litigation* im Recht verankert ist. Diese soll der Wahrung öffentlicher Interessen dienen und ermöglicht es unbeteiligten Dritten, im Namen der Allgemeinheit oder betroffener Personengruppen Klage zu erheben. So sollen die Rechte besonders von vulnerablen und marginalisierten Personengruppen geschützt werden, die ansonsten keinen Zugang zum Rechtssystem haben. Vgl. dazu Strobel, Vera: »Strategischer Zugang zum Recht. Herausforderungen und Potenziale transnationaler strategischer Prozessführung«, in: *Die Öffentliche Verwaltung*, 23 (2021), sowie das Online-Glossar des European Centre for Constitutional and Human Rights, ECCHR, unter https://www.ecchr.eu/glossar/public-interest-litigation/ (abgerufen am 11.11.2022). Der Fall von *Asghar Leghari v. Pakistan* war ein solcher *public-interest*-Fall (vgl. https://elaw.org/PK_AshgarLeghari_v_Pakistan_2015; abgerufen am 11.11.2022), die erfolgreiche Urgenda-Klage in den Niederlanden ebenfalls (vgl. Kapitel 5).

2 2017 wurde das Umwelt-Rechtsbehelfsgesetz novelliert und die Möglichkeiten der Verbandsklage deutlich ausgeweitet.

3 Sachverständigenrat für die Umwelt: »Rechtsschutz für die Umwelt – die altruistische Verbandsklage ist unverzichtbar«, Stellungnahme, 23.02.2005, https://www.umweltrat.de/Shared Docs/Downloads/DE/04_Stellungnahmen/2004_2008/2005_Stellung_Rechtsschutz_fuer_die_Umwelt.html (abgerufen am 11.11.2022).

4 Um zu erreichen, dass die belgische Regierung doch noch vor

Gericht zu konkreten Maßnahmen verpflichtet wird, hat Klima-atzaak Berufung eingelegt. Einen Überblick zum Urteil gibt Rankin, Jennifer: »Belgium's climate failures violate human rights, court rules«, in: *The Guardian*, 18.06.2022, https://www. theguardian.com/world/2021/jun/18/belgium-climate-policy-violates-human-rights-court-rules. Die Datenbank des Sabin Center for Climate Change Law dokumentiert auch diesen Fall: http://climatecasechart.com/non-us-case/vzw-klimaatzaak-v-kingdom-of-belgium-et-al/. Und für alle juristisch Interessierten geben Matthias Petel und Antoine de Spiegeleir im Climate Law Blog des Sabin Center eine detailliertere Einordnung: http://blogs.law.columbia.edu/climatechange/2021/11/15/guest-commentary-lessons-from-the-bel gium-climate-case-the-devil-is-in-the-details/ (alle abgerufen am 11.11.2022).

5 Vgl. dazu auch Strobel, Vera: »Strategischer Zugang zum Recht. Herausforderungen und Potenziale transnationaler strategischer Prozessführung«, in: *Die Öffentliche Verwaltung*, 23 (2021), S. 1067.

6 Vgl. dazu die Pressemitteilung des Hohen Rats: Hoge Raad der Nederlanden: »Dutch State to reduce greenhouse gas emissions by 25% by the end of 2020«, 20.12.2019, https://www.hogeraad.nl/ac tueel/nieuwsoverzicht/2019/december/dutch-state-case-reduce-greenhouse-gas-emissions/ (abgerufen am 11.11.2022).

7 Alle relevanten Dokumente zu diesem Fall sind online einsehbar, http://climatecasechart.com/climate-change-litigation/non-us-case/armando-ferrao-carvalho-and-others-v-the-european-parliament-and-the-council/ (abgerufen am 11.11.2022).

8 Das Anwaltsteam bestand aus Prof. Gerd Winter, Universität Bremen, dem Anwalt (Barrister) Hugo Leith, London, und mir.

9 Mehr Informationen über alle Familien online, https://peoples climatecase.caneurope.org/de/plaintiff/ (abgerufen am 11.11.2022).

10 Seit 1. Dezember 2009 ist die Grundrechtecharta Bestandteil des EU-Vertrags, gemäß Art. 6 Abs. 1 geltendes Primärrecht und da-mit rechtlich bindend für die Union und die Mitgliedsstaaten bei der Ausführung von Unionsrecht.

11 Der Volltext ist online abrufbar, https://www.europarl.europa.eu/ germany/de/europ%C3%A4isches-parlament/grundrechtecharta (abgerufen am 11.11.2022).

12 Urteil des EuGH vom 15. Juli 1963, Rechtssache 25/62 (Plaumann v. EU-Kommission, ECLI:EU:C:1963:17, S. 107).

13 Das Urteil ist im Wortlaut online nachzulesen, https://curia. europa.eu/juris/document/document.jsf?text=&docid=239294& pageIndex=0&doclang=EN&mode=req&dir=&occ=first&part= 1&cid=504038 (abgerufen am 11.11.2022).

14 Die EU hat aus Art. 6 Abs. 2 des EU-Vertrags den klaren Auftrag, der Europäischen Menschenrechtskonvention beizutreten. Das ist bis heute jedoch nicht geschehen.

15 Die Aarhus-Konvention ist im Volltext online nachzulesen, https://unece.org/environment-policy/public-participation/ aarhus-convention/text (abgerufen am 11.11.2022); auch eine deutsche Übersetzung ist dort eingestellt.

16 Den aktuellen Stand der Ratifizierung kann man online einsehen, https://treaties.un.org/Pages/ViewDetails.aspx?src=IND&mtdsg_ no=XXVII-13&chapter=27&clang=_en (abgerufen am 11.11.2022).

17 Einen umfassenden Überblick über die Konvention und ihre Umsetzung in Deutschland und der EU gibt das Unabhängige Institut für Umweltfragen, UfU e. V., auf seiner Website, https:// www.aarhus-konvention.de/ (abgerufen am 11.11.2022).

18 Bei der Richtlinie handelt es sich um die Richtlinie 2003/35/EG, die allerdings Artikel 9 der Konvention nur im Ansatz betrifft. Für die EU-Institutionen gilt die Verordnung EG/1367/2006, die grundlegend novelliert wurde durch die Verordnung 2021/1767. Letztere enthält ausführliche Regelungen zum Rechtsweg zu den EU-Gerichten bei Tätigwerden der EU.

19 Das Umweltrechtsbehelfsgesetz ist im Wortlaut online nachzulesen, https://www.gesetze-im-internet.de/umwrg/__1.html (abgerufen am 11.11.2021).

20 Vgl. dazu Deutscher Naturschutzring, Unabhängiges Institut für Umweltfragen e. V.: »Stellungnahme zum Entwurf des Nationalen Umsetzungsbericht der Bundesregierung zur Umsetzung der Aarhus-Konvention in der Bundesrepublik Deutschland 2021«, 16.06.2021, https://www.bmu.de/fileadmin/Daten_BMU/Download_PDF/Umweltinformation/dnr_ufu_stellungnahme_um setzungsbericht_2021_bf.pdf (abgerufen am 11.11.2022).

21 Mehr Informationen dazu auf der Webseite der United Nations

Economic Commission for Europe, https://unece.org/env/pp/cc/
accc.c.2016.137_germany. Das Umweltministerium hat versprochen, den Mangel rasch abzustellen.

22 Der Fall ist auf der Webseite der Stiftung Urgenda umfangreich
dokumentiert, https://www.urgenda.nl/en/themas/climate-case/;
vom Jahr 2015 an finden sich die relevanten Dokumente auch in
der Climate Change Litigation Database des Sabin Center of
Climate Change Law, http://climatecasechart.com/non-us-case/
urgenda-foundation-v-kingdom-of-the-netherlands/ (beides abgerufen am 11.11.2022).

23 Vgl. Minnesma, Marjan: »The Urgenda case in the Netherlands:
creating a revolution through the courts«, in: Henry, Claude et al.
(Hg.): *Standing Up for a Sustainable World*, Cheltenham 2020
[DOI: https://doi.org/10.4337/9781800371781].

24 Vgl. Intergovernmental Panel on Climate Change: *Climate
Change 2007. Mitigation of Climate Change*, Working Group III
contribution to the Fourth Assessment Report of the IPCC,
Cambridge 2007, S. 776. Im Internet ist der Report ebenfalls zu
finden, https://www.ipcc.ch/report/ar4/wg3/ (abgerufen am
11.11.2022).

25 Alle Zitate stammen aus Toussaint, Marie: »France: L'Affaire du
Siècle: the story of mass mobilization for climate«, in: Henry,
Claude et al. (Hg.): *Standing Up for a Sustainable World*, Chelten-
ham2020,S. 186–193[DOI:https://doi.org/10.4337/9781800371781].

26 Mehr Informationen online, http://climatecasechart.com/non-
us-case/notre-affaire-a-tous-and-others-v-france/ (abgerufen am
11.11.2022).

27 Das Urteil findet sich online, http://paris.tribunal-administratif.
fr/Actualites-du-Tribunal/Espace-presse/L-affaire-du-siecle (abgerufen am 11.11.2022).

28 Vgl. Ringena, Janna und Römling, Dominik: »Klimaklage auf
französisch – Conseil d'État kontrolliert Klimaschutzbemühun-
gen der französischen Regierung«, in: *Junge Wissenschaft im
Öffentlichen Recht*, Blog, 11.12.2020, https://www.juwiss.de/139-
2020/ (abgerufen am 11.11.2022). Dort ist auch das Urteil verlinkt.

SECHS HOFFNUNG AUF GLOBALE GERECHTIGKEIT

1 Vgl. Setzer, Joana und Higham, Catherine: »Global trends in climate change litigation: 2021 snapshot«, Policy Report, Juli 2021, https:// www.lse.ac.uk/granthaminstitute/publication/global-trends-in-climate-litigation-2021-snapshot/ (abgerufen am 11.11.2022).

2 Das Problem, dass die Klimakrise global ist, die Rechtsprechung aber eben in der Regel nicht, besteht natürlich auch in Verfahren gegen Staaten. Das Bundesverfassungsgericht beispielsweise hat in seinem Klimabeschluss vom Frühjahr 2021 zwar grundsätzlich entschieden, dass die Schutzpflicht des deutschen Staates sich auch auf die Menschen erstreckt, die jenseits seiner Grenzen leben (Randnummer 174 ff.), da es aber eine Schutzpflichtverletzung durch den Staat ablehnte, konnte die Klage dennoch keinen Erfolg haben. Und die Schutzpflicht gegenüber im Ausland lebenden Menschen »wäre hier jedenfalls nicht gleichen Inhalts wie gegenüber Menschen im Inland«.

3 Der Fall ist in der Datenbank des Sabin Center dokumentiert, http://climatecasechart.com/climate-change-litigation/non-us-case/in-re-greenpeace-southeast-asia-et-al/ (abgerufen am 11.11.2022).

4 Vgl. dazu die demografischen Informationen auf der offiziellen Internetseite des Bezirks North West Arctic Borough, zu dem Kivalina gehört, https://www.nwabor.org/village/kivalina/ (abgerufen am 11.11.2022).

5 Vgl. dazu U. S. Climate Resilince Toolkit: »Relocating Kivalina«, https://toolkit.climate.gov/case-studies/relocating-kivalina (abgerufen am 11.11.2022).

6 Vgl. u. a. Supran, Geoffrey und Oreskes, Naomi: »Assessing ExxonMobil's climate change communications (1997–2014)«, in: *Environmental Research Letters* 12, 8 (2017); ergänzt in ebd.: »Addendum to ›Assessing ExxonMobil's climate change communications (1977–2014)‹«, in: *Environmental Research Letters* 15, 11 (2020); vgl. außerdem Mann, Michael: *The Hockey Stick and the Climate Wars. Dispatches from the Front Lines*, New York 2013.

7 Vgl. die Dokumentation des Falls in der Datenbank des Sabin

Center for Climate Change Law, http://climatecasechart.com/case/native-village-of-kivalina-v-exxonmobil-corp/ (abgerufen am 11.11.2022).

8 Ebd.

9 Auch dieser Fall ist dokumentiert, http://climatecasechart.com/case/american-electric-power-co-v-connecticut/ (abgerufen am 11.11.2022).

10 Vgl. Opinion No. 09-17490, 9th Circuit Court of Appeal, 21.09.2012, http://climatecasechart.com/case/native-village-of-kivalina-v-exxonmobil-corp/ (abgerufen am 11.11.2022).

11 Vgl. den Fall *Massachusetts v. EPA*, https://climate.law.columbia.edu/content/massachusetts-v-epa (abgerufen am 11.11.2022).

12 Vgl. U. S. Supreme Court, Judgment 20.06.2011, 564 U. S. 410 (2011), http://climatecasechart.com/case/american-electric-power-co-v-connecticut/ (abgerufen am 11.11.2022).

13 Vgl. dazu die Datenbank des Sabin Center, http://climatecasechart.com/case/county-san-mateo-v-chevron-corp/ (abgerufen am 11.11.2022).

14 Vgl. dazu die Datenbank des Sabin Center, http://climatecasechart.com/case/state-v-american-petroleum-institute/ (abgerufen am 11.11.2022).

15 Vgl. Verheyen, Roda und Franke, Johannes: »Climate Litigation«, in: Gailhofer, Peter et al.: *Corporate Liability for Transboundary Environmental Harm*, Springer 2022.

16 Vgl. dazu die Dokumentation des Falls *West Virgina v. EPA*, https://climate.law.columbia.edu/content/west-virginia-v-epa (abgerufen am 11.11.2022).

17 Vgl. Friedman, Lisa: »Democrats Designed the Climate Law to Be a Game Changer. Here's How.«, in: *The New York Times*, 22.08.2022, https://www.nytimes.com/2022/08/22/climate/epa-supreme-court-pollution.html?smid=nytcore-ios-share (abgerufen am 23.11.2022).

18 Die Petition ist einsehbar unter https://us5.campaign-archive.com/?u=92664c1bad484e654d3807408&id=88f3a6b37b (abgerufen am 23.11.2022).

19 Die Entscheidung des Gerichts ist nachzulesen unter https://www.supremecourt.gov/opinions/21pdf/20-1530_n758.pdf (abgerufen am 24.11.2022).

20 Vgl. Bündnis Entwicklung Hilft/IFHV, WorldRiskReport 2021, https://weltrisikobericht.de/wp-content/uploads/2021/09/ WorldRiskReport_2021_Online.pdf (abgerufen am 11.11.2022) und Eckstein, D. et al.: »Global Climate Risk Index 2021. Who Suffers Most from Extreme Weather Events? Weather-Related Loss Events in 2019 and 2000–2019«, Briefing Paper, Bonn 2021, https://www.germanwatch.org/de/kri (abgerufen am 11.11.2022).

21 Vgl. Kulp, Scott A. und Strauss, Benjamin H.: »New elevation data triple estimates of global vulnerability to sea-level rise and coastal flooding«, in: *Nature Communications* 10, 4844 (2019), [DOI: https://doi.org/10.1038/s41467-019-12808-z]. Demnach leben die meisten der vom Überschwemmungsrisiko betroffenen Menschen in China, gefolgt von Bangladesch, Indien, Vietnam, Indonesien, Thailand und den Philippinen.

22 Vgl. u. a. den Artikel: »Ein Jahr nach Taifun Haiyan. Jeder Windstoß macht Angst«, in: *Süddeutsche Zeitung*, 08.11.2014, https:// www.sueddeutsche.de/panorama/ein-jahr-nach-taifun-haiyan-jeder-windstoss-macht-angst-1.2209765 (abgerufen am 11.11.2022).

23 Vgl. Field, C. B. et al. (Hg.): *IPCC, 2012. Managing the Risks of Extreme Events and Disasters to Advance Climate Change Adaptation,* https://www.ipcc.ch/report/managing-the-risks-of-extreme-events-and-disasters-to-advance-climate-change-adaptation (abgerufen am 11.11.2022).

24 Die Rede im Wortlaut online nachzulesen, https://www.climate-changenews.com/2013/11/11/its-time-to-stop-this-madness-philippines-plea-at-un-climate-talks/ (abgerufen am 11.11.2022).

25 Vgl. die Informationen auf den Seiten des UN-Klimasekretariats, https://unfccc.int/topics/adaptation-and-resilience/workstreams/ loss-and-damage/warsaw-international-mechanism (abgerufen am 11.11.2022).

26 Im Jargon des UN-Klimaprozesses sind das zwei verschiedene Kategorien: Anpassung (*adaptation*) bedeutet, Maßnahmen zu ergreifen, um mit den Folgen des Klimawandels Schritt zu halten, etwa durch den Bau höherer Deiche oder die Umstellung auf eine Landwirtschaft, die auch unter den veränderten klimatischen Bedingungen Erträge bringt. Verluste und Schäden (*loss and*

damage) meint im Gegensatz dazu Zerstörungen, die durch den Klimawandel verursacht wurden, also beispielsweise durch Taifune.

27 Vgl. dazu Business & Human Rights Resource Centre: »Gloria Capitan«, https://www.business-humanrights.org/en/latest-news/gloria-capitan/ (abgerufen am 11.11.2022).

28 Die Petition ist online abrufbar, https://www.greenpeace.org/static/planet4-philippines-stateless/2019/05/c342bc21-c342bc21-climate-change-and-human-rights-complaint.pdf; die Kommission selbst dokumentiert die Untersuchung ausführlich unter https://chr.gov.ph/nicc-2/ und https://chr.gov.ph/nicc-resources/ (beides abgerufen am 11.11.2022).

29 Ausnahmen können sich beispielsweise aus nationalen Lieferkettengesetzen ergeben.

30 Vgl. Deutsches Institut für Menschenrechte: »Nationale Menschenrechtsinstitution der Philippinen. Die Auswirkungen des Klimawandels und was wir dagegen tun«, 04.12.2018, https://www.institut-fuer-menschenrechte.de/aktuelles/detail/natio nale-menschenrechtsinstitution-der-philippinen-die-auswir kungen-des-klimawandels-und-was-wir-dagegen-tun (abgerufen am 11.11.2022).

31 Vgl. Lin, Jolene: »Climate Change and the Individual. Case Study of the Philippines«, in: Sindico F. und Mbengue, M. M. (Hg.): *Comparative Climate Change Litigation. Beyond the Usual Suspects*, Ius Comparatum – Global Studies in Comparative Law, Vol. 47, Cham 2021, S. 241–256.

32 Vgl. u. a. Human Rights Watch: »Philippines«, https://www.hrw.org/asia/philippines, und Chan, Bobby: »Of chainsaw and grace: direct actions by eco-vigilantes in the Philippines«, in: Henry, Claude et al. (Hg.): *Standing Up for a Sustainable World*, Cheltenham 2020, S. 128–130, https://www.elgaronline.com/view/ed coll/9781800371774/9781800371774.xml, sowie Global Witness: »Last line of defence«, Report, 13.09.2021, https://www.globalwit ness.org/en/campaigns/environmental-activists/last-line-de fence/ (alle abgerufen am 11.11.2022).

33 Vgl. Kommission für Menschenrechte (CHR): »Transcript of Proceedings: National Inquiry on the Impact of Climate Change on

the Human Rights of the Filipino People, and the Responsibility of the »Carbon Majors«, if any, Third Hearing, August 29 to 30, 2018«, https://chr.gov.ph/wp-content/uploads/2019/04/NICC-TSN-August-29-to-30-2018-Metro-Manila-Philippines.pdf, und ebd.: »Memorandum for the Petitioners«, https://www.greenpeace.org/static/planet4-philippines-stateless/2016/07/86837911-memoran dum-for-the-petitioners_received-copy-rdc.pdf (beides abgerufen am 11.11.2022).

34 Vgl. mein schriftliches Statement auf der Website der Menschenrechtskommission, http://chr.gov.ph/wp-content/up loads/2021/01/Exhibit-8B-Statement-of-Dr.-Roda-Verheyen.pdf (abgerufen am 11.11.2022).

35 Vgl. Business & Human Rights Resource Center: »Carbon Majors Can Be Held Liable for Human Rights Violations, Philippines Commission Rules«, 09.12.2019, https://www.business-human rights.org/en/latest-news/carbon-majors-can-be-held-liable-for-human-rights-violations-philippines-commission-rules/ (abgeru fen am 11.11.2022).

SIEBEN EIN CO$_2$-BUDGET FÜR UNTERNEHMEN

1 Das Urteil ist im Wortlaut auf Niederländisch und Englisch online nachzulesen, https://uitspraken.rechtspraak.nl/inziendocument? id=ECLI:NL:RBDHA:2021:5337 bzw. https://uitspraken.recht spraak.nl/inziendocument?id=ECLI:NL:RBDHA:2021:5339 (bei des abgerufen am 11.11.2022).

2 Vgl. Mast, Maria: »Andere Öl- und Gaskonzerne werden sich erklären müssen«, in: *Zeit Online*, 27.05.2021, https://www.zeit. de/wissen/umwelt/2021-05/klimaklage-shell-umweltschutz-co2-roger-cox (abgerufen am 11.11.2022).

3 Wie er das konkret tun will, hat Roger schon 2012 in einem Buch dargelegt: Cox, Roger: *Revolution Justified. Why Only the Law Can Save Us Now*, Maastricht 2012.

4 Shell macht in mehr als 70 Ländern Geschäfte, https://www.shell. com/about-us/who-we-are.html (abgerufen am 11.11.2022).

5 In Deutschland ist das der Bund für Umwelt und Naturschutz (BUND) e. V.

6 Vgl. die Dokumentation des Falls in der Datenbank des Sabin Center for Climate Change Law, http://climatecasechart.com/non-us-case/milieudefensie-et-al-v-royal-dutch-shell-plc/ (abgerufen am 11.11.2022).

7 Vgl. Heede, Richard: *Carbon Majors. Accounting for carbon and methane emissions 1854–2010*, Chisinau 2019. Einen Überblick über die Ergebnisse geben Matthew Taylor und Jonathan Watts: »Revealed: the 20 firms behind a third of all carbon emissions«, in: *The Guardian*, 09.10.2019, https://www.theguardian.com/environment/2019/oct/09/revealed-20-firms-third-carbon-emissions und Lili Fuhr: »Update zu den Carbon Majors –die Klimaverantwortung der fossilen Konzerne«, in: *Klima der Gerechtigkeit*, Blog, 26.10.2019, https://klima-der-gerechtigkeit.de/2019/10/26/update-zu-den-carbon-majors-die-klimaverantwortung-der-fossilen-konzerne/ (beides abgerufen am 11.11.2022).

8 Ein besonders prominenter Fall ist die Klage gegen Chevron, ehemals Texaco, wegen gravierender Umweltschäden im Amazonas-Regenwald Ecuadors, vertreten von dem US-Anwalt Steven Donziger. Vgl. dazu Brockovich, Erin: »This lawyer should be world-famous for his battle with Chevron – but he's in jail«, in: *The Guardian*, 08.02.2022, https://www.theguardian.com/commentisfree/2022/feb/08/chevron-amazon-ecuador-steven-donziger-erin-brockovich (abgerufen am 11.11.2022).

9 Vgl. Business & Human Rights Resource Centre: Lawsuit against Shell and NNPC (re gas flaring, Nigeria), https://www.business-humanrights.org/en/latest-news/lawsuit-against-shell-and-nnpc-re-gas-flaring-nigeria/. Hintergrundinfos zur Praxis des Abfackelns gibt Joe Lo: »Nigeria to end gas flaring by 2030, under national climate plan«, 13.08.2021, in: *Climate Home News*, https://www.climatechangenews.com/2021/08/13/nigeria-end-gas-flaring-2030-national-climate-plan/ (beides abgerufen am 11.11.2022).

10 Vgl. Business & Human Rights Resource Centre: »Lawsuit against Shell and NNPC (re gas flaring, Nigeria)«, https://www.business-humanrights.org/en/latest-news/lawsuit-against-shell-and-nnpc-re-gas-flaring-nigeria/ (abgerufen am 11.11.2022).

11 Vgl. Deutsche Welle: »Shell zahlt Millionen-Entschädigung in Nigeria«, https://www.dw.com/de/shell-zahlt-millionen-entsch%C3%A4digung-in-nigeria/a-58843094 (abgerufen am 11.11.2022).

12 Die Klage bezog sich allerdings auf die erste Ausgabe des Reports, vgl. Heede, Richard: »Tracing anthropogenic carbon dioxide and methane emissions to fossil fuel and cement producers, 1854–2010«, in: *Climatic Change* 122 (2014), S. 229–241 [DOI: https://doi.org/10.1007/s10584-013-0986-y] (abgerufen am 11.11.2022).

13 Vgl. Heede, Richard: »It's time to rein in the fossil fuel giants before their greed chokes the planet«, in: *The Guardian*, 09.10.2019, https://www.theguardian.com/commentisfree/2019/oct/09/fossil-fuel-giants-greed-carbon-emissions (abgerufen am 11.11.2022).

14 Vgl. Dutch News: »Campaign group calls on big polluters to come clean with climate plans«, 13.01.2022, https://www.dutchnews.nl/news/2022/01/campaign-group-calls-on-big-polluters-to-come-clean-with-climate-plans/ (abgerufen am 11.11.2022).

15 Vgl. New Climate Institute: »Corporate Climate Responsibility Monitor 2022«, https://newclimate.org/2022/02/07/press-release-corporate-climate-responsibility-monitor-2022/ (abgerufen am 11.11.2022).

16 Den zeitlichen Verlauf des Verfahren dokumentiert Notre Affaire à Tous online, https://notreaffaireatous.org/actions/les-terri toires-qui-se-defendent-et-si-nous-mettions-enfin-les-entrepri ses-face-a-leurs-responsabilites/; Gerichtsdokumente sind in der Datenbank des Sabin Center zu finden, http://climatecasechart.com/non-us-case/notre-affaire-a-tous-and-others-v-total/ (beides abgerufen am 11.11.2022).

17 Eine Chronologie des Falls samt dem Schreiben an den VW-Vorstand ist online verfügbar, https://www.greenpeace.de/klimaschutz/mobilitaet/klimaschutz-verklagt (abgerufen am 11.11.2022).

18 Das Beschwerdeschreiben ist online einsehbar, https://www.oecdwatch.org/wp-content/uploads/sites/8/dlm_uploads/2021/03/VW_case_Beschwerde_Deutsch.pdf (abgerufen am 11.11.2022).

19 Vgl. die Klageschrift und weitere Informationen: Greenpeace: »Greenpeace reicht Klage gegen Volkswagen ein«, https://

presseportal.greenpeace.de/204694-greenpeace-reicht-klage-gegen-volkswagen-ein (abgerufen am 11.11.2022).

20 Informationen zu den drei Unternehmensklagen der DUH sind online einsehbar, https://www.duh.de/klimaklagen/unterneh mensklagen/ (abgerufen am 11.11.2022).

21 Vgl. IEA: »Net Zero by 2050. A Roadmap for the Global Energy Sector«, Flagship report, Mai 2021, https://www.iea.org/reports/net-zero-by-2050 (abgerufen am 11.11.2022).

ACHT OHNE WALD- UND BODENSCHUTZ KEIN STABILES KLIMA

1 Vgl. Kearney, Laila: »FEMA settles first wave of NY, NJ Sandy insurance litigation«, 03.03.2015, https://www.reuters.com/article/us-usa-sandy-insurance-idINKBN0LZ2KM20150303 (abgerufen am 11.11.2022).

2 Vgl. NABU: »Moore in Deutschland«, https://www.nabu.de/natur-und-landschaft/moore/deutschland/index.html; Auskunft zur Bodenversiegelung gibt das Umweltbundesamt, https://www.umweltbundesamt.de/daten/flaeche-boden-land-oekosysteme/boden/bodenversiegelung#was-ist-bodenversiegelung (beides abgerufen am 11.11.2022).

3 Europäische Kommission: »Mitteilung der Kommission an das Europäische Parlament, den Rat, den Europäischen Wirtschafts- und Sozialausschuss und den Ausschuss der Regionen, EU-Biodiversitätsstrategie für 2030. Mehr Raum für die Natur in unserem Leben«, COM/2020/380, https://eur-lex.europa.eu/legal-content/DE/TXT/?uri=CELEX:52020DC0380 (abgerufen am 11.11.2022).

4 Vgl. Convention on Biological Diversity: *Global Bioversity Outlook 5*, https://www.cbd.int/gbo/gbo5/publication/gbo-5-en.pdf (abgerufen am 11.11.2022) .

5 Vgl. Friedlingstein, P. et al: »Global Carbon Budget 2021«, Preprint under review for the journal ESSD, 04.11.2021, https://essd.copernicus.org/preprints/essd-2021-386/ (abgerufen am 11.11.2022).

6 Vgl. Eisl, Markus und Mansberger, Gerald: »Der Permafrost

taut. Bedrohliche Bilder«, in: *Frankfurter Rundschau*, 02.11.2021, https://www.fr.de/wissen/klimawandel-permafrost-glasgow-erderwaermung-eisschmelze-klimagipfel-91090405.html; vgl. zu den Waldbränden Kirchner, Sandra: »Sibiriens Wälder brennen immer länger«, in: *Klimareporter.de*, 08.10.2021, https://www.klimareporter.de/erdsystem/sibiriens-waelder-brennen-immer-laenger (beides abgerufen am 14.11.2022).

7 Eine aktuelle Studie hat gerade erneut festgestellt, dass die Widerstandsfähigkeit des Amazonas-Regenwaldes an ihre Grenzen gelangt. Sie bestätigt damit die besorgniserregenden Ergebnisse früherer Untersuchungen: Boulton, C. A. et al.: »Pronounced loss of Amazon rainforest resilience since the early 2000s«, in: *Nature Climate Change* 12 (2022), S. 217–278 [DOI:https://doi.org/10.1038/s41558-022-01287-8] (abgerufen am 14.11.2022).

8 Vgl. Fritz Habekuß: »Jenseits der Giftgrenze«, in: *Die Zeit*, 27.01.2022, https://www.zeit.de/2022/05/chemische-verschmutzung-umwelt-forschung, und Persson, Linn et al.: »Outside the Safe Operating Space of the Planetary Boundary for Novel Entities«, in: *Environmental Science & Technology* 56, 3 (2022), S. 1510–1521 [DOI: https://doi.org/10.1021/acs.est.1c04158] (beides abgerufen am 14.11.2022).

9 Vgl. Intergovernmental Panel on Climate Change: »Climate Change 2022. Impacts, Adaptation, and Vulnerability«, https://www.ipcc.ch/report/sixth-assessment-report-working-group-ii/ (abgerufen am 14.11.2022).

10 Stone, Christopher: *Should Trees Have Standing? Toward Legal Rights for Natural Objects*, San Francisco 1972.

11 Vgl. Adloff, Frank und Busse, Tanja: »Gegen das Massensterben: Warum die Natur Rechte braucht«, in: *Blätter für deutsche und internationale Politik* 11 (2021), S. 43–52.

12 Die UN-Organisation Harmony with Nature gibt einen aktuellen Überblick über juristische Entscheidungen und Initiativen in einzelnen Ländern, http://www.harmonywithnatureun.org/rightsOfNature/. Weitere Informationen und einen Überblick in Form einer interaktiven Weltkarte gibt die Globale Allianz für die Rechte der Natur, https://www.garn.org/rights-of-nature-map/ (beides abgerufen am 14.11.2022).

13 Vgl. Schlichter, Juliane: »Keine Menschenrechte für Affen. Basel lehnt Primaten-Initiative in einer Volksabstimmung ab«, in: *Südkurier*, 16.02.2022, https://www.suedkurier.de/schweiz/keine-menschenrechte-fuer-affen-basel-lehnt-primaten-initiative-in-einer-volksabstimmung-ab;art1371848,11047632 (abgerufen am 14.11.2022).

14 Vgl. Die Bundesversammlung – das Schweizer Parlament: »Recht auf gesunde Umwelt und Rechte der Natur«, https://www.parlament.ch/de/ratsbetrieb/suche-curia-vista/geschaeft? AffairId=20210436 (abgerufen am 14.11.2022).

15 Vgl. Tausche, Nadja: »Damit sich die Isar wehren kann«, in: *Süddeutsche Zeitung*, 24.10.2021, https://www.sueddeutsche.de/politik/bayern-volksbegehren-rechte-natur-1.5446857 (abgerufen am 14.11.2022).

16 Vgl. Sanyal, Mithu: »Jetzt!«, in: *Zeit Online*, 08.10.2022, https://www.zeit.de/2021/41/bundesregierung-gruene-fdp-spd-ampel-koalition-politik-zukunft (abgerufen am 14.11.2022).

17 Vgl. Kersten, Jens: »Natur als Rechtssubjekt. Für eine ökologische Revolution des Rechts«, in: *Aus Politik und Zeitgeschichte*, 06.03.2020, https://www.bpb.de/shop/zeitschriften/apuz/305893/natur-als-rechtssubjekt/ (abgerufen am 14.11.2022).

18 Vgl. Saage-Maaß, Miriam: »Klimaklagen. Was jetzt noch fehlt«, in: *Open Global Rights*, 05.11.2021, https://www.openglobalrights.org/whats-missing-in-climate-lawsuits-of-the-future/?lang=German (abgerufen am 14.11.2022).

19 Vgl. Zenetti, Julia: »Eigene Rechte für das Mar Menor: Volksinitiative in Spanien«, in: *umweltimrecht*, Environmental Law Blog, 13.10.2021, https://www.umweltimrecht.blog/eigene-rechte-fuer-das-mar-menor-volksinitiative-in-spanien/ (abgerufen am 14.11.2022).

20 Vgl. Hofmann, Markus: »Der befreite Schimpanse und der befreite Fluss. Das anthropozentrische Fundament des Rechts bekommt Risse«, in: *Umweltnotizen*, Blog, https://umweltblog.ch/2019/01/11/der-befreite-schimpanse-und-der-befreite-fluss-das-anthropozentrische-fundament-des-rechts-bekommt-risse/ (abgerufen am 14.11.2022).

21 The Hague Court of Uttarakhand, Mohd. Salim v. State of

Uttarakhand and others, Urteil vom 17.03.2017, https://naturaljustice.org/ (abgerufen am 14.11.2022); das Zitat lautet im Original: »Rivers, Forests, Lakes, Water Bodies, Air, Glaciers and Springs have a right to exist, persist, maintain, sustain and regenerate their own vital ecology system. The rivers are not just water bodies. These are scientifically and biologically living.«

22 Vgl. Bosselmann, Klaus: »Einführung. Vom Umweltrecht zum ökologischen Recht«, in: Stone, Christopher D.: *Umwelt vor Gericht. Die Eigenrechte der Natur*, München 1987, S. 22.

23 Eda., S. 22 f.

24 Vgl. Think Tank, European Parliament: »Can Nature Get It Right? A Study on Rights of Nature in the European Context, 01.03.2021, https://www.europarl.europa.eu/thinktank/en/document/IPOL_STU(2021)689328 (abgerufen am 14.11.2022).

25 Vgl. Energiewende-Magazin: »Klimaklagen weltweit Biss verleihen. Die Klimajuristin Joana Setzer im Gespräch mit Christian Mihatsch«, 08.10.2022, https://www.ews-schoenau.de/energie-wende-magazin/zur-sache/klimaklagen-weltweit-biss-verleihen/ (abgerufen am 14.11.2022).

26 Einen Überblick mit Verweis auf diverse Studien gibt dieses Interview mit der Geoökologin Kirsten Thonicke. Vgl. Endres, Alexandra: »Der Amazonas-Regenwald ist gefährdet wie nie«, in: *Zeit Online*, 10.05.2021, https://www.zeit.de/wissen/2021-05/amazonas-regenwald-klimawandel-gefaehrdung-trockenzeit-forscherin-kirsten-thonicke (abgerufen am 14.11.2022).

27 Vgl. Farand, Chloé: »Colombia banks on forest economy to deliver climate ambition leap«, in: *Climate Home News*, 14.01.2021, https://www.climatechangenews.com/2021/01/14/colombia-banks-forest-economy-deliver-climate-ambition-leap/ (abgerufen am 14.11.2022).

28 Dejusticia gibt online einen Überblick über das Verfahren, https://www.dejusticia.org/en/climate-change-colombia-lawsuit/ (abgerufen am 14.11.2022).

29 Vgl. Sabin Center for Climate Change Law, http://climatecasechart.com/non-us-case/future-generation-v-ministry-environment-others/ (abgerufen am 14.11.2022).

30 Vgl. Endres, Alexandra: *Wer singt, erzählt – wer tanzt, überlebt. Eine Reise durch Kolumbien*, Ostfildern 2017.

31 Zitat nach Janisch, Wolfgang: »Wenn ein Fluss vor Gericht gewinnt«, in: *Süddeutsche Zeitung*, 23.10.2021, https://www.sued deutsche.de/politik/natur-rechte-justiz-1.5446828?reduced=true (abgerufen am 14.11.2022).

32 Vgl. Acosta, Alberto: *Buen vivir. Vom Recht auf ein gutes Leben*, München 2015.

33 Vgl. Gutmann, Andreas: *Hybride Rechtssubjektivität – Die Rechte der »Natur oder Pacha Mama« in der ecuadorianischen Verfassung von 2008*, Baden-Baden 2021.

34 Vgl. Brown, Kimberley: »Ecuador's top court rules for stronger land rights for Indigenous communities«, in: *Mongabay*, 09.02.2022, https://news.mongabay.com/2022/02/ecuadors-top-court-rules-for-stronger-land-rights-for-indigenous-communi ties/ (abgerufen am 14.11.2022).

35 Vgl. FAO: »Forest governance by indigenous and tribal peoples. An opportunity for climate action in Latin America and the Caribbean«, https://www.fao.org/documents/card/en/c/cb2953en (abgerufen am 14.11.2022).

36 Vgl. The World Bank: »Indigenous Peoples«, https://www.worldbank.org/en/topic/indigenouspeoples#1 (abgerufen am 14.11.2022).

37 Das Urteil ist online einsehbar, https://www.dejusticia.org/wp-content/uploads/2018/01/Fallo-Corte-Suprema-de-Justicia-Litigio-Cambio-Clim%C3%A1tico.pdf?x54537 (abgerufen am 14.11.2022).

38 Vgl. das Urteil des kolumbianischen Verfassungsgerichts: Atrato River Decision T-622/16 of November 10, 2016, http://climatecasechart.com/non-us-case/atrato-river-decision-t-622-16-of-november-10-2016/ (abgerufen am 14.11.2022).

39 Vgl. Duarte Reyes, Laura: »Navigating new rights and responsibilities in the Colombian Atrato River. An ecocentric approach to human rights«, https://unipd-centrodirittiumani.it/en/schede/Navigating-new-rights-and-responsibilities-in-the-Colombian-Atrato-River-An-ecocentric-approach-to-human-rights/459 (abgerufen am 14.11.2022).

40 Vgl. Dejusticia: »Qué le hace falta al Gobierno para implementar la sentencia contra el cambio climático y la deforestación?«, 02.12.2020, https://www.dejusticia.org/que-le-hace-falta-al-go bierno-para-implementar-la-sentencia-contra-el-cambio-clima tico-y-la-deforestacion/ (abgerufen am 14.11.2022).

41 Vgl. Bustos, Camila et al.: »Protecting the rights of future generations through climate litigation: lessons from the struggle against deforestation in the Colombian Amazon«, in: Henry, Claude et al. (Hg.): *Standing Up for a Sustainable World*, Cheltenham 2020, S. 163–170, https://www.elgaronline.com/ view/edcoll/9781800371774/9781800371774.xml (abgerufen am 14.11.2022).

42 Vgl. Endres, Alexandra: »Und friedlich stirbt der Regenwald«, in: *Zeit Online*, 27.02.2021, https://www.zeit.de/wissen/umwelt/ 2021-02/kolumbien-regenwald-abholzung-rodung-umwelt schutz-klimawandel (abgerufen am 14.11.2022).

43 Vgl. Agência latinapress: »Völkermord. Klage gegen Bolsonaro vor dem Strafgerichtshof in Den Haag«, 09.08.2021, https:// latina-press.com/news/291042-voelkermord-klage-gegen-bol sonaro-vor-dem-strafgerichtshof-in-den-haag/ (abgerufen am 14.11.2022).

44 Vgl. Schenk, Mario: »Brasilien. Internationaler Strafgerichtshof prüft Anzeige gegen Bolsonaro«, in: *Amerika 21*, 19.12.2020, https://amerika21.de/2020/12/246303/anzeige-gegen-bolsonaro bzw. Mihatsch, Christian: »Ökozid-Vorwurf gegen Bolsonaro«, in: *Die Tageszeitung*, 12.02.2021, https://taz.de/Beschwerdevon-Indigenen-aus-Brasilien/!5751624/ (beides abgerufen am 14.11.2022).

45 Vgl. Kooperation Brasilien: »Gesetzesinitiative PL 191 zu Bergbau und Wasserkraft in indigenen Gebieten: Kurz vor Verabschiedung?«, https://www.kooperation-brasilien.org/de/themen/land konflikte-umwelt/gesetzesinitiative-pl-191-zu-bergbau-und-was serkraft-in-indigenen-gebieten-kurz-vor-verabschiedung?utm_ source=newsletter&utm_medium=email&utm_campaign=165_ 1176&utm_term=intro_link (abgerufen am 14.11.2022).

46 Vgl. International Criminal Court: »Policy Paper on case selection and Priorisation«, https://www.icc-cpi.int/itemsDocu-

ments/20160915_OTP-Policy_Case-Selection_Eng.pdf (abgerufen am 14.11.2022).

47 Vgl. Siddique, Haroon: »Legal experts worldwide draw up ›historic‹ definition of ecocide«, in: *The Guardian*, 22.06.2021, https://www.theguardian.com/environment/2021/jun/22/legal-experts-worldwide-draw-up-historic-definition-of-ecocide (abgerufen am 14.11.2022).

48 Vgl. Mehta, Jojo: »Polly Higgins obituary«, in: *The Guardian*, 25.04.2019, https://www.theguardian.com/environment/2019/apr/25/polly-higgins-obituary (abgerufen am 14.11.2022).

49 Vgl. International Criminal Court: »The States Parties to the Rome Statute«, https://asp.icc-cpi.int/en_menus/asp/states%20 parties/pages/the%20states%20parties%20to%20the%20rome% 20statute.aspx (abgerufen am 14.11.2022).

AUSBLICK EIN RECHT AUF ZUKUNFT – FÜR ALLE!

1 Vgl. Büüsker, Ann-Kathrin: »Russland. Die Bedeutung von Gas für die deutsche Energieversorgung«, in: *Deutschlandfunk.de*, 01.03.2022, https://www.deutschlandfunk.de/energieversorgung-russland-deutschland-100.html (abgerufen am 14.11.2022).

2 Oliver Milman: »›This is a fossil fuel war‹: Ukraine's top climate scientist speaks out«, in: *The Guardian*, 09.03.2022, https://www.theguardian.com/environment/2022/mar/09/ukraine-climate-scientist-russia-invasion-fossil-fuels (abgerufen am 14.11.2022).

3 Agora Energiewende, Agora Industry: »12 Insights on Hydrogen«, https://static.agora-energiewende.de/fileadmin/Projekte/ 2021/2021_11_H2_Insights/A-EW_245_H2_Insights_WEB.pdf (abgerufen am 14.11.2022).

4 Vgl. Sabin Center for Climate Change Law, http://climatecasechart. com/case/city-of-los-angeles-v-nhtsa/ (abgerufen am 14.11.2022).

5 Ein kürzlich erschienener Report zählt seit 2015 mehr als 2000 Klimaklagen in über 40 Ländern der Welt. Davon stammten etwa zwei Drittel aus den USA. Mehrere Klagen wurden vor internationalen oder regionalen Gerichten verhandelt, bei-

spielsweise den Gerichten der Europäischen Union. Vgl. Setzer, Joana und Higham, Catherine: »Global trends in climate change litigation: 2022 snapshot«, Policy Report, Juni 2022, https://www.lse.ac.uk/granthaminstitute/publication/global-trends-in-climate-change-litigation-2022/ (abgerufen am 24.11.2022).

6 Bundesministerium der Finanzen: »Rede von Christian Lindner während der Sondersitzung des Bundestags zum Krieg in der Ukraine«, 28.02.2022, https://www.bundesfinanzministerium.de/Content/DE/Reden/2022/2022-02-27-bundestagsrede-lindner-ukraine.html (abgerufen am 14.11.2022).

7 Wer verstehen möchte, warum Russland als Kleptokratie bezeichnet werden muss, sollte das Buch *Die Wahrheit ist der Feind* von Golineh Atai lesen (Berlin 2019).

8 Nur 63 Staaten haben sich ohne Vorbehalte der Zuständigkeit des IGH unterworfen, dazu gehören Deutschland und etwa die Philippinen und Indien, nicht aber China und die USA. Letztere beiden Staaten könnte man dort nicht verklagen. Vgl. International Court of Justice: »Declarations recognizing the jurisdiction of the Court as compulsory«, https://www.icj-cij.org/en/declarations (abgerufen am 14.11.2022).

9 Vgl. die Pressemitteilung der KfW: »KfW Research. Klimaneutralität bis Mitte des Jahrhunderts erfordert Investitionen von 5 Billionen EUR«, 07.10.2021, https://www.kfw.de/%C3%9Cber-die-KfW/Newsroom/Aktuelles/Pressemitteilungen-Details_673344.html (abgerufen am 14.11.2022).

10 Unter anderem dazu habe ich zusammen mit Freunden Ende 2019 Green Legal Impact e. V. (www.greenlegal.eu) gegründet. Ein Pfeiler des Vereins ist die Durchführung von Fortbildungen für junge Juristinnen und Juristen – das Green Legal Lab. Ein anderer Pfeiler ist die Unterstützung von Umweltfällen im Ausland. Ein dritter die Ausweitung und Sicherung von Klagerechten zum Schutz der natürlichen Lebensgrundlagen. Green Legal Impact freut sich über jede Spende und jede Fördermitgliedschaft und natürlich über jede mitmachwillige Juristin und jeden interessierten Juristen.

BILDNACHWEIS

Die Angaben folgen der Anordnung der Fotos im Bildteil (S. 1-8).

S. 1: Alexander Luna / Germanwatch e. V., 2017, CC-BY-ND 4.0

S. 2 o.: Alexander Luna / Germanwatch e. V., 2017

S. 2 u.: Alexander Luna / Germanwatch e. V.

S. 3 o.: Gordon Welters / Greenpeace

S. 3 u.: Gordon Welters / Greenpeace

S. 4 o.: Robin Loznak / Courtesy of Our Children's Trust

S. 4 u.: Robin Loznak / Courtesy of Our Children's Trust

S. 5 o.: Emanuel Büchler / Greenpeace

S. 5 u.: Kathrin Grissemann / Ex-Press / Greenpeace

S. 6 o.: Nicolas Chauveau / L'Affaire du Siècle / Greenpeace

S. 6 u.: Emeric Fohlen / L'Affaire du Siècle / Greenpeace

S. 7 o.: Chantal Bekker / GraphicAlert

S. 7 u.: Chantal Bekker / GraphicAlert

S. 8 o.: Chantal Bekker / GraphicAlert

S. 8 u.: Vincent Go / Greenpeace

ZU DEN AUTORINNEN

Dr. Roda Verheyen, geboren 1972, ist Rechtsanwältin und ehrenamtliche Richterin am Hamburgischen Verfassungsgericht. Sie berät u. a. Umweltorganisationen wie Greenpeace e. V. und Germanwatch e. V., die auch Klimaklagen unterstützen, sowie Unternehmen, Gemeinden, Bürgerinitiativen und Einzelpersonen. Sie war Mitglied der deutschen Delegation zur Klimarahmenkonvention, ist Gründerin und Vorstandsmitglied von Green Legal Impact Germany e. V. und kämpft seit Jahrzehnten für mehr Klimaschutz.

Alexandra Endres, geboren 1974, ist freiberufliche Journalistin für Klima- und Umweltthemen. Zuvor war sie Redakteurin im Ressort Politik, Wirtschaft, Gesellschaft bei *Zeit Online*. Über ihre Reisen in Lateinamerika hat sie bei MairDumont zwei Bücher geschrieben: *Niemand liebt das Leben mehr als wir. Mexiko – Reise durch ein Land voller Hoffnung* und *Wer singt, erzählt – wer tanzt, überlebt. Eine Reise durch Kolumbien.*

© 2023 dtv Verlagsgesellschaft mbH & Co. KG, München
Das Werk ist urheberrechtlich geschützt. Sämtliche,
auch auszugsweise Verwertungen bleiben vorbehalten.
Für Inhalte von Webseiten Dritter, auf die in diesem
Werk verwiesen wird, ist stets der jeweilige Anbieter
oder Betreiber verantwortlich, wir übernehmen dafür
keine Gewähr. Rechtswidrige Inhalte waren zum
Zeitpunkt der Verlinkungen nicht erkennbar.
Umschlaggestaltung: Katharina Netolitzky unter Verwendung
eines Fotos von brotherside, Hamburg
Satz: Fotosatz Amann, Memmingen
Gesetzt aus der Minion Pro
Druck und Bindung: GGP Media GmbH, Pößneck
Printed in Germany · ISBN 978-3-423-29019-7